LA

DAME DE MONSOREAU

DEUXIÈME PARTIE

ÉMILE COLIN — IMPRIMERIE DE LAGNY

LA
DAME DE MONSOREAU

PAR

ALEXANDRE DUMAS

ÉDITION ILLUSTRÉE PAR J.-A. BEAUCÉ

———

DEUXIÈME PARTIE

PARIS

CALMANN LÉVY, ÉDITEUR
ANCIENNE MAISON MICHEL LÉVY FRÈRES
3, RUE AUBER, 3

1897

Droits de reproduction et de traduction réservés.

LA DAME DE MONSOREAU

PAR

ALEXANDRE DUMAS

DEUXIÈME PARTIE

CHAPITRE PREMIER

COMMENT FRÈRE GORENFLOT SE RÉVEILLA, ET DE L'ACCUEIL QUI LUI FUT FAIT A SON COUVENT.

Nous avons laissé notre ami Chicot en extase devant le sommeil non interrompu et devant le ronflement splendide de frère Gorenflot; il fit signe à l'aubergiste de se retirer et d'emporter la lumière, après lui avoir recommandé sur toutes choses de ne pas dire un mot au digne frère de la sortie qu'il avait faite à dix heures du soir, et de la rentrée qu'il venait de faire à trois heures du matin.

Comme maître Bonhomet avait remarqué une chose, c'est que dans les relations qui existaient entre le fou et le moine, c'était toujours le fou qui payait, il tenait le fou en grande considération, tandis qu'il n'avait au contraire qu'une vénération fort médiocre pour le moine. Il promit en conséquence à Chicot de n'ouvrir en aucun cas la bouche sur les événements de la nuit, et se retira, laissant les deux amis dans l'obscurité, ainsi que la chose venait de lui être recommandée.

Bientôt Chicot s'aperçut d'une chose qui excita son admiration, c'est que frère Gorenflot ronflait et parlait en même temps. Ce qui indiquait, non pas, comme on pourrait le croire, une conscience bourrelée de remords, mais un estomac surchargé de nourriture.

Les paroles que prononçait Gorenflot dans son sommeil formaient, recousues les unes aux autres, un affreux mélange d'éloquence sacrée et de maximes bachiques.

Cependant Chicot s'aperçut que, s'il restait dans une obscurité complète, il aurait grand'-peine à accomplir la restitution qui lui restait à faire pour que Gorenflot, à son réveil, ne se doutât de rien; en effet, il pouvait, dans les ténèbres, marcher imprudemment sur quelques-uns des quatre membres du moine, dont il ignorait les différentes directions, et, par la douleur, le tirer de sa léthargie.

Chicot souffla donc sur les charbons du brasier pour éclairer un peu la scène.

Au bruit de ce souffle, Gorenflot cessa de ronfler et murmura :

—Mes frères! voici un vent féroce : c'est le souffle du Seigneur, c'est son haleine qui m'inspire.

— Et il se remit à ronfler.

Chicot attendit un instant que le sommeil eût bien repris toute son influence, et commença de démailloter le moine.

— Brrrrou! fit Gorenflot. Quel froid! Cela empêchera le raisin de mûrir.

Chicot s'arrêta au milieu de son opération, qu'il reprit un instant après.

— Vous connaissez mon zèle, mes frères, continua le moine, tout pour l'Église et pour monseigneur le duc de Guise.

— Canaille! dit Chicot.

— Voilà mon opinion, reprit Gorenflot; mais il est certain...

— Qu'est-ce qui est certain? demanda Chicot en soulevant le moine pour lui passer sa robe.

— Il est certain que l'homme est plus fort que le vin; frère Gorenflot a combattu contre le vin, comme Jacob contre l'ange, et frère Gorenflot a dompté le vin.

Chicot haussa les épaules.

Ce mouvement intempestif fit ouvrir un œil au moine, et, au-dessus de lui, il vit le sourire de Chicot, qui semblait livide et sinistre à cette douteuse lueur.

— Ah! pas de fantômes, voyons, pas de farfadets, dit le moine, comme s'il se plaignait à quelque démon familier, oublieux des conventions qu'il avait faites avec lui.

— Il est ivre mort, dit Chicot en achevant de rouler Gorenflot dans sa robe et en ramenant son capuchon sur sa tête.

— A la bonne heure, grommela le moine, le sacristain a fermé la porte du chœur, et le vent ne vient plus.

— Réveille-toi maintenant si tu veux, dit Chicot, cela m'est bien égal.

— Le Seigneur a entendu ma prière, murmura le moine, et l'aquilon qu'il avait envoyé pour geler les vignes s'est changé en doux zéphyr.

— Amen! dit Chicot.

Et, se faisant un oreiller des serviettes et un drap de la nappe, après avoir le plus vraisemblablement possible disposé les bouteilles vides et les assiettes salies, il s'endormit côte à côte avec son compagnon.

Le grand jour qui lui donnait sur les yeux, et la voix aigre de l'hôte grondant ses marmitons, qui retentissait dans la cuisine, réussirent à percer l'épaisse vapeur qui assoupissait les idées de Gorenflot.

Il se souleva, et parvint, à l'aide de ses deux mains, à s'établir sur la partie que la nature prévoyante a donnée à l'homme pour être son principal centre de gravité.

Cet effort accompli, non sans difficulté, Gorenflot se mit à considérer le pêle-mêle significatif de la vaisselle; puis Chicot, qui, disposé, grâce à la circonflexion gracieuse de l'un de ses bras, de manière à tout voir, ne perdait pas un seul mouvement du moine, Chicot faisait semblant de ronfler, et cela avec un naturel qui faisait honneur à ce fameux talent d'imitation dont nous avons déjà parlé.

— Grand jour! s'écria le moine; corbleu! grand jour! il paraît que j'ai passé la nuit ici.

Puis, rassemblant ses idées :

— Et l'abbaye! dit-il; oh! oh!

Il se mit à resserrer le cordon de sa robe, soin que Chicot n'avait pas cru devoir prendre.

— C'est égal, dit-il, j'ai fait un étrange rêve : il me semblait être mort et enveloppé dans un linceul taché de sang.

Gorenflot ne se trompait pas tout à fait; il avait pris, en se réveillant à moitié, la nappe qui l'enveloppait pour un linceul, et les taches de vin pour des gouttes de sang.

— Heureusement que c'était un rêve, dit Gorenflot en regardant de nouveau autour de lui.

Dans cet examen, ses yeux s'arrêtèrent sur Chicot, qui, sentant que le moine le regardait, ronfla de double force.

— Que c'est beau. un ivrogne! dit Gorenflot contemplant Chicot avec admiration.

— Est-il heureux, ajouta-t-il, de dormir ainsi! Ah! c'est qu'il n'est pas dans ma position, lui.

Et il poussa un soupir qui monta à l'unisson du ronflement de Chicot, de sorte que le soupir eût probablement réveillé le Gascon, si le Gascon eût dormi véritablement.

— Si je le réveillais pour lui demander avis? il est homme de bon conseil.

Chicot tripla la dose, et le ronflement, qui avait atteint le diapason de l'orgue, passa à l'imitation du tonnerre.

— Non, reprit Gorenflot, cela lui donnerait trop d'avantages sur moi. Je trouverai bien un bon mensonge sans lui.

Mais, quel que soit ce mensonge, continua le moine, j'aurai bien de la peine à éviter le cachot. Ce n'est pas encore précisément le cachot, c'est le pain et l'eau qui en sont la conséquence. Si j'avais du moins quelque argent pour séduire le frère geôlier!

Ce qu'entendant Chicot, il tira subtilement de sa poche une bourse assez ronde qu'il cacha sous son ventre.

Ce n'était pas une précaution inutile; plus contrit que jamais, Gorenflot s'approcha de son ami et murmura ces paroles mélancoliques :

— S'il était éveillé, il ne me refuserait pas un écu; mais son sommeil m'est sacré... et je vais le prendre.

A ces mots, frère Gorenflot, qui, après être demeuré un certain temps assis, venait de s'agenouiller, se pencha à son tour vers Chicot et fouilla délicatement dans la poche du dormeur.

Chicot ne jugea point à propos, malgré l'exemple donné par son compagnon, de faire appel à son démon familier, et le laissa fouiller à son aise dans l'une et l'autre poche de son pourpoint.

— C'est singulier, dit le moine, rien dans les poches. Ah! dans le chapeau peut-être.

Tandis que le moine se mettait en quête, Chicot vidait sa bourse dans sa main, et la remettait vide et plate dans la poche de son haut-de-chausses.

— Rien dans le chapeau, dit le moine, cela m'étonne. Mon ami Chicot, qui est un fou plein de raison, ne sort cependant jamais sans argent. Ah! vieux Gaulois, ajouta-t-il avec un sourire qui fendait sa bouche jusqu'aux oreilles, j'oubliais tes braies.

Et, glissant sa main dans les chausses de Chicot, il en retira la bourse vide.

— Jésus! murmura-t-il, et l'écot, qui le payera?

Cette pensée produisit sur le moine une profonde impression, car il se mit aussitôt sur ses jambes, et, d'un pas encore un peu aviné, mais cependant rapide, il se dirigea vers la porte, traversa la cuisine sans lier conversation avec l'hôte, malgré les avances que celui-ci lui faisait, et s'enfuit.

Alors Chicot remit son argent dans sa bourse, sa bourse dans sa poche, et, s'accoudant contre la fenêtre, que mordait déjà un rayon de soleil, il oublia Gorenflot dans une méditation profonde.

Cependant le frère quêteur, sa besace sur l'épaule, poursuivait son chemin avec une mine composée qui pouvait paraître aux passants du recueillement, et qui n'était que de la préoccupation, car Gorenflot cherchait un de ces magnifiques mensonges de moine en goguette ou de soldat attardé, mensonge dont le fond est toujours le même, tandis que la trame se brode capricieusement selon l'imagination du menteur.

Du plus loin que frère Gorenflot aperçut les portes du couvent, elles lui parurent plus sombres encore que de coutume, et il tira de fâcheux indices de la présence de plusieurs moines conversant sur le seuil et regardant tour à tour avec inquiétude vers les quatre points cardinaux.

Mais, à peine eut-il débouché de la rue Saint-Jacques, qu'un grand mouvement opéré par les frères au moment même où ils l'aperçurent lui donna une des plus horribles frayeurs qu'il eût éprouvées de sa vie.

— C'est de moi qu'ils parlent, dit-il; ils me désignent, ils m'attendent; on m'a cherché cette nuit; mon absence a fait scandale; je suis perdu!

Et la tête lui tourna; une folle idée de fuir lui vint à l'esprit; mais plusieurs religieux venaient déjà à sa rencontre; on le poursuivrait indubitablement. Frère Gorenflot se rendait justice, il n'était pas taillé pour la course; il serait rejoint, garrotté, traîné au couvent; il préféra la résignation.

Il s'avança donc, l'oreille basse, vers ses compagnons, qui semblaient hésiter à venir lui parler.

— Hélas! dit Gorenflot, ils font semblant de ne plus me connaître, je suis une pierre d'achoppement.

Enfin l'un d'eux se hasarda, et, allant à Gorenflot :

— Pauvre cher frère! dit-il.

Gorenflot poussa un soupir et leva les yeux au ciel.

— Vous savez que le prieur vous attend, dit un autre.

— Ah! mon Dieu!

— Oh! mon Dieu, oui, ajouta un troisième, il a dit qu'aussitôt rentré au couvent on vous conduisît près de lui.

— Voilà ce que je craignais, dit Gorenflot.

Et, plus mort que vif, il entra dans le couvent, dont la porte se referma sur lui.

— Ah! c'est vous! s'écria le frère portier, venez vite, vite, le révérend prieur Joseph Foulon vous demande.

Et le frère portier, prenant Gorenflot par la main, le conduisit ou plutôt le traîna jusque dans la chambre du prieur.

Là aussi les portes se refermèrent.

Gorenflot baissa les yeux, craignant de rencontrer le regard courroucé de l'abbé; il se sentait seul, abandonné de tout le monde, en tête-à-tête avec un supérieur qui devait être irrité, et irrité justement.

— Ah! c'est vous enfin! dit l'abbé.

— Mon révérend... balbutia le moine.

— Que d'inquiétudes vous nous avez données! dit le prieur.

— C'est trop de bontés, mon père, reprit Gorenflot, qui ne comprenait rien à ce ton indulgent auquel il ne s'attendait pas.

— Vous avez craint de rentrer après la scène de cette nuit, n'est-ce pas?

— J'avoue que je n'ai point osé rentrer, dit le moine, dont le front distillait une sueur glacée.

— Ah! cher frère, cher frère, dit l'abbé, c'est bien jeune et bien imprudent ce que vous avez fait là.

— Laissez-moi vous expliquer, mon père...

— Et qu'avez-vous besoin de m'expliquer? Votre sortie...

— Je n'ai pas besoin de vous expliquer, dit

Gorenflot, tant mieux, car j'étais embarrassé de le faire.

— Je le comprends à merveille. Un moment d'exaltation, l'enthousiasme vous a entraîné; l'exaltation est une vertu sainte; l'enthousiasme est un sentiment sacré; mais les vertus outrées deviennent presque vices, les sentiments les plus honorables, exagérés, sont répréhensibles.

— Pardon, mon père, dit Gorenflot; mais, si vous comprenez, je ne comprends pas bien, moi. De quelle sortie parlez-vous?

— De celle que vous avez faite cette nuit.

— Hors du couvent? demanda timidement le moine.

— Non pas, dans le couvent.

— J'ai fait une sortie dans le couvent, moi?

— Oui, vous.

Gorenflot se gratta le bout du nez. Il commençait à comprendre qu'il jouait aux propos interrompus.

— Je suis aussi bon catholique que vous ; mais cependant votre audace m'a épouvanté.

— Mon audace! dit Gorenflot, j'ai donc été bien audacieux?

— Plus qu'audacieux, mon fils; vous avez été téméraire.

— Hélas! il faut pardonner aux écarts d'un tempérament encore mal assoupli; je me corrigerai, mon père.

— Oui, mais, en attendant, je ne puis m'empêcher de craindre pour vous et pour nous les conséquences de cet éclat. Si la chose s'était passée entre nous, ce ne serait rien.

— Comment! dit Gorenflot, la chose est sue dans le monde?

— Sans doute, vous saviez bien qu'il y avait là plus de cent laïques qui n'ont pas perdu un mot de votre discours.

— De mon discours? fit Gorenflot de plus en plus étonné.

— J'avoue qu'il était beau, j'avoue que les applaudissements ont dû vous enivrer, que l'assentiment unanime a pu vous monter la tête; mais, que cela en arrive au point de proposer une procession dans les rues de Paris, au point d'offrir de revêtir une cuirasse et de faire appel aux bons catholiques, le casque en tête et la pertuisane sur l'épaule, vous en conviendrez, c'est trop fort.

Gorenflot regardait le prieur avec des yeux qui passaient par toutes les expressions de l'étonnement.

— Maintenant, continua le prieur, il y a un

Gorenflot regardait le prieur avec des yeux qui passaient par toutes les expressions de l'étonnement. — PAGE 4.

moyen de tout concilier. Cette séve religieuse qui bout dans votre cœur généreux vous ferait tort à Paris, où il y a tant d'yeux méchants qui vous épient. Je désire que vous alliez la dépenser...

— Où cela, mon père? demanda Gorenflot, convaincu qu'il allait faire un tour de cachot.

— En province.

— Un exil? s'écria Gorenflot.

— En restant ici, il pourrait vous arriver bien pis, très-cher frère.

— Et que peut-il donc m'arriver?

— Un procès criminel, qui amènerait, selon toute probabilité, la prison éternelle, sinon la mort.

Gorenflot pâlit affreusement; il ne pouvait comprendre comment il avait encouru la prison perpétuelle et même la peine de mort pour s'être grisé dans un cabaret et avoir passé une nuit hors de son couvent.

— Tandis qu'en vous soumettant à cet exil momentané, mon très-cher frère, non-seulement vous échappez au danger, mais encore vous plantez le drapeau de la foi en province ; ce que vous avez fait et dit cette nuit, dangereux et même impossible sous les yeux du roi et de ses mignons maudits, devient en province plus facile à exécuter. Partez donc au plus vite, frère Gorenflot ; peut-être même est-il déjà trop tard, et les archers ont-ils reçu l'ordre de vous arrêter.

— Ouais ! mon révérend père, que dites-vous là ? balbutia le moine en roulant des yeux épouvantés ; car, à mesure que le prieur, dont il avait d'abord admiré la mansuétude, parlait, il s'étonnait des proportions que prenait un péché, à tout prendre, très-véniel. — Les archers, dites-vous, et qu'ai-je affaire aux archers, moi ?

— Vous n'avez point affaire à eux ; mais ils pourraient bien avoir affaire à vous.

— Mais on m'a donc dénoncé ? dit frère Gorenflot.

— Je le parierais. Partez donc, partez.

— Partir ! mon révérend, dit Gorenflot atterré. C'est bien aisé à dire ; mais comment vivrai-je quand je serai parti ?

— Eh ! rien de plus facile. Vous êtes le frère quêteur du couvent ; voilà vos moyens d'existence. De votre quête vous avez nourri les autres jusqu'à présent ; de votre quête vous vous nourrirez. Et puis, soyez tranquille, mon Dieu ! le système que vous avez développé vous fera assez de partisans en province pour que j'aie la certitude que vous ne manquerez de rien. Mais, allez, pour Dieu ! allez, et surtout ne revenez pas que l'on ne vous prévienne.

Et le prieur, après avoir tendrement embrassé frère Gorenflot, le poussa doucement, mais avec une persistance qui fut couronnée de succès, à la porte de sa cellule.

Là, toute la communauté était réunie, attendant frère Gorenflot.

A peine parut-il, que chacun s'élança vers lui, et que chacun voulut lui toucher les mains, le cou, les habits. Il y en avait dont la vénération allait jusqu'à baiser le bas de sa robe.

— Adieu, disait l'un en le pressant sur son cœur ; adieu, vous êtes un saint homme, ne m'oubliez point dans vos prières.

— Bah ! se dit Gorenflot, un saint homme, moi ? tiens !

— Adieu ! dit un autre en lui serrant la main, brave champion de la foi, adieu ! Godefroy de Bouillon était bien peu de chose auprès de vous.

— Adieu ! martyr, lui dit un troisième en baisant le bout de son cordon ; l'aveuglement habite encore parmi nous ; mais l'heure de la lumière arrivera.

Et Gorenflot se trouva ainsi, de bras en bras, de baisers en baisers, et d'épithètes en épithètes, porté jusqu'à la porte de la rue, qui se referma derrière lui dès qu'il l'eut franchie.

Gorenflot regarda cette porte avec une expression que rien ne saurait rendre, et finit par sortir de Paris à reculons, comme si l'ange exterminateur lui eût montré la pointe de son épée flamboyante.

Le seul mot qui lui échappa en arrivant à la porte fut celui-ci :

— Le diable m'emporte ! ils sont tous fous ; ou, s'ils ne le sont pas, miséricorde, mon Dieu ! c'est moi qui le suis.

CHAPITRE II

COMMENT FRÈRE GORENFLOT DEMEURA CONVAINCU QU'IL ÉTAIT SOMNAMBULE, ET DÉPLORA AMÈREMENT
CETTE INFIRMITÉ.

usqu'au jour néfaste où nous sommes arrivés, jour où tombait sur le pauvre moine cette persécution inattendue, frère Gorenflot avait mené la vie contemplative, c'est-à-dire que, sortant de bon matin quand il voulait prendre le frais, tard quand il recherchait le soleil, confiant en Dieu et dans la cuisine de l'abbaye, il n'avait jamais pensé à se procurer que les extra fort mondains, et assez rares au reste, de la Corne d'Abondance; ces extra étaient soumis aux caprices des fidèles, et ne pouvaient se prélever que sur les aumônes en argent, auxquelles frère Gorenflot faisait faire, en passant rue Saint-Jacques, une halte; après cette halte, ces aumônes rentraient au couvent, diminuées de la somme que frère Gorenflot avait laissée en route. Il y avait bien encore Chicot, son ami, lequel aimait les bons repas et les bons convives. Mais Chicot était très-fantasque dans sa vie. Le moine le voyait parfois trois ou quatre jours de suite, puis il était quinze jours, un mois, six semaines sans reparaître, soit qu'il restât enfermé avec le roi, soit qu'il l'accompagnât dans quelque pèlerinage, soit enfin qu'il exécutât pour son propre compte un voyage d'affaires ou de fantaisie. Gorenflot était donc un de ces moines pour qui, comme pour certains soldats enfants de troupe, le monde commençait au supérieur de la maison, c'est-à-dire au colonel du couvent, et finissait à la marmite vide. Aussi ce soldat de l'Église, cet enfant de froc, si l'on nous permet de lui appliquer l'expression pittoresque que nous employions tout à l'heure à l'égard des défenseurs de la patrie, ne s'était-il jamais figuré qu'un jour il lui fallût laborieusement se mettre en route et chercher les aventures.

Encore s'il eût eu de l'argent! mais la réponse du prieur à sa demande avait été simple et sans ornement apostolique, comme un fragment de saint Luc.

— Cherche, et tu trouveras.

Gorenflot, en songeant qu'il allait être obligé de chercher au loin, se sentait las avant de commencer.

Cependant le principal était de se soustraire d'abord au danger qui le menaçait, danger inconnu, mais pressant, d'après ce qui avait paru ressortir du moins des paroles du prieur. Le pauvre moine n'était pas de ceux qui peuvent déguiser leur physique et échapper aux investigations par quelque habile métamorphose; il résolut donc de gagner au large d'abord, et, dans cette résolution, franchit d'un pas assez rapide la porte Bordelle, dépassa prudemment, et en se faisant le plus mince possible, la guérite des veilleurs de nuit et le poste des Suisses, dans la crainte que ces archers, dont l'abbé de Sainte-Geneviève lui avait fait fête, ne fussent des réalités trop saisissantes.

Mais, une fois en plein air, une fois en rase campagne, lorsqu'il fut à cinq cents pas de la porte de la ville; lorsqu'il vit, sur le revers du fossé, disposée en manière de fauteuil, cette première herbe du printemps qui s'efforce de percer la terre déjà verdoyante; lorsqu'il vit le soleil joyeux à l'horizon, la solitude à droite et à gauche, la ville murmurante derrière lui, il s'assit sur le talus de la route, emboîta son double menton dans sa large et grasse main, se gratta de l'index le bout carré d'un nez de dogue, et commença une rêverie accompagnée de gémissements.

Sauf la cythare qui lui manquait, frère Gorenflot ne ressemblait pas mal à l'un de ces Hébreux qui, suspendant leur harpe au saule, fournis-

A. BEAUGÉ

Voilà une tournure, dit Gorenflot, voilà une taine... on dirait que je connais cela.

PAGE 9.

saient, au temps de la désolation de Jérusalem, le texte du fameux verset : *Super flumina Babylonis*, et le sujet d'une myriade de tableaux mélancoliques.

Gorenflot gémissait d'autant plus, que neuf heures approchaient, heure à laquelle on dinait au couvent, car les moines, en arrière de la civilisation, comme il convient à des gens détachés du monde, suivaient encore, en l'an de grâce 1578, les pratiques du bon roi Charles V, lequel dînait à huit heures du matin, après sa messe.

Autant vaudrait compter les grains de sable soulevés par le vent au bord de la mer pendant un jour de tempête que d'énumérer les idées contradictoires qui vinrent, l'une après l'autre, éclore dans le cerveau de Gorenflot à jeun.

La première idée, celle dont il eut le plus de peine à se débarrasser, nous devons le dire, fut de rentrer dans Paris, d'aller droit au couvent, de déclarer à l'abbé que bien décidément il préférait le cachot à l'exil, de consentir même, s'il le fallait, à subir la discipline, le fouet, le double fouet et l'*in pace*, pourvu que l'on jurât sur l'honneur de s'occuper de ses repas, qu'il consentirait même à réduire à cinq par jour.

A cette idée, si tenace, qu'elle laboura pendant plus d'un grand quart d'heure le cerveau du pauvre moine, en succéda une autre un peu plus raisonnable : c'était d'aller droit à la Corne d'Abondance, d'y mander Chicot, si toutefois il ne le retrouvait pas endormi encore, de lui exposer la situation déplorable dans laquelle il se trouvait à la suite de ses suggestions bachiques, suggestions auxquelles lui, Gorenflot, avait eu la faiblesse de céder, et d'obtenir de ce généreux ami une pension alimentaire.

Ce plan arrêta Gorenflot un autre quart d'heure, car c'était un esprit judicieux, et l'idée n'était pas sans mérite.

C'était enfin, autre idée qui ne manquait pas d'une certaine audace, de tourner autour des murs de la capitale, de rentrer par la porte Saint-Germain ou par la tour de Nesle, et de continuer clandestinement ses quêtes dans Paris. Il connaissait les bons endroits, les coins fertiles, les petites rues où certaines commères, élevant de succulentes volailles, avaient toujours quelque chapon mort de gras fondu à jeter dans le sac du quêteur, il voyait, dans le miroir reconnaissant de ses souvenirs, certaine maison à perron où l'été se fabriquaient des conserves de tous genres, et cela dans le but principal, du moins frère Gorenflot aimait à se l'imaginer ainsi, de jeter au sac du frère quêteur, en échange de sa fraternelle bénédiction, tantôt un quartier de gelée de coings séchés, tantôt une douzaine de noix confites, et tantôt une boîte de pommes tapées, dont l'odeur seule eût fait boire un moribond. Car, il faut le dire, les idées de frère Gorenflot étaient surtout tournées vers les plaisirs de la table et les douceurs du repos; de sorte qu'il pensait parfois, non sans une certaine inquiétude, à ces deux avocats du diable qui, au jour du jugement dernier, plaideraient contre lui, et qu'on appelait la Paresse et la Gourmandise. Mais, en attendant, nous devons le dire, le digne moine suivait, non sans remords peut-être, mais enfin suivait la pente fleurie qui mène à l'abîme au fond duquel hurlent incessamment, comme Charybde et Scylla, ces deux péchés mortels.

Aussi ce dernier plan lui souriait-il; aussi ce genre de vie lui paraissait-il celui auquel il était naturellement destiné; mais, pour accomplir ce plan, pour suivre ce genre de vie, il fallait rester dans Paris, et risquer de rencontrer à chaque pas les archers, les sergents, les autorités ecclésiastiques, troupeau dangereux pour un moine vagabond.

Et puis un autre inconvénient se présentait : le trésorier du couvent de Sainte-Geneviève était un administrateur trop soigneux pour laisser Paris sans frère quêteur ; Gorenflot courait donc le risque de se trouver face à face avec un collègue qui aurait sur lui cette incontestable supériorité d'être dans l'exercice légitime de ses fonctions.

Cette idée fit frémir Gorenflot, et certes il y avait bien de quoi.

Il en était là de ses monologues et de ses appréhensions quand il vit poindre au loin sous la porte Bordelle un cavalier qui bientôt ébranla la voûte sous le galop de sa monture.

Cet homme mit pied à terre près d'une maison située à cent pas à peu près de l'endroit où était assis Gorenflot ; il frappa : on lui ouvrit, et cheval et cavalier disparurent dans la maison.

Gorenflot remarqua cette circonstance, parce qu'il avait envié le bonheur de ce cavalier qui avait un cheval et qui par conséquent pouvait le vendre.

Mais, au bout d'un instant, le cavalier, Gorenflot le reconnut à son manteau, le cavalier, disons-nous, sortit de la maison, et, comme il y avait un massif d'arbres à quelque distance et devant le massif un gros tas de pierres, il alla se blottir entre les arbres et ce bastion d'une nouvelle espèce.

— Voilà bien certainement quelque guet-apens qui se prépare, murmura Gorenflot. Si j'étais moins suspect aux archers, j'irais les prévenir, ou, si j'étais plus brave, je m'y opposerais.

A ce moment, l'homme qui se tenait en embuscade et dont les yeux ne quittaient la porte de la ville que pour inspecter les environs avec une certaine inquiétude, aperçut, dans un des regards rapides qu'il jetait à droite et à gauche, Gorenflot, toujours assis et tenant toujours son menton. Cette vue le gêna ; il feignit de se promener d'un air indifférent derrière les moellons.

— Voilà une tournure, dit Gorenflot, voilà une taille... on dirait que je connais cela...; mais non, c'est impossible.

En ce moment, l'inconnu, qui tournait le dos à Gorenflot, s'affaissa tout à coup comme si les muscles de ses jambes eussent manqué sous lui. Il venait d'entendre certain bruit de fers de chevaux qui venaient de la porte de la ville.

En effet, trois hommes, dont deux semblaient

des laquais, trois bonnes mules et trois gros porte-manteaux venaient lentement de Paris par la porte Bordelle. Aussitôt qu'il les eut aperçus, l'homme aux moellons se fit plus petit encore, si c'était possible ; et, rampant plutôt qu'il ne marchait, il gagna le groupe d'arbres, et, choisissant le plus gros, il se blottit derrière, dans la posture d'un chasseur à l'affût.

La cavalcade passa sans le voir, ou du moins sans le remarquer, tandis qu'au contraire l'homme embusqué semblait la dévorer des yeux.

— C'est moi qui ai empêché le crime de se commettre, se dit Gorenflot, et ma présence sur le chemin, juste en ce moment, est une de ces manifestations de la volonté divine, comme il m'en faudrait une autre à moi pour me faire déjeuner.

La cavalcade passée, le guetteur rentra dans la maison.

— Bon ! dit Gorenflot, voilà une circonstance qui va me procurer, ou je me trompe fort, l'aubaine que je désirais. Homme qui guette n'aime pas être vu. C'est un secret que je possède, et, ne valût-il que six deniers, eh bien, je le mettrai à prix.

Et, sans tarder, Gorenflot se dirigea vers la maison; mais, à mesure qu'il approchait, il se remémorait la tournure martiale du cavalier, la longue rapière qui battait ses mollets, et l'œil terrible avec lequel il avait regardé passer la cavalcade; puis il se disait :

— Je crois décidément que j'avais tort et qu'un pareil homme ne se laisserait point intimider.

A la porte, Gorenflot était tout à fait convaincu, et ce n'était plus le nez qu'il se grattait, mais l'oreille.

Tout à coup, sa figure s'illumina :

— Une idée, dit-il.

C'était un tel progrès que l'éveil d'une idée dans le cerveau endormi du moine, qu'il s'étonna lui-même que cette idée fût venue; mais, on le disait déjà en ce temps-là, nécessité est mère de l'industrie.

— Une idée, répéta-t-il, et une idée un peu ingénieuse ! Je lui dirai : « Monsieur, tout homme a ses projets, ses désirs, ses espérances; je prierai pour vos projets, donnez-moi quelque chose. » Si ses projets sont mauvais, comme je n'en ai aucun doute, il aura un double besoin que l'on prie pour lui, et, dans ce but, il me fera quelque aumône. Et moi, je soumettrai le cas au premier docteur que je rencontrerai. C'est à savoir si l'on doit prier pour des projets qui vous sont inconnus, quand on a conçu un mauvais doute sur ces projets. Ce que me dira le docteur, je le ferai ; par conséquent ce ne sera plus moi qui serai responsable, mais lui ; et, si je ne rencontre pas de docteur, eh bien, si je ne rencontre pas de docteur, comme il y a doute, je m'abstiendrai. En attendant, j'aurai déjeuné avec l'aumône de cet homme aux mauvaises intentions.

En conséquence de cette détermination, Gorenflot s'effaça contre les murs et attendit.

Cinq minutes après, la porte s'ouvrit, et le cheval et l'homme apparurent, l'un portant l'autre.

Gorenflot s'approcha.

— Monsieur, dit-il, si cinq *Pater* et cinq *Ave* pour la réussite de vos projets peuvent vous être agréables...

L'homme tourna la tête du côté de Gorenflot.

— Gorenflot ! s'écria-t-il.

— Monsieur Chicot ! fit le moine tout ébahi.

— Où diable vas-tu donc comme cela, compère ? demanda Chicot.

— Je n'en sais rien, et vous ?

— C'est différent, moi, je le sais, dit Chicot, je vais droit devant moi.

— Bien loin ?

— Jusqu'à ce que je m'arrête. Mais toi, compère, puisque tu ne peux pas me dire dans quel but tu te trouves ici, je soupçonne une chose.

— Laquelle ?

— C'est que tu m'espionnais.

— Jésus Dieu ! moi vous espionner, le Seigneur m'en préserve ! Je vous ai vu, voilà tout.

— Vu, quoi ?

— Guetter le passage des mules.

— Tu es fou.

— Cependant, derrière ces pierres, avec vos yeux attentifs...

— Écoute, Gorenflot, je veux me faire bâtir une maison hors les murs; ces moellons sont à moi, et je m'assurais qu'ils étaient de bonne qualité.

— Alors c'est différent, dit le moine, qui ne crut pas un mot de ce que lui répondait Chicot, je me trompais.

— Mais enfin, toi-même, que fais-tu hors des barrières ?

— Hélas! monsieur Chicot, je suis proscrit, répondit Gorenflot avec un énorme soupir.

— Hein? fit Chicot.

— Proscrit, vous dis-je.

Et Gorenflot, se drapant dans son froc, redressa sa courte taille et balança sa tête d'avant en arrière avec le regard impératif de l'homme à qui une grande catastrophe donne le droit de réclamer la pitié de ses semblables. — Mes frères me rejettent de leur sein, continua-t-il; je suis excommunié, anathématisé.

— Bah! et pourquoi cela?

— Écoutez, monsieur Chicot, dit le moine en mettant la main sur son cœur, vous me croirez si vous voulez, mais, foi de Gorenflot, je n'en sais rien.

— Ne serait-ce pas que vous auriez été rencontré cette nuit, courant le guilledou, compère?

— Affreuse plaisanterie, dit Gorenflot, vous savez parfaitement bien ce que j'ai fait depuis hier soir.

— C'est-à-dire, reprit Chicot, oui, depuis huit heures jusqu'à dix, mais non depuis dix jusqu'à trois.

— Comment, depuis dix heures jusqu'à trois?

— Sans doute, à dix heures vous êtes sorti.

— Moi! fit Gorenflot en regardant le Gascon avec des yeux dilatés par la surprise.

— Si bien sorti, que je vous ai demandé où vous alliez.

— Où j'allais; vous m'avez demandé cela?

— Oui!

— Et que vous ai-je répondu?

— Vous m'avez répondu que vous alliez prononcer un discours.

— Il y a du vrai dans tout ceci cependant, murmura Gorenflot ébranlé.

— Parbleu! c'est si vrai, que vous me l'avez dit en partie, votre discours; il était fort long.

— Il était en trois parties, c'est la coupe que recommande Aristote.

— Il y avait même de terribles choses contre le roi Henri III dans votre discours.

— Bah! dit Gorenflot.

— Si terribles, que je ne serais pas étonné qu'on vous poursuivît comme fauteur de troubles.

— Monsieur Chicot, vous m'ouvrez les yeux; avais-je l'air bien éveillé en vous parlant?

— Je dois vous dire, compère, que vous me paraissiez fort étrange; votre regard surtout était d'une fixité qui m'effrayait; on eût dit que vous étiez éveillé sans l'être, et que vous parliez tout en dormant.

— Cependant, dit Gorenflot, je suis sûr de m'être réveillé ce matin à la Corne d'Abondance, quand le diable y serait.

— Eh bien, qu'y a-t-il d'étonnant à cela?

— Comment! ce qu'il y a d'étonnant, puisque vous dites que j'en suis sorti à dix heures, de la Corne d'Abondance!

— Oui; mais vous y êtes rentré à trois heures du matin, et, comme preuve, je vous dirai même que vous aviez laissé la porte ouverte, et que j'ai eu très-froid.

— Et moi aussi, dit Gorenflot, je me rappelle cela.

— Vous voyez bien! répliqua Chicot.

— Si ce que vous me dites est vrai...

— Comment! si ce que je vous dis est vrai? compère, c'est la vérité. Demandez plutôt à maître Bonhomet.

— A maître Bonhomet?

— Sans doute; c'est lui qui vous a ouvert la porte. Je dois même dire que vous étiez gonflé d'orgueil à votre retour, et que je vous ai dit: — « Fi donc! compère, l'orgueil ne sied point à l'homme, surtout quand cet homme est un moine. »

— Et de quoi étais-je orgueilleux?

— Du succès qu'avait eu votre discours, des compliments que vous avaient faits le duc de Guise, le cardinal et M. de Mayenne, que Dieu conserve, ajouta le Gascon en levant son chapeau.

— Alors tout m'est expliqué, dit Gorenflot.

— C'est bien heureux; vous convenez donc que vous avez été à cette assemblée? comment diable l'appelez-vous? Attendez donc! l'assemblée de la Sainte-Union. C'est cela.

Gorenflot laissa tomber sa tête sur sa poitrine et poussa un gémissement.

— Je suis somnambule, dit-il; il y a longtemps que je m'en doutais.

— Somnambule, dit Chicot, qu'est-ce que cela signifie?

— Cela signifie, monsieur Chicot, dit le moine, que chez moi l'esprit domine la matière à tel point, que, tandis que la matière dort, l'esprit veille, et qu'alors l'esprit commande à la matière, qui, tout endormie qu'elle est, est forcée d'obéir.

— Eh! compère, dit Chicot, cela ressemble fort à quelque magie; si vous êtes possédé, dites-le-moi franchement; un homme qui marche en dormant, qui gesticule en dormant, qui fait des discours dans lesquels il attaque le roi, toujours en dormant, ventre de biche! ce n'est point naturel, cela; arrière, Belzébuth, *vade retro, Satanas!*

Et Chicot fit faire un écart à son cheval.

— Ainsi, dit Gorenflot, vous aussi vous m'abandonnez, monsieur Chicot. *Tu quoque, Brute.* Ah! ah! je n'aurais jamais cru cela de votre part.

Et le moine désespéré essaya de moduler un sanglot.

Chicot eut pitié de cet immense désespoir, qui n'en paraissait que plus terrible pour être concentré.

— Voyons, dit-il, que m'as-tu dit?

— Quand cela?

— Tout à l'heure.

— Hélas! je n'en sais rien, je suis prêt à devenir fou, j'ai la tête pleine et l'estomac vide; mettez-moi sur la voie, monsieur Chicot.

— Tu m'as parlé de voyager?

— C'est vrai, je vous ai dit que le révérend prieur m'avait invité à voyager.

— De quel côté? demanda Chicot.

— Du côté où je voudrai, répondit le moine.

— Et tu vas?

— Je n'en sais rien. Gorenflot leva ses deux mains au ciel. — A la grâce de Dieu! dit-il. Monsieur Chicot, prêtez-moi deux écus pour m'aider à faire mon voyage.

— Je fais mieux que cela, dit Chicot.

— Ah! voyons, que faites-vous?

— Moi aussi, je vous ai dit que je voyageais.

— C'est vrai, vous me l'avez dit.

— Eh bien, je vous emmène.

Gorenflot regarda le Gascon avec défiance et en homme qui n'ose pas croire à une pareille faveur.

— Mais à condition que vous serez bien sage, moyennant quoi je vous permets d'être très-impie. Acceptez-vous ma proposition?

— Si je l'accepte! dit le moine; si je l'accepte!... Mais avons-nous de l'argent pour voyager?

— Tenez, dit Chicot en tirant une longue bourse gracieusement arrondie à partir du col.

Gorenflot fit un bond de joie.

— Combien? demanda-t-il.

— Cent cinquante pistoles.

— Et où allons-nous?

— Tu le verras, compère.

— Quand déjeunons nous?

— Tout de suite.

— Mais sur quoi monterai-je? demanda Gorenflot avec inquiétude.

— Pas sur mon cheval, corbœuf! tu le tuerais.

— Alors, fit Gorenflot désappointé, comment faire?

— Rien de plus simple; tu as un ventre comme Silène, tu es ivrogne comme lui. Eh bien, pour que la ressemblance soit parfaite, je t'achèterai un âne.

— Vous êtes mon roi, monsieur Chicot; vous êtes mon soleil. Prenez l'âne un peu fort; vous êtes mon dieu. Maintenant, où déjeunons-nous?

— Ici, morbleu! ici même. Regarde au-dessus de cette porte, et lis, si tu sais lire.

En effet, on était arrivé devant une espèce d'auberge. Gorenflot suivit la direction indiquée par le doigt de Chicot et lut:

« Ici, jambons, œufs, pâtés d'anguilles et vin blanc. »

Il serait difficile de dire la révolution qui se fit sur le visage de Gorenflot à cette vue : sa figure s'épanouit, ses yeux s'écarquillèrent, sa bouche se fendit pour montrer une double rangée de dents blanches et affamées. Enfin il leva ses deux bras en l'air en signe de joyeux remercîment, et, balançant son énorme corps avec une sorte de cadence, il chanta la chanson suivante, à laquelle son ravissement pouvait seul servir d'excuse :

> Quand l'âne est deslâché,
> Quand le vin est débouché,
> L'un redresse son oreille,
> L'autre sort de la bouteille.
> Mais rien n'est si éventé
> Que le moine en pleine treille,
> Mais rien n'est si desbasté
> Que le moine en liberté.

— Bien dit, s'écria Chicot, et, pour ne pas perdre de temps, mettez-vous à table, mon cher frère; moi, je vais vous faire servir et chercher un âne.

CHAPITRE III

COMMENT FRÈRE GORENFLOT VOYAGEA SUR UN ANE NOMMÉ PANURGE, ET APPRIT DANS SON VOYAGE
BEAUCOUP DE CHOSES QU'IL NE SAVAIT PAS.

C e qui rendait Chicot si indifférent du soin de son propre estomac, pour lequel, tout fou qu'il était ou qu'il se vantait d'être, il avait d'ordinaire autant de condescendance que pouvait en avoir un moine, c'est qu'avant de quitter l'hôtel de la Corne d'Abondance il avait copieusement déjeuné.

Puis les grandes passions nourrissent, à ce qu'on dit, et Chicot, dans ce moment même, avait une grande passion.

Il installa donc frère Gorenflot à une table de la petite maison, et on lui passa par une sorte de tour du jambon, des œufs et du vin, qu'il se mit à expédier avec sa célérité et sa continuité ordinaires.

Cependant Chicot était allé dans le voisinage s'enquérir de l'âne demandé par son compagnon; il trouva chez des paysans de Sceaux, entre un bœuf et un cheval, cet âne pacifique, objet des vœux de Gorenflot : il avait quatre ans, tirait sur le brun et soutenait un corps assez dodu sur quatre jambes effilées comme des fuseaux. En ce temps, un pareil âne coûtait vingt livres; Chicot en donna vingt-deux et fut béni pour sa magnificence.

Lorsque Chicot revint avec sa conquête, et qu'il entra avec elle dans la chambre même où dînait Gorenflot, Gorenflot, qui venait d'absorber la moitié d'un pâté d'anguilles et de vider sa troisième bouteille, Gorenflot, enthousiasmé de la vue de sa monture et d'ailleurs disposé par les fumées d'un vin généreux à tous les sentiments tendres, Gorenflot sauta au cou de son âne, et, après l'avoir embrassé sur l'une et l'autre mâchoire, il introduisit entre les deux une longue croûte de pain, qui fit braire d'aise celui-ci.

— Oh! oh! dit Gorenflot, voilà un animal qui a une belle voix, nous chanterons quelquefois ensemble. Merci, ami Chicot, merci.

Et il baptisa incontinent son âne du nom de Panurge.

Chicot jeta un coup d'œil sur la table et vit que, sans tyrannie aucune, il pouvait exiger de son compagnon qu'il restât de son dîner où il en était.

Il se mit donc à dire de cette voix à laquelle Gorenflot ne savait point résister :

— Allons, en route, compère, en route. A Melun nous goûterons.

Le ton de voix de Chicot était si impératif, et Chicot, au milieu de ce commandement un peu dur, avait su glisser une si douce promesse, qu'au lieu de faire aucune observation Gorenflot répéta :

— A Melun! à Melun!

Et, sans plus tarder, Gorenflot, à l'aide d'une chaise, se hissa sur son âne vêtu d'un simple coussin de cuir, d'où pendaient deux lanières en guise d'étriers. Le moine passa ses sandales dans les deux lanières, prit la longe de l'âne dans sa main droite, appuya son poing gauche sur la hanche, et sortit de l'hôtel, majestueux comme le dieu auquel Chicot avait avec quelque raison prétendu qu'il ressemblait.

Quant à Chicot, il enfourcha son cheval avec l'aplomb d'un cavalier consommé, et les deux cavaliers prirent incontinent la route de Melun au petit trot de leurs montures.

On fit de la sorte quatre lieues tout d'une traite, puis on s'arrêta un instant. Le moine profita d'un beau soleil pour s'étendre sur l'herbe et dormir. Chicot, de son côté, fit un calcul d'étapes d'après lequel il reconnut que, pour faire cent vingt lieues, à dix lieues par jour, il mettrait douze jours.

Panurge brouta du bout des lèvres une touffe de chardons.

Dix lieues était raisonnablement tout ce qu'on pouvait exiger des forces combinées d'un âne et d'un moine.

Chicot secoua la tête.

— Ce n'est pas possible, murmura-t-il en regardant Gorenflot, qui dormait sur le revers de ce fossé ni plus ni moins que sur le plus doux édredon; ce n'est pas possible, il faut, s'il veut me suivre, que le frocard fasse au moins quinze lieues par jour.

Comme on le voit, frère Gorenflot était depuis quelque temps destiné aux cauchemars.

Chicot le poussa du coude afin de le réveiller, et, quand il serait réveillé, de lui communiquer son observation.

Gorenflot ouvrit les yeux.

— Est-ce que nous sommes à Melun? dit-il, j'ai faim.

— Non, compère, dit Chicot, pas encore, et voilà justement pourquoi je vous éveille; c'est qu'il est urgent d'y arriver. Nous allons trop doucement, ventre de biche! nous allons trop doucement.

— Eh! cela vous fâche-t-il, cher monsieur Chicot, de marcher doucement? la route de la vie va en montant, puisqu'elle aboutit au ciel, et c'est très-fatigant de monter; d'ailleurs, qui nous presse? Plus de temps nous mettrons à faire la route, plus de temps nous demeurerons ensemble. Est-ce que je ne voyage pas, moi, pour la propagation de la foi, et vous pour votre plaisir? Eh bien, moins vite nous irons, mieux la foi sera propagée; moins vite nous irons, mieux vous vous amuserez. Par exemple, mon avis serait de demeurer quelques jours à Melun; on y mange, à ce que l'on assure, d'excellents pâtés d'anguilles, et je voudrais faire une comparaison consciencieuse et raisonnée entre le pâté d'anguilles de Melun et celui des autres pays. Que dites-vous de cela, monsieur Chicot?

— Je dis, reprit le Gascon, que mon avis, au contraire, est d'aller le plus vite possible; de ne pas goûter à Melun, et de souper seulement à Montereau, pour regagner le temps perdu.

Gorenflot regarda son compagnon de voyage en homme qui ne comprend pas.

— Allons! en route, en route! dit Chicot.

Le moine, qui était couché tout de son long, les mains croisées sous sa tête, se contenta de s'asseoir sur son derrière en poussant un gémissement.

— Ensuite, continua Chicot, si vous voulez rester en arrière et voyager à votre guise, compère, vous en êtes le maître.

— Non pas, dit Gorenflot, effrayé de cet isolement auquel il venait d'échapper comme par miracle, non pas. Je vous suis, monsieur Chicot, je vous aime trop pour vous quitter.

— Alors, en selle, compère, en selle!

Gorenflot tira son âne contre une borne, et parvint à s'établir dessus, cette fois, non plus à califourchon, mais de côté, à la manière des femmes: il prétendait que cela lui était plus commode pour causer. Le fait est que le moine avait prévu un redoublement de vitesse dans la marche de sa monture, et que, disposé ainsi, il avait deux points d'appui: la crinière et la queue.

Chicot prit le grand trot: l'âne suivit en brayant.

Les premiers moments furent terribles pour Gorenflot; heureusement la partie sur laquelle il reposait avait une telle surface, qu'il lui était moins difficile qu'à un autre de maintenir son centre de gravité.

De temps en temps Chicot se haussait sur ses étriers, explorait la route, et, ne voyant pas à l'horizon ce qu'il cherchait, redoublait de vitesse.

Gorenflot laissa passer ces premiers signes d'investigation et d'impatience sans en demander la cause, préoccupé qu'il était de demeurer sur sa monture. Mais, quand peu à peu il se fut remis, quand il eut appris à respirer sa brassée, comme disent les nageurs, et quand il eut remarqué que Chicot continuait le même jeu:

— Eh! dit-il, que cherchez-vous donc? cher monsieur Chicot.

— Rien, répliqua celui-ci. Je regarde où nous allons.

— Mais nous allons à Melun, ce me semble; vous l'avez dit vous-même, vous aviez même ajouté d'abord...

— Nous n'allons pas, compère, nous n'allons pas, dit Chicot en piquant son cheval.

— Comment! nous n'allons pas! s'écria le moine; mais nous ne quittons pas le trot!

— Au galop! au galop! dit le Gascon en faisant prendre cette allure à son cheval.

Panurge, entraîné par l'exemple, prit le galop, mais avec une rage mal déguisée, qui ne promettait rien de bon à son cavalier.

Les suffocations de Gorenflot redoublèrent.

— Dites donc, dites donc, monsieur Chicot, s'écria-t-il aussitôt qu'il put parler, vous appelez cela un voyage d'agrément; mais je ne m'amuse pas du tout, moi.

— En avant! en avant! répondit Chicot.

— Mais la côte est dure.

— Les bons cavaliers ne galopent qu'en montant.

— Oui, mais moi, je n'ai pas la prétention d'être un bon cavalier.

— Alors, restez en arrière.

— Non pas, ventrebleu! s'écria Gorenflot, pour rien au monde.

— Eh bien, alors, comme je vous le disais, en avant! en avant!

Et Chicot imprima à son cheval un degré de rapidité de plus.

— Voilà Panurge qui râle, cria Gorenflot, voilà Panurge qui s'arrête.

— Alors, adieu, compère, fit Chicot.

Gorenflot eut un instant envie de répondre de la même façon; mais il se rappela que ce cheval qu'il maudissait au fond du cœur et qui portait un homme si fantasque portait aussi la bourse qui était dans la poche de cet homme. Il se résigna donc, et, battant avec ses sandales les flancs de l'âne en fureur, il le força de reprendre le galop.

— Je tuerai mon pauvre Panurge, s'écria lamentablement le moine pour porter un coup décisif à l'intérêt de Chicot, puisqu'il ne paraissait avoir aucune influence sur sa sensibilité. Je le tuerai, bien sûr.

— Eh bien, tuez-le, compère, tuez-le, répondit Chicot, sans que cette observation, si importante que la jugeait Gorenflot, lui fît en aucune façon ralentir sa marche; tuez-le, nous achèterons une mule.

Comme s'il eût compris ces paroles menaçantes, l'âne quitta le milieu de la route, et vola dans un petit chemin latéral bien sec, où Gorenflot ne se fût point hasardé à marcher à pied.

— A moi, criait le moine, à moi, je vais rouler dans la rivière.

— Il n'y a aucun danger, dit Chicot : si vous tombez dans la rivière, je vous garantis que vous nagerez tout seul.

— Oh! murmura Gorenflot, j'en mourrai, c'est sûr. Et quand on pense que tout cela m'arrive parce que je suis somnambule!

Et le moine leva au ciel un regard qui voulait dire :

— Seigneur! Seigneur! quel crime ai-je donc commis pour que vous m'affligiez de cette infirmité?

Tout à coup Chicot, arrivé au sommet de la montée, arrêta son cheval d'un temps si court et si saccadé, que l'animal, surpris, plia sur ses jarrets de derrière au point que sa croupe toucha presque le sol.

Gorenflot, moins bon cavalier que Chicot, et qui, d'ailleurs, au lieu de bride, n'avait qu'une longe, Gorenflot, disons-nous, continua son chemin.

— Arrête, corbœuf! arrête, cria Chicot.

Mais l'âne s'était fait à l'idée de galoper, et l'idée d'un âne est chose tenace.

— Arrêteras-tu? cria Chicot, ou, foi de gentilhomme, je t'envoie une balle de pistolet.

— Quel diable d'homme est-ce là! se dit Gorenflot, et par quel animal a-t-il été mordu?

Puis, comme la voix de Chicot retentissait de plus en plus terrible, et que le moine croyait déjà entendre siffler la balle dont il était menacé, il exécuta une manœuvre pour laquelle la manière dont il était placé lui donnait la plus grande facilité, ce fut de se laisser glisser de sa monture à terre.

— Voilà! dit-il en se laissant bravemen tomber sur son derrière et en se cramponnant des deux mains à la longe de son âne, qui lui fit faire quelques pas ainsi, mais qui finit enfin par s'arrêter.

Alors Gorenflot chercha Chicot pour recueillir sur son visage les marques de satisfaction qui ne pouvaient manquer de s'y peindre, à la vue d'une manœuvre si habilement exécutée.

Chicot était caché derrière une roche, et continuait de là ses signaux et ses menaces.

Cette précaution fit comprendre au moine qu'il y avait quelque chose sous jeu. Il regarda en avant et aperçut à cinq cents pas sur la route trois hommes qui cheminaient tranquillement sur leurs mules. Au premier coup d'œil, il reconnut les voyageurs qui étaient sortis le matin de Paris par la porte Bordelle, et que Chicot, à l'affût derrière son arbre, avait si ardemment suivis des yeux.

Chicot attendit dans la même posture que les trois voyageurs fussent hors de vue; puis, alors seulement, il rejoignit son compagnon, qui était resté assis à la même place où il était tombé, tenant toujours la longe de Panurge entre les mains.

— Ah çà! dit Gorenflot, qui commençait à perdre patience, expliquez-moi un peu, cher monsieur Chicot, le commerce que nous faisons : tout à l'heure il fallait courir ventre à terre, maintenant il faut demeurer court à l'endroit où nous sommes.

— Mon bon ami, dit Chicot, je voulais savoir si votre âne était de bonne race et si je n'avais pas été volé en le payant vingt-deux livres; maintenant l'expérience est faite, et je suis on ne peut plus satisfait.

Le moine ne fut pas dupe, comme on le comprend bien, d'une pareille réponse, et il se préparait à le faire voir à son compagnon, lorsque sa paresse naturelle l'emporta, lui soufflant à l'oreille de n'entrer dans aucune discussion.

Il se contenta donc de répondre, sans même cacher sa mauvaise humeur :

— N'importe, je suis fort las, et j'ai très-faim.

— Eh bien, qu'à cela ne tienne, reprit Chicot en frappant gaillardement sur l'épaule du frocard, moi aussi je suis las, moi aussi j'ai faim, et à la première hôtellerie que nous trouverons sur notre...

— Eh bien, demanda Gorenflot, qui avait peine à croire au retour qu'annonçaient les premières paroles du Gascon.

— Eh bien, dit celui-ci, nous commanderons une grillade de porc, un ou deux poulets fricassés et un broc du meilleur vin de la cave.

— Vraiment! reprit Gorenflot; est-ce bien sûr, cette fois? voyons.

— Je vous le promets, compère.

— Eh bien! alors, dit le moine en se relevant, mettons-nous sans retard à la recherche de cette bienheureuse hôtellerie. Viens, Panurge, tu auras du son.

L'âne se mit à braire de plaisir.

Chicot remonta sur son cheval, Gorenflot conduisit son âne par la longe.

L'auberge tant désirée apparut bientôt à la vue des voyageurs; elle s'élevait entre Corbeil et Melun; mais, à la grande surprise de Gorenflot,

qui en admirait de loin l'aspect affriolant, Chicot ordonna au moine de remonter sur son âne, et commença d'exécuter un détour par la gauche pour passer derrière la maison; au reste, par un seul coup d'œil, Gorenflot, dont la compréhension faisait de rapides progrès, se rendit compte de cette bizarrerie; les trois mules des voyageurs, dont Chicot paraissait suivre les traces, étaient arrêtées devant la porte.

— C'est donc au gré de ces voyageurs maudits, pensa Gorenflot, que vont se disposer les événements de notre voyage et se régler les heures de nos repas? C'est triste.

Et il poussa un profond soupir.

Panurge, qui, de son côté, vit qu'on l'écartait de la ligne droite, que tout le monde, même les ânes, sait être la plus courte, s'arrêta court, et se roidit sur les quatre pieds, comme s'il était décidé à prendre racine à l'endroit même où il se trouvait.

— Voyez, dit Gorenflot d'un ton lamentable, mon âne lui-même ne veut plus avancer.

— Ah! il ne veut plus avancer, dit Chicot, attends! attends!

Et il s'approcha d'une haie de cornouillers, où il tailla une baguette longue de cinq pieds, grosse comme le pouce, solide et flexible à la fois.

Panurge n'était pas un de ces quadrupèdes stupides qui ne se préoccupent point de ce qui se passe autour d'eux et qui ne pressentent les événements que lorsque ces événements leur tombent sur le dos. Il avait suivi la manœuvre de Chicot, pour lequel il commençait sans doute à ressentir la considération qu'il méritait, et dès qu'il avait cru remarquer ses intentions, il avait déroidi ses jambes et était parti au pas relevé.

— Il va, il va! cria le moine à Chicot.

— N'importe, dit celui-ci, pour qui voyage en compagnie d'un âne et d'un moine, un bâton n'est jamais inutile.

Et le Gascon acheva de cueillir le sien.

Gorenflot se cramponnait des deux mains à la longe de son âne. — PAGE 15.

CHAPITRE IV

COMMENT FRÈRE GORENFLOT TROQUA SON ANE CONTRE UNE MULE, ET SA MULE CONTRE UN CHEVAL.

Cependant les tribulations de Gorenflot touchaient à leur terme, pour cette journée du moins; après le détour fait, on reprit le grand chemin, et l'on s'arrêta à trois quarts de lieue plus loin, dans une auberge rivale. Chicot prit une chambre qui don-nait sur la route et commanda le souper, qui lui fut servi dans la chambre; mais on voyait que la nutrition n'était que la préoccupation secondaire de Chicot. Il ne mangeait que de la moitié de ses dents, tandis qu'il regardait de tous ses yeux et écoutait de toutes ses oreilles. Cette préoccupation dura jusqu'à dix heures; cependant, comme à dix heures Chicot n'avait rien vu ni rien entendu, il leva le siége, ordon-

nant que son cheval et l'âne du moine, renfor-
cés d'une double ration d'avoine et de son, fussent prêts au point du jour.

A cet ordre, Gorenflot, qui depuis une heure
paraissait endormi et qui n'était qu'assoupi dans
cette douce extase qui suit un bon repas arrosé
d'une quantité suffisante de vin généreux, poussa
un soupir.

— Au point du jour? dit-il.

— Eh! ventre de biche! reprit Chicot, tu dois
avoir l'habitude de te lever à cette heure-là !

'— Pourquoi donc? demanda Gorenflot.

— Et les matines?

— J'avais une exemption du supérieur, répondit le moine.

Chicot haussa les épaules, et le mot fainéants
avec un *s*, lettre qui indiquait la pluralité, vint
mourir sur ses lèvres.

— Mais oui, fainéants, dit Gorenflot; mais
oui, pourquoi pas donc?

— L'homme est né pour le travail, dit sen-
tencieusement le Gascon.

— Et le moine pour le repos, dit le frère; le
moine est l'exception de l'homme.

Et, satisfait de cet argument, qui avait paru
toucher Chicot lui-même, Gorenflot fit une sortie
pleine de dignité et gagna son lit, que Chicot, de
peur de quelque imprudence sans doute, avait
fait dresser dans la même chambre que le sien.

Le lendemain, en effet, à la pointe du jour, si
frère Gorenflot n'eût point dormi du plus profond
sommeil, il eût pu voir Chicot se lever, s'approcher de la fenêtre et se mettre en observation
derrière le rideau.

Bientôt, quoique protégé par la tenture, Chicot
fit un pas rapide en arrière, et, si Gorenflot, au
lieu de continuer de dormir, eût été éveillé, il
eût entendu claqueter sur le pavé les fers des
trois mules.

Chicot alla aussitôt à Gorenflot, qu'il secoua
par le bras jusqu'à ce que celui-ci ouvrit les
yeux.

— Mais n'aurai-je donc plus un instant de
tranquillité? balbutia Gorenflot, qui venait de
dormir dix heures de suite.

— Alerte! alerte! dit Chicot, habillons-nous et
partons.

— Mais le déjeuner? fit le moine.

— Il est sur la route de Montereau.

— Qu'est-ce que c'est que cela, Montereau?
demanda le moine, fort ignare en géographie.

— Montereau, dit le Gascon, est la ville où
l'on déjeune; cela vous suffit-il?

— Oui, répondit laconiquement Gorenflot.

— Alors, compère, fit le Gascon, je descends
pour payer notre dépense et celle de nos bêtes ;
dans cinq minutes, si vous n'êtes pas prêt, je
pars sans vous.

Une toilette de moine n'est pas longue à faire ;
cependant Gorenflot mit six minutes. Aussi, en
arrivant à la porte, vit-il Chicot qui, exact comme
un Suisse, avait déjà pris les devants.

Le moine enfourcha Panurge, qui, excité par
la double ration de foin et d'avoine que venait de
lui faire administrer Chicot, prit le galop de lui-
même, et eut bientôt conduit son cavalier côte à
côte du Gascon.

Le Gascon était droit sur les étriers, et de la
tête aux pieds ne faisait pas un pli.

Gorenflot se dressa sur les siens, et vit à l'horizon les trois mules et les trois cavaliers qui
descendaient derrière un monticule.

Le moine poussa un soupir en songeant combien il était triste qu'une influence étrangère agît
ainsi sur sa destinée.

Cette fois Chicot lui tint parole, et l'on dé-
jeuna à Montereau.

La journée eut de grandes ressemblances avec
celle de la veille ; et celle du lendemain présenta
à peu près la même série d'événements. Nous
passerons donc rapidement sur les détails ; et
Gorenflot commençait à se faire tant bien que
mal à cette existence accidentée, quand, vers le
soir, il vit Chicot perdre graduellement toute sa
gaieté; depuis midi, il n'avait pas aperçu l'ombre
des trois voyageurs qu'il suivait ; aussi soupa-t-il
de mauvaise humeur et dormit-il mal.

Gorenflot mangea et but pour deux, essaya ses
meilleures chansons. Chicot demeura dans son
impassibilité.

Le jour naissait à peine, qu'il était sur pied,
secouant son compagnon ; le moine s'habilla, et,
dès le départ, on prit un trot qui se changea
bientôt en galop frénétique.

Mais on eut beau courir, pas de mules à l'horizon.

Vers midi, âne et cheval étaient sur les dents.

Chicot alla droit à un bureau de péage établi
sur le pont de Villeneuve-le-Roi pour les bêtes à
pied fourchu.

— Avez-vous vu, demanda-t-il, trois voyageurs montés sur des mules, qui ont dû passer
ce matin?

— Ce matin, mon gentilhomme? répondit le
péager; non; hier, à la bonne heure.

— Hier?

— Oui, hier soir, à sept heures.

— Les avez-vous remarqués?

— Dame! comme on remarque des voyageurs.

— Je vous demande si vous vous souvenez de la condition de ces hommes.

— Il m'a paru qu'il y avait un maître et deux laquais.

— C'est bien cela, dit Chicot.

Et il donna un écu au péager.

Puis, se parlant à lui-même:

— Hier soir, à sept heures, murmura-t-il; ventre de biche! ils ont douze heures d'avance sur moi. Allons, du courage!

— Écoutez, monsieur Chicot, dit le moine, du courage, j'en ai encore pour moi; mais je n'en ai plus pour Panurge.

En effet, le pauvre animal, surmené depuis deux jours, tremblait sur ses quatre jambes et communiquait à Gorenflot l'agitation de son pauvre corps.

— Et votre cheval lui-même, continua Gorenflot, voyez dans quel état il est.

En effet, le noble animal, si ardent qu'il fût et à cause même de son ardeur, était ruisselant d'écume, et une chaude fumée sortait par ses naseaux, tandis que le sang paraissait prêt à jaillir de ses yeux.

Chicot examina rapidement les deux bêtes, et parut se ranger à l'avis de son compagnon.

Gorenflot respirait, quant tout à coup:

— Là! frère quêteur, dit Chicot: il s'agit ici de prendre une grande résolution.

— Mais nous ne prenons que cela depuis quelques jours! s'écria Gorenflot, dont le visage se décomposa d'avance sans même qu'il sût ce qui allait lui être proposé.

— Il s'agit de nous quitter, dit Chicot, prenant du premier coup, comme on dit, le taureau par les cornes.

— Bah! fit Gorenflot; toujours la même plaisanterie! Nous quitter, et pourquoi?

— Vous allez trop doucement, compère.

— Vertudieu! dit Gorenflot; mais je vais comme le vent; mais nous avons galopé ce matin cinq heures de suite!

— Ce n'est point encore assez.

— Alors repartons; plus nous irons vite, plus nous arriverons tôt; car enfin je présume que nous arriverons.

— Mon cheval ne veut pas aller, et votre âne refuse le service.

— Alors comment faire?

— Nous allons les laisser ici, et nous les reprendrons en passant.

— Mais nous? Comptez-vous donc continuer la route à pied?

— Nous monterons sur des mules.

— Et en avoir?

— Nous en achèterons.

— Allons, dit Gorenflot en soupirant, encore ce sacrifice.

— Ainsi?

— Ainsi, va pour la mule.

— Bravo! compère, vous commencez à vous former; recommandez Bayard et Panurge aux soins de l'aubergiste; moi, je vais faire nos acquisitions.

Gorenflot s'acquitta en conscience du soin dont il était chargé; pendant les quatre jours de relations qu'il avait eues avec Panurge, il avait apprécié, nous ne dirons pas ses qualités, mais ses défauts, et il avait remarqué que ces trois défauts éminents étaient ceux auxquels lui-même était enclin, la paresse, la luxure et la gourmandise. Cette remarque l'avait touché, et ce n'était qu'avec regret que Gorenflot se séparait de son âne; mais Gorenflot était non-seulement paresseux, luxurieux et gourmand, il était de plus égoïste, et il préférait encore se séparer de Panurge que se séparer de Chicot, attendu, nous l'avons dit, que Chicot portait la bourse.

Chicot revint avec deux mules, sur lesquelles on fit vingt lieues ce jour-là: de sorte que le soir, à la porte d'un maréchal, Chicot eut la joie d'apercevoir les trois mules.

— Ah! fit-il, respirant pour la première fois.

— Ah! soupira à son tour le moine.

Mais l'œil exercé du Gascon ne reconnut ni les harnais des mules, ni leur maître, ni ses valets; les mules en étaient réduites à leur ornement naturel, c'est-à-dire qu'elles étaient complètement dépouillées; quant au maître et aux laquais, ils étaient disparus.

Bien plus, autour de ces animaux étaient des gens inconnus qui les examinaient et semblaient en faire l'expertise: c'était un maquignon d'abord, et puis le maréchal avec deux franciscains; ils faisaient tourner et retourner les mules, puis ils regardaient les dents, les pieds et les oreilles; en un mot, ils les essayaient.

Un frisson parcourut tout le corps de Chicot.

— Va devant, dit-il à Gorenflot, approche-toi des franciscains; tire-les à part, interroge-les; de moines à moines, vous n'aurez pas de secrets, j'espère; informe-toi adroitement de qui viennent

ces mules, le prix qu'on veut les vendre et ce que
sont devenus leurs propriétaires; puis reviens
me dire tout cela.

Gorenflot, inquiet de l'inquiétude de son ami,
partit au grand trot de sa mule, et revint l'instant
d'après.

Voilà l'histoire, dit-il. D'abord, savez-vous où
nous sommes?

— Eh! morbleu! nous sommes sur la route
de Lyon, dit Chicot, c'est la seule chose qu'il
m'importe de savoir.

— Si fait, il vous importe encore de savoir, à
ce que vous m'avez dit du moins, ce que sont
devenus les propriétaires de ces mules.

— Oui, va.

— Celui qui semble un gentilhomme...

— Bon.

— Celui qui semble un gentilhomme a pris ici
la route d'Avignon, une route qui raccourcit le
chemin, à ce qu'il paraît, et qui passe par Châ-
teau-Chinon et Privas.

— Seul?

— Comment, seul?

— Je demande s'il a pris cette route seul.

— Avec un laquais.

— Et l'autre laquais?

— L'autre laquais a continué son chemin.

— Vers Lyon?

— Vers Lyon.

— A merveille. Et pourquoi le gentilhomme
va-t-il à Avignon? Je croyais qu'il allait à Rome.
Mais, reprit Chicot, comme se parlant à lui-
même, je te demande là des choses que tu ne
peux savoir.

— Si fait... je le sais, répondit Gorenflot. Ah!
voilà qui vous étonne!

— Comment, tu le sais?

— Oui, il va à Avignon, parce que S. S. le
pape Grégoire XIII a envoyé à Avignon un légat
chargé de ses pleins pouvoirs.

— Bon, dit Chicot, je comprends... et les
mules?

— Les mules étaient fatiguées; ils les ont
vendues à un maquignon, qui veut les revendre
à des franciscains.

— Combien?

— Quinze pistoles la pièce.

— Comment donc ont-ils continué leur route?

— Sur des chevaux qu'ils ont achetés.

— A qui?

— A un capitaine de reîtres qui se trouve ici
en remonte.

— Ventre de biche! compère, s'écria Chicot;

tu es un homme précieux, et c'est d'aujourd'hui
seulement que je t'apprécie.

Gorenflot fit la roue.

— Maintenant, continua Chicot, achève ce
que tu as si bien commencé.

— Que faut-il faire?

Chicot mit pied à terre, et, jetant la bride au
bras du moine:

— Prends les deux mules et va les offrir pour
vingt pistoles aux franciscains; ils te doivent la
préférence.

— Et ils me la donneront, dit Gorenflot, ou je
les dénonce à leur supérieur.

— Bravo, compère, tu te formes.

— Ah! mais, demanda Gorenflot, comment
continuerons-nous notre route?

— A cheval, morbleu, à cheval!

— Diable! fit le moine en se grattant l'oreille.

— Allons donc, dit Chicot, un écuyer comme
toi!

— Bah! dit Gorenflot, au petit bonheur! Mais
où vous retrouverai-je?

— Sur la place de la ville.

— Allez m'y attendre.

Et le moine s'avança d'un pas résolu vers les
franciscains, tandis que Chicot, par une rue de
traverse, gagnait la place principale du petit
bourg.

Là il trouva, dans l'auberge du Coq-Hardi, le
capitaine de reîtres qui buvait d'un jolit petit vin
d'Auxerre que les amateurs de second ordre con-
fondaient avec les crus de Bourgogne; il prit de lui
de nouveaux renseignements, qui confirmèrent
en tous points ceux que lui avait donnés Gorenflot.

En un instant, Chicot eut traité avec le remon-
teur de deux chevaux que celui-ci porta à l'instant
même comme *morts en route*, et que, grâce à
cet accident, il put donner pour trente-cinq
pistoles les deux.

Il ne s'agissait plus que de faire prix pour les
selles et les brides, quand Chicot vit, par une
petite rue latérale, déboucher le moine portant
les deux selles sur sa tête et les deux brides à ses
mains.

— Oh! oh! fit-il, qu'est-ce que cela, compère?

— Eh bien, dit Gorenflot, ce sont les selles et
les brides de nos mules.

— Tu les as donc retenues, frocard? dit Chicot avec son large sourire.

— Oui-da! fit le moine.

— Et tu as vendu les mules?

Le moine portant les deux selles sur la tête et les deux brides à ses mains. —Page 20.

— Dix pistoles chacune.

— Qu'on t'a payées?

— Voici l'argent.

Et Gorenflot fit sonner sa poche pleine de monnaies de toute espèce.

— Ventre de biche! s'écria Chicot, tu es un grand homme, compère.

— Voilà comme je suis, dit Gorenflot avec une modeste fatuité.

— A l'œuvre! dit Chicot.

— Ah! mais j'ai soif, dit le moine.

— Eh bien, bois pendant que je vais aller seller nos bêtes; mais pas trop.

— Une bouteille.

— Va pour une bouteille.

Gorenflot en but deux, et vint rendre le reste de l'argent à Chicot.

Chicot eut un instant l'idée de laisser au moine les vingt pistoles diminuées du prix des deux bouteilles; mais il réfléchit que, du jour où Gorenflot posséderait deux écus, il n'en serait plus le maître. Il prit donc l'argent sans que le moine s'aperçut même du moment d'hésitation qu'il venait d'éprouver, et se mit en selle.

Le moine en fit autant, avec l'aide de l'officier des reîtres, qui était un homme craignant Dieu, et qui tint le pied de Gorenflot, service en échange duquel, aussitôt qu'il fut juché sur son cheval, Gorenflot lui donna sa bénédiction.

— A la bonne heure, dit Chicot en mettant sa monture au galop, voilà un gaillard bien béni!

Gorenflot, voyant courir son souper devant lui, lança son cheval sur ses traces; d'ailleurs, il faisait des progrès en équitation; au lieu d'empoigner la crinière d'une main et la queue de l'autre, comme il faisait autrefois, il saisit à deux mains le pommeau de selle, et, avec ce seul point d'appui, il courut tant que Chicot le voulut bien.

Il finit par y mettre plus d'activité que son patron, car toutes les fois que Chicot changeait d'allure et modérait son cheval, le moine, qui préférait le galop au trot, continuait son chemin en criant hurrah à sa monture.

De si nobles efforts méritaient d'être récompensés; le lendemain soir, un peu en avant de Châlons, Chicot avait retrouvé maître Nicolas David, toujours déguisé en laquais, qu'il ne perdit plus de vue jusqu'à Lyon, dont tous trois franchirent les portes vers le soir du huitième jour après leur départ de Paris.

C'était à peu près le moment où, suivant une route opposée, Bussy, Saint-Luc et sa femme arrivaient, comme nous l'avons dit, au château de Méridor.

CHAPITRE V

COMMENT CHICOT ET SON COMPAGNON S'INSTALLÈRENT A L'HÔTELLERIE DU CYGNE DE LA CROIX, ET COMMENT ILS Y FURENT REÇUS PAR L'HÔTE.

aître Nicolas David, toujours déguisé en laquais, se dirigea vers la place des Terreaux et choisit la principale hôtellerie de la place, qui était celle du Cygne de la Croix. Chicot l'y vit entrer et demeura un instant en observation pour s'assurer qu'il y avait trouvé de la place et que, par conséquent, il n'en sortirait pas.

— As-tu quelque objection contre l'auberge du Cygne de la Croix? dit le Gascon à son compagnon de voyage.

— Pas la moindre, répondit celui-ci.

— Tu vas donc entrer là, tu feras prix pour une chambre retirée : tu diras que tu attends ton frère, et, en effet, tu m'attendras sur le seuil de la porte; moi, je vais me promener et je ne rentrerai qu'à la nuit close; à la nuit close je reviendrai, je te trouverai à ton poste, et, comme

tu auras fait sentinelle, que tu connaîtras le plan de la maison, tu me conduiras à la chambre sans que je me heurte aux gens que je ne veux pas voir. Comprends-tu?

— Parfaitement, dit Gorenflot.

— Choisis la chambre spacieuse, gaie, abordable, contiguë, s'il est possible, à celle du voyageur qui vient d'arriver; fais en sorte qu'elle ait des fenêtres sur la rue, afin que je voie qui entre et qui sort, ne prononce mon nom sous aucun prétexte, et promets des monts d'or au cuisinier.

En effet, Gorenflot s'acquitta merveilleusement de la commission. La chambre choisie, la nuit vint, et, la nuit venue, il alla prendre Chicot par la main et le conduisit à la chambre en question. Le moine, rusé comme l'est toujours un homme d'Église, si sot d'ailleurs que la nature l'ait créé, fit observer à Chicot que leur chambre, située sur un autre palier que celle de Nicolas David, était contiguë à cette chambre, et qu'elle n'en était séparée que par une cloison de bois et de chaux, facile à percer, si on le voulait.

Chicot écouta le moine avec la plus grande attention, et quelqu'un qui eût écouté l'orateur et vu l'auditeur aurait pu suivre à l'épanouissement de l'un les paroles de l'autre.

Puis, lorsque le moine eut fini :

— Tout ce que tu viens de me dire mérite récompense, répondit Chicot, tu auras ce soir du vin de Xérès à souper, Gorenflot; oui, tu en auras, morbleu! ou je ne suis pas ton compère.

— Je ne connais pas l'ivresse de ce vin, dit Gorenflot; elle doit être agréable

— Ventre de biche! répliqua Chicot en prenant possession de la chambre, tu la connaîtras dans deux heures, c'est moi qui te le dis.

Chicot fit demander l'hôte.

On trouvera peut-être que le narrateur de cette histoire promène, à la suite de ses personnages, son récit dans un bien grand nombre d'hôtelleries : à ceci il répondra que ce n'est point sa faute si ses personnages, les uns pour servir les désirs de leur maîtresse, les autres pour fuir la colère du roi, vont, les uns au nord et les autres au midi. Or, placé qu'il est entre l'antiquité, qui se passait d'auberge grâce à l'hospitalité fraternelle, et la vie moderne, où l'auberge s'est transformée en table d'hôte, force lui est de s'arrêter dans les hôtelleries où doivent se passer les scènes importantes de son livre; d'ailleurs, les caravansérais de notre Occident se présentaient à cette époque sous une triple forme qui n'était pas à dédaigner, et qui de nos jours a perdu beaucoup de son caractère : cette triple forme était l'auberge, l'hôtellerie et le cabaret. Notez que nous ne parlons point ici de ces agréables maisons de baigneurs qui n'ont point leur équivalent de nos jours, et qui, léguées par la Rome des empereurs au Paris de nos rois, empruntaient à l'antiquité le multiple agrément de ses profanes tolérances.

Mais ces établissements étaient encore renfermés, sous le règne du roi Henri III, dans les murs de la capitale : la province n'avait encore que l'hôtellerie, l'auberge et le cabaret.

Or nous sommes dans une hôtellerie.

C'est ce que fit très-bien sentir l'hôte, lorsqu'il répondit à Chicot, qui l'avait fait demander, comme nous l'avons dit, qu'il eût à prendre patience, attendu qu'il causait avec un voyageur qui, arrivé avant lui, avait le droit de priorité.

Chicot devina que ce voyageur était son avocat.

— Que peuvent-ils se dire? demanda Chicot.

— Vous croyez donc que l'hôte et votre homme en sont aux secrets?

— Dame! vous le voyez bien, puisque cette figure rogue que nous avons aperçue, et qui, je le présume, est celle de l'hôte...

— Elle-même, dit le moine.

— Consent à causer avec un homme habillé en laquais.

— Ah! dit Gorenflot, il a changé d'habit; je l'ai aperçu : il est maintenant vêtu tout de noir.

— Raison de plus, dit Chicot. L'hôte est sans doute de l'intrigue.

— Voulez-vous que je tâche de confesser sa femme? dit Gorenflot.

— Non, dit Chicot, j'aime mieux que tu ailles faire un tour par la ville.

— Bah! et le souper? dit Gorenflot.

— Je le ferai préparer en ton absence, tiens, voilà un écu pour te mettre en train.

Gorenflot prit l'écu avec reconnaissance.

Le moine, dans le courant du voyage, s'était déjà plus d'une fois livré à ces excursions demi-nocturnes qu'il adorait, et que, grâce à son titre de frère quêteur, il risquait de temps en temps à Paris. Mais, depuis sa sortie du couvent, ces excursions lui étaient encore plus chères. Gorenflot maintenant aspirait la liberté par tous les pores, et il en était arrivé à ce que son couvent ne se présentât déjà plus à son souvenir que sous l'aspect d'une prison.

Il sortit donc avec la robe retroussée sur le côté et son écu dans sa poche.

A peine Gorenflot fut-il hors de la chambre, que Chicot, sans perdre un instant, prit une vrille et fit un trou dans la cloison à la hauteur de l'œil. Cette ouverture, grande comme celle d'une sarbacane, ne lui permettait pas, à cause de l'épaisseur des planches, de voir distinctement les différentes parties de la chambre; mais, en collant son oreille à ce trou, il entendait assez distinctement les voix.

Cependant, grâce à la disposition des personnages et à la place qu'ils occupaient dans l'appartement, le hasard voulut que Chicot pût voir distinctement l'hôte, qui causait avec Nicolas David.

Quelques mots échappaient, comme nous l'avons dit, à Chicot; mais ce qu'il saisit de la conversation cependant suffit à lui prouver que David faisait grand étalage de sa fidélité envers le

Chicot prit une vrille et fit un trou dans la cloison. — Page 23.

roi, parlant même d'une mission qui lui était confiée par M. de Morvilliers.

Tandis qu'il parlait ainsi, l'hôte écoutait respectueusement sans doute, mais avec un sentiment qui était au moins de l'indifférence, car il répondait peu. Chicot crut même remarquer, soit dans ses regards, soit dans l'intonation de sa voix, une ironie assez marquée chaque fois qu'il prononçait le nom du roi.

— Eh! eh! dit Chicot, notre hôte serait-il ligueur, par hasard? mordieu, je le verrai bien!

Et, comme il ne se disait rien de bien important dans la chambre de maître Nicolas David, Chicot attendit que l'hôte lui vînt rendre visite à son tour.

Enfin la porte s'ouvrit.

L'hôte tenait son bonnet à la main, mais il avait absolument la même physionomie goguenarde qui venait de frapper Chicot lorsqu'il l'avait vu causant avec l'avocat.

— Asseyez-vous là, mon cher monsieur, lui dit Chicot, et, avant que nous fassions un arrangement définitif, écoutez, s'il vous plaît, mon histoire.

L'hôte parut écouter défavorablement cet exorde, et fit même signe de la tête qu'il désirait rester debout.

— A votre aise, mon cher monsieur, reprit Chicot.

L'hôte fit un signe qui voulait dire que, pour prendre ses aises, il n'avait besoin de la permission de personne.

— Vous m'avez vu ce matin avec un moine, continua Chicot.

— Oui, monsieur, dit l'hôte.

— Silence! il n'en faut rien dire... ce moine est proscrit.

— Bah! fit l'hôte, serait-ce donc quelque huguenot déguisé?

Chicot prit un air de dignité offensée.

— Huguenot! dit-il avec dégoût, qui donc a dit huguenot? Sachez que ce moine est mon parent, et que je n'ai point de parents huguenots. Allons donc! brave homme, vous devriez rougir de dire de pareilles énormités.

— Ah! monsieur, reprit l'hôte, cela s'est vu.

— Jamais dans ma famille, seigneur hôtelier! Ce moine, au contraire, est l'ennemi le plus acharné qui se soit jamais déchaîné contre les huguenots, de sorte qu'il est tombé dans la disgrâce de S. M. Henri III, qui les protége, comme vous savez.

L'hôte paraissait commencer à prendre un vif intérêt à la persécution de Gorenflot.

— Silence! dit-il en approchant un doigt de ses lèvres.

— Comment, silence! demanda Chicot, est-ce que vous auriez ici des gens du roi, par hasard?

— J'en ai peur, dit l'hôte avec un signe de tête; là, à côté, il y a un voyageur.

— C'est qu'alors, reprit Chicot, nous nous sauverions tout de suite, mon parent et moi; car, proscrit, menacé...

— Et où iriez-vous?

— Nous avons deux ou trois adresses que nous a données un aubergiste de nos amis, maître la Hurière.

— La Hurière, vous connaissez la Hurière?

— Chut! il ne faut pas le dire; mais nous avons fait connaissance le soir de la Saint-Barthélemy.

— Allons, dit l'hôte, je vois que vous êtes tous deux, votre parent et vous, de saintes gens; moi aussi je connais la Hurière. J'avais même envie, quand j'achetai cette hôtellerie, de prendre en

témoignage d'amitié la même enseigne que lui : A la Belle-Étoile; mais l'hôtellerie était connue sous la dénomination de l'hôtellerie du Cygne de la Croix; j'ai eu peur que ce changement ne me fît tort; ainsi vous dites donc, monsieur, que votre parent...

— A eu l'imprudence de prêcher contre les huguenots; qu'il a eu un succès énorme, et que Sa Majesté Très-Chrétienne, furieuse de ce succès, qui lui dévoilait la disposition des esprits, le cherchait pour le faire emprisonner.

— Et alors? demanda l'hôte avec un accent d'intérêt auquel il n'y avait point à se tromper.

— Ma foi, je l'ai enlevé, dit Chicot.

— Et vous avez bien fait, pauvre cher homme.

— M. de Guise m'avait bien offert de le protéger.

— Comment, le grand Henri de Guise? Henri le Balafré?

— Henri le saint.

Oui, vous l'avez dit, Henri le saint.

— Mais j'ai craint la guerre civile.

— Alors, dit l'hôte, si vous êtes des amis de M. de Guise, vous connaissez ceci?

Et l'hôte fit de la main à Chicot un espèce de signe maçonique à l'aide duquel les ligueurs se reconnaissaient.

Chicot, dans la fameuse nuit qu'il avait passée au couvent Sainte-Geneviève, avait remarqué, non-seulement ce signe, qui avait été vingt fois répété devant lui, mais encore le signe qui y répondait.

— Parbleu, dit-il, et vous ceci?

Et Chicot à son tour fit le second signe.

— Alors, dit l'aubergiste avec le plus complet abandon, vous êtes ici chez vous : ma maison est la vôtre; regardez-moi comme un ami, je vous regarde comme un frère, et, si vous n'avez pas d'argent...

Chicot, pour toute réponse, tira de sa poche une bourse qui, quoique déjà un peu entamée, présentait encore une corpulence assez honorable.

La vue d'une bourse bien rondelette est toujours agréable, même à l'homme généreux qui vous offre de l'argent, et qui apprend ainsi que vous n'en avez pas besoin; de sorte qu'il conserve le mérite de son offre sans avoir eu besoin de la mettre à exécution.

— Bien, dit l'hôte.

— Je vous dirai, ajouta Chicot, pour vous tranquilliser davantage encore, que nous voyageons pour la propagation de la foi, et que nore voyage nous est payé par le trésorier de la Sainte-Union. Indiquez-nous donc une hôtellerie où nous n'ayons rien à craindre.

— Morbleu, dit l'hôte, vous ne serez nulle part plus en sûreté qu'ici, messieurs : c'est moi qui vous .e dis.

— Mais vous parliez tout à l'heure d'un homme qui logeait là, à côté.

— Oui; mais qu'il se tienne bien, car, au premier espionnage que je lui vois faire, foi de Bernouillet, il déménagera.

— Vous vous nommez Bernouillet? demanda Chicot.

— C'est mon propre nom, monsieur, et il est connu parmi les fidèles, peut-être pas de la capitale, mais de la province. Je m'en vante aussi. Dites un mot, un seul, et je le mets à la porte.

— Pourquoi cela? dit Chicot; laissez-le, au contraire; mieux vaut avoir ses ennemis près de soi; on les surveille au moins.

— Vous avez raison, dit Bernouillet avec admiration.

— Mais qui vous fait croire que cet homme est notre ennemi? je dis notre ennemi, continua le Gascon avec un tendre sourire, parce que je vois bien que nous sommes frères.

— Oh! oui, bien certainement, dit l'hôte; ce qui me le fait croire...

— Je vous le demande.

— C'est qu'il est arrivé ici déguisé en laquais, puis, qu'il a passé une espèce d'habit d'avocat; or il n'est pas plus avocat que laquais, attendu que, sous un manteau jeté sur une chaise, j'ai vu passer la pointe d'une longue rapière. Puis il m'a parlé du roi comme personne n'en parle; puis enfin il m'a avoué qu'il avait une mission de M. de Morvilliers, qui est, comme vous savez, un ministre du Nabuchodonosor.

— De l'Hérode, comme je l'appelle.

— Du Sardanapale!

— Bravo!

— Ah! je vois que nous nous entendons, dit l'hôte.

— Pardieu, fit Chicot, ainsi je reste.

— Je le crois bien.

— Mais pas un mot de mon parent.

— Pardieu.

— Ni de moi?

— Pour qui me prenez-vous? Mais, silence, voici quelqu'un.

Gorenflot parut sur le seuil.

— Oh! c'est lui, le digne homme! s'écria l'hôte.

Et il alla au moine, et lui fit le signe des ligueurs.

Ce signe frappa Gorenflot d'étonnement et d'effroi.

— Répondez, répondez donc, mon frère, dit Chicot. Notre hôte sait tout, il en est.

— Il en est, dit Gorenflot, de quoi est-il?

— De la Sainte-Union, dit Bernouillet à demi-voix.

— Vous voyez bien que vous pouvez répondre; répondez donc.

Gorenflot répondit, ce qui combla de joie l'aubergiste.

— Mais, dit Gorenflot, qui avait hâte de changer la conversation, on m'a promis du xérès.

— Du vin de Xérès, du vin de Malaga, du vin d'Alicante, tous les vins de ma cave sont à votre disposition, mon frère.

Gorenflot promena son regard de l'hôte à Chicot et de Chicot au ciel. Il ne comprenait rien à ce qui lui arrivait, et il était évident que, dans son humilité toute monacale, il reconnaissait que son bonheur dépassait de beaucoup ses mérites.

Trois jours de suite Gorenflot s'enivra : le premier jour avec du xérès, le second jour avec du malaga, le troisième jour avec de l'alicante; mais, de toutes ces ivresses, Gorenflot avoua que c'était encore celle du bourgogne qui lui semblait la plus agréable, et il en revint au chambertin.

Pendant ces quatre jours où Gorenflot avait fait ses expériences œnophiles, Chicot n'était pas sorti de sa chambre, et avait guetté du soir au matin l'avocat Nicolas David.

L'hôte, qui attribuait cette réclusion de Chicot à la peur qu'il avait du prétendu royaliste, s'évertuait à faire mille tours à celui-ci.

Mais rien n'y faisait, du moins en apparence. Nicolas David, qui avait donné rendez-vous à Pierre de Gondy à l'hôtellerie du Cygne de la Croix, ne voulait point quitter son domicile provisoire, de peur que le messager de messieurs de Guise ne le retrouvât point, de sorte qu'en présence de l'hôte il paraissait insensible à tout. Il est vrai que, la porte fermée derrière maître Bernouillet, Nicolas David donnait à Chicot, qui ne quittait pas son trou, le spectacle divertissant de ses fureurs solitaires.

Dès le lendemain de son installation dans l'auberge, s'apercevant déjà des mauvaises intentions de son hôte, il lui était échappé de dire, en lui montrant le poing, ou plutôt en montrant le poing à la porte par laquelle il était sorti :

— Encore cinq ou six jours, drôle, et tu me le payeras.

Chicot en savait assez, il était sûr que Nicolas David ne quitterait pas l'hôtellerie qu'il n'eût la réponse du légat.

Mais, à l'approche de ce sixième jour, qui était le septième de l'arrivée dans l'auberge, Nicolas David, à qui l'hôte, malgré les instances de Chicot, avait signifié le prochain besoin qu'il aurait de sa chambre, Nicolas David, disons-nous, tomba malade.

L'hôte insista pour qu'il quittât son logement tandis qu'il pouvait marcher encore ; l'avocat demanda jusqu'au lendemain, prétendant que le lendemain il serait mieux certainement ; le lendemain il était plus mal.

Ce fut l'hôte qui vint annoncer cette nouvelle à son ami le ligueur.

— Eh bien, dit-il en se frottant les mains, notre royaliste, notre ami d'Hérode, il va passer la revue de l'amiral, ran tan plan plan plan plan plan.

On appelait, parmi les ligueurs, *passer la revue de l'amiral*, enjamber de ce monde dans l'autre.

— Bah ! fit Chicot, vous croyez qu'il va mourir ?

— Fièvre abominable, mon cher frère, fièvre tierce, fièvre quartaine, avec des redoublements qui le font bondir dans son lit ; il a une faim de démon, il a voulu m'étrangler et bat mes valets ; les médecins n'y comprennent rien.

Chicot réfléchit.

— L'avez-vous vu ? demanda-t-il.

— Certainement, puisque je vous dis qu'il a voulu m'étrangler !

— Comment était-il ?

— Pâle, agité, défait, criant comme un possédé.

— Que criait-il ?

— Prenez garde au roi. On veut du mal au roi.

— Le misérable !

— Le gueux ! Puis de temps en temps il dit qu'il attend un homme qui vient d'Avignon, et qu'il veut voir cet homme avant de mourir.

— Voyez-vous cela ! dit Chicot. Ah ! il parle d'Avignon !

— A chaque minute.

— Ventre de biche ! dit Chicot, laissant échapper son juron favori.

— Dites donc, reprit l'hôte ; ce serait drôle s'il allait mourir.

— Très-drôle, dit Chicot ; mais je voudrais qu'il ne mourût pas avant l'arrivée de l'homme d'Avignon.

— Pourquoi cela ? plus tôt mourra-t-il, plus tôt en serons-nous débarrassés.

— Oui ; mais je ne pousse pas la haine jusqu'à vouloir perdre l'âme et le corps ; et, puisque cet homme vient d'Avignon pour le confesser...

— Eh ! vous voyez bien que c'est quelque fantaisie de sa fièvre, quelque imagination que la maladie lui a mise en tête, et il n'attend personne.

— Bah ! qui sait ? dit Chicot.

— Ah ! vous êtes d'une bonne pâte de chrétien, vous ! répliqua l'hôte.

— Rends le bien pour le mal, dit la loi divine.

L'hôte se retira émerveillé.

Quant à Gorenflot, demeuré parfaitement en dehors de toutes ces préoccupations, il engraissait à vue d'œil : au bout de huit jours, l'escalier qui conduisait à sa chambre criait sous son poids et commençait de l'enserrer entre la rampe et le mur, si bien que Gorenflot annonça un soir, avec terreur, à Chicot que l'escalier maigrissait. Au reste, David, ni la Ligue, ni l'état déplorable où était tombée la religion, ne l'occupait : il n'avait d'autre soin que de varier les menus et d'harmoniser les différents crus de Bourgogne avec les différents mets qu'il se faisait servir, tandis que l'hôte ébahi répétait, chaque fois qu'il le voyait rentrer ou sortir :

— Et dire que c'est un torrent d'éloquence que ce gros père !

CHAPITRE VI

COMMENT LE MOINE CONFESSA L'AVOCAT, ET COMMENT L'AVOCAT CONFESSA LE MOINE.

nfin, le jour qui devait débarrasser l'hôtellerie de son hôte arriva ou parut arriver. Maître Bernouillet se précipita dans la chambre de Chicot avec des éclats de rire tellement immodérés, que celui-ci dut attendre quelque temps avant d'en connaître la cause.

— Il se meurt, s'écriait le charitable aubergiste, il expire, il crève enfin !

— Et cela vous fait rire à ce point? demanda Chicot.

— Je crois bien; c'est que le tour est merveilleux.

— Quel tour?

— Non. Avouez que c'est vous qui le lui avez joué, mon gentilhomme.

— Moi, un tour au malade?

— Oui !

— De quoi s'agit-il ? que lui est-il arrivé?

— Ce qui lui est arrivé ! Vous savez qu'il criait toujours après son homme d'Avignon !

— Eh bien, cet homme serait-il venu enfin?

— Il est venu.

— L'avez-vous vu?

— Parbleu ! est-ce qu'il entre ici une seule personne sans que je la voie?

— Et comment était-il?

— L'homme d'Avignon? petit, mince et rose.

— C'est cela ! laissa échapper Chicot.

— Là, vous voyez bien que c'est vous qui le lui avez envoyé, puisque vous le reconnaissez.

— Le messager est arrivé ! s'écria Chicot en se levant et en frisant sa moustache, ventre de biche! contez-moi donc cela, compère Bernouillet.

— Rien de plus simple, d'autant plus que, si ce n'est pas vous qui avez fait le tour, vous me direz qui cela peut être. Il y a une heure donc, je suspendais un lapin au volet, quand un grand cheval et un petit homme s'arrêtèrent devant la porte.

— Maître Nicolas est-il ici? demanda le petit homme. Vous savez que c'est sous ce nom que cet infâme royaliste s'est fait inscrire.

— Oui, monsieur, répondis-je.

— Dites-lui alors que la personne qu'il attend d'Avignon est arrivée.

— Volontiers, monsieur, mais je dois vous prévenir d'une chose.

— De laquelle?

— Que maître Nicolas, comme vous l'appelez, se meurt.

— Raison de plus pour que vous fassiez ma commission sans retard.

— Mais vous ne savez peut-être pas qu'il se meurt d'une fièvre maligne.

— Vraiment ! fit l'homme, alors je ne saurais vous recommander trop de diligence.

— Comment? vous persistez?

— Je persiste.

— Malgré le danger?

— Malgré tout, je vous dis qu'il faut que je le voie.

Le petit homme se fâchait et parlait avec un ton impératif qui n'admettait pas de réplique; en conséquence, je le conduisis à la chambre du moribond.

— De sorte qu'il est là? dit Chicot en étendant la main dans la direction de cette chambre.

— Il y est; n'est-ce pas que c'est drôle?

— Excessivement drôle, dit Chicot.

— Quel malheur de ne pas pouvoir entendre!

— Oui, c'est un malheur.

— La scène doit être bouffonne.

— Au dernier degré; mais qui donc vous empêche d'entrer?

— Il m'a renvoyé.

— Sous quel prétexte?

— Sous prétexte qu'il allait se confesser.

— Qui vous empêche d'écouter à la porte?

— Eh! vous avez raison, dit l'hôte en s'élançant hors de la chambre.

Chicot, de son côté, courut à son trou.

Pierre de Gondy était assis au chevet du lit du malade: mais ils parlaient si bas tous deux, que Chicot ne put entendre un seul mot de leur conversation.

D'ailleurs, l'eût-il entendue, cette conversation, tirant à sa fin, lui eût appris peu de chose; car, après cinq minutes, M. de Gondy se leva, prit congé du mourant et sortit.

Chicot courut à la fenêtre.

Un laquais, monté sur un courtaud, tenait en bride le grand cheval dont avait parlé l'hôte: un instant après l'ambassadeur de MM. de Guise parut, se mit en selle et tourna l'angle de la rue qui conduisait à la grande rue de Paris.

— Mordieu! dit Chicot, pourvu qu'il n'emporte pas la généalogie; en tout cas, je le rejoindrai toujours, dussé-je crever dix chevaux pour le rejoindre

Mais non, dit-il, ces avocats sont de fins renards, le nôtre surtout, et je soupçonne... Je vous demande un peu, continua Chicot frappant du pied avec impatience, et rattachant sans doute dans son esprit son idée à une autre, je vous demande un peu où est ce drôle de Gorenflot.

En ce moment l'hôte rentra.

— Eh bien? demanda Chicot.

— Il est parti, dit l'hôte.

— Le confesseur?

— Qui n'est pas plus un confesseur que moi.

— Et le malade?

— Il s'est évanoui après la conférence.

— Vous êtes sûr qu'il est toujours dans sa chambre?

— Parbleu! il n'en sortira probablement que pour se faire conduire au cimetière.

— C'est bon; allez, et envoyez-moi mon frère aussitôt qu'il reparaîtra.

— Même s'il est ivre?

— En quelque état qu'il soit.

— C'est donc urgent?

— C'est pour le bien de la chose.

Bernouillet sortit précipitamment: c'était un homme plein de zèle.

C'était au tour de Chicot d'avoir la fièvre; il ne savait s'il devait courir après Gondy ou pénétrer chez David; si l'avocat était aussi malade que le prétendait l'aubergiste, il était probable qu'il avait chargé M. de Gondy de ses dépêches. Chicot arpentait donc sa chambre comme un fou, se frappant le front et cherchant une idée parmi les millions de globules bouillonnant dans son cerveau.

On n'entendait plus rien dans la chambre de son observatoire, Chicot ne pouvait apercevoir que l'angle du lit enveloppé dans ses rideaux.

Tout à coup une voix retentit dans l'escalier. Chicot tressaillit: c'était celle du moine.

Gorenflot, poussé par l'hôte, qui voulait inutilement le faire taire, montait une à une les marches de l'escalier, en chantant d'une voix avinée:

> Le vin
> Et le chagrin
> Se battent dans ma tête;
> Ils y font un tel train
> Que c'est une tempête.
> Mais l'un est le plus fort:
> C'est le vin!
> Si bien que le chagrin
> En sort
> Grand train.

Chicot courut à la porte.

— Silence donc, ivrogne! cria-t-il.

— Ivrogne, dit Gorenflot, parce qu'on a bu!

— Voyons! viens ici, et vous, Bernouillet, vous savez...

— Oui, dit l'aubergiste en faisant un signe d'intelligence et en descendant les escaliers quatre à quatre.

— Viens ici, te dis-je, continua Chicot en tirant le moine dans sa chambre, et causons sérieusement, si tu peux.

— Parbleu! dit Gorenflot, vous raillez, compère. Je suis sérieux comme un âne qui boit.

— Ou qui a bu, dit Chicot en levant les épaules.

Puis il le conduisit à un siège sur lequel Gorenflot se laissa aller en poussant un ah! plein de jubilation.

Chicot alla fermer la porte et revint à Gorenflot avec un visage si sérieux, que celui-ci comprit qu'il s'agissait d'écouter.

— Voyons, qu'y a-t-il *encore?* dit le moine, comme si ce mot résumait toutes les persécutions que Chicot lui faisait endurer.

— Il y a, répondit Chicot fort rudement, que tu ne songes pas assez aux devoirs de ta profession; tu te vautres dans la débauche, tu pourris dans l'ivrognerie, et, pendant ce temps, la religion devient ce qu'elle peut, corbœuf!

Gorenflot leva ses deux gros yeux étonnés sur son interlocuteur.

— Moi? dit-il.

— Oui, toi ; regarde, tu es ignoble à voir. Ta robe est déchirée, tu t'es battu en chemin, tu as l'œil gauche cerclé de noir.

— Moi ! reprit Gorenflot, de plus en plus étonné des reproches auxquels Chicot ne l'avait point habitué.

— Sans doute; tu as de la boue par-dessus les genoux, et quelle boue ! de la boue blanche, ce qui prouve que tu as été t'enivrer dans les faubourgs.

— C'est ma foi vrai, dit Gorenflot.

— Malheureux ! un moine génovéfain ! si tu étais cordelier encore !

— Chicot, mon ami, je suis donc bien coupable? dit Gorenflot attendri.

— C'est-à-dire que tu mérites que le feu du ciel te consume jusqu'aux sandales; prends garde, si cela continue, je t'abandonne.

— Chicot, mon ami, dit le moine, tu ne ferais pas cela.

— Il y a aussi des archers à Lyon.

— Oh ! grâce, mon cher protecteur ! balbutia le moine, qui se mit non pas à pleurer, mais à beugler comme un taureau.

— Fi ! la laide brute ! continua Chicot, et dans quel moment, je te le demande, te livres-tu à de pareils déportements? quand nous avons un voisin qui se meurt.

— C'est vrai, dit Gorenflot d'un air profondément contrit.

— Voyons, es-tu chrétien, oui ou non?

— Si je suis chrétien ! s'écria Gorenflot en se levant, si je suis chrétien ! tripes du pape ! je le suis ; je le proclamerais sur le gril de saint Laurent.

Et, le bras étendu comme pour jurer, il se mit à chanter, de façon à briser les vitres :

Je suis chrétien,
C'est mon seul bien.

— Assez, dit Chicot en le bâillonnant avec la main, si tu es chrétien, ne laisse pas mourir ton frère sans confession.

— C'est juste, où est mon frère? que je le confesse, dit Gorenflot, c'est-à-dire quand j'aurai bu, car je meurs de soif.

Et Chicot passa au moine un pot plein d'eau, que celui-ci vida presque entièrement.

— Ah ! mon fils, dit-il en reposant le pot sur la table, je commence à voir clair.

— C'est bien heureux, répondit Chicot, décidé à profiter de ce moment de lucidité.

— Maintenant, mon tendre ami, continua le moine, qui faut-il que je confesse?

— Notre malheureux voisin qui se meurt.

— Qu'on lui donne une pinte de vin au miel, dit Gorenflot.

— Je ne dis pas non; mais il a plus besoin des secours spirituels que des secours temporels. Tu vas l'aller trouver.

— Croyez-vous que je sois suffisamment préparé, monsieur Chicot? demanda timidement le moine.

— Toi ! je ne t'ai jamais vu si plein d'onction qu'en ce moment. Tu le ramèneras au bien s'il est égaré, tu l'enverras droit au paradis s'il en cherche la route.

— J'y cours.

— Attends donc, il faut que je t'indique la marche à suivre.

— Pourquoi faire? on sait son état peut-être, depuis vingt ans qu'on est moine.

— Oui, mais ce n'est pas seulement ton état qu'il faut que tu fasses aujourd'hui, c'est aussi ma volonté.

— Votre volonté?

— Et si tu l'exécutes ponctuellement, entends-tu bien? je te place cent pistoles à la Corne d'Abondance, à boire ou à manger, à ton choix.

— A boire et à manger, j'aime mieux cela.

— Eh bien, soit, cent pistoles, tu entends? si tu confesses ce digne moribond.

— Je le confesserai, ou la peste m'étouffe. Comment faut-il que je le confesse?

— Écoute : ta robe te donne une grande autorité, tu parles au nom de Dieu et au nom du roi; il faut, par ton éloquence, contraindre cet homme à te remettre les papiers qu'on vient de lui apporter d'Avignon.

— Pourquoi faire le contraindre à me remettre ces papiers?

Chicot regarda en pitié le moine.

— Pour avoir mille livres, double brute, lui dit-il.

— C'est juste, fit Gorenflot; j'y vais.

— Attends donc, il te dira qu'il vient de se confesser.

— Alors, s'il vient de se confesser?

— Tu lui répondras qu'il en a menti; que celui qui sort de sa chambre n'est point un confesseur, mais un intrigant comme lui.

— Mais il se fâchera.

— Que t'importe, puisqu'il se meurt?

— C'est juste.

— Alors, tu comprends, tu parleras de Dieu, tu parleras du diable, tu parleras de ce que tu voudras; mais, d'une façon ou de l'autre, tu lui tireras des mains des papiers qui viennent d'Avignon.

— Et s'il refuse?

— Tu lui refuseras l'absolution, tu le maudiras, tu l'anathématiseras.

— Ou je les lui prendrai de force.

— Eh bien, encore, soit; mais, voyons, es-tu suffisamment dégrisé pour exécuter ponctuellement mes instructions?

— Ponctuellement, vous allez voir.

Et Gorenflot, passant une main sur son large visage, sembla en effacer les traces superficielles de l'ivresse; ses yeux devinrent calmes, bien qu'on eût pu, avec de l'attention, les trouver hébétés; sa bouche n'articula plus que des paroles scandées avec modération, son geste devint sobre, tout en demeurant un peu tremblant.

Puis il se dirigea vers la porte avec solennité.

— Un moment, dit Chicot; quand il t'aura donné les papiers, serre-les bien dans une main et frappe de l'autre à la muraille.

— Et s'il me les refuse?

— Frappe encore.

— Alors, dans l'un et l'autre cas, je dois frapper?

— Oui.

— C'est bien.

Et Gorenflot sortit de la chambre, tandis que Chicot, en proie à une émotion indéfinissable, collait son oreille à la muraille, afin de percevoir jusqu'au moindre bruit.

Dix minutes après, le craquement du plancher lui annonça que Gorenflot entrait chez son voisin, et bientôt il le vit apparaître dans le cercle que son rayon visuel pouvait embrasser.

L'avocat se souleva dans son lit, et regarda s'approcher l'étrange apparition.

— Eh! bonjour, mon frère, dit Gorenflot s'arrêtant au milieu de la chambre et équilibrant ses larges épaules.

— Que venez-vous faire ici, mon père? murmura le malade d'une voix affaiblie.

— Mon fils, je suis un religieux indigne, j'apprends que vous êtes en danger, et je viens vous parler des intérêts de votre âme.

— Merci, dit le moribond; mais je crois votre soin inutile. Je vais un peu mieux.

Gorenflot secoua la tête.

— Vous le croyez? dit-il.

— J'en suis sûr.

— Ruse de Satan, qui voudrait vous voir mourir sans confession.

— Satan serait attrapé, dit le malade; je viens de me confesser à l'instant même.

— A qui?

— A un digne prêtre qui vient d'Avignon.

Gorenflot secoua la tête.

— Comment! ce n'est pas un prêtre?

— Non.

— Comment le savez-vous?

— Je le connais.

— Celui qui sort d'ici?

— Oui, dit Gorenflot avec un accent plein d'une telle conviction, que, si difficiles à démonter que soient en général les avocats, celui-ci se troubla.

— Or, comme vous n'allez pas mieux, dit Gorenflot, et comme cet homme n'était pas un prêtre, il faut vous confesser.

— Je ne demande pas mieux, dit l'avocat d'une voix un peu plus forte; mais je veux me confesser à qui me plaît.

— Vous n'avez pas le temps d'en envoyer chercher un autre, mon fils, et puisque me voilà...

— Comment! je n'aurai pas le temps! s'écria le malade avec une voix qui se développa de plus en plus; quand je vous dis que je vais mieux! quand je vous affirme que je suis sûr d'en réchapper!

Gorenflot secoua une troisième fois la tête.

— Et moi, dit-il avec le même flegme, je vous affirme à mon tour, mon fils, que je ne compte sur rien de bon à votre égard; vous êtes condamné par les médecins et aussi par la divine Providence; c'est cruel à vous dire, je le sais bien; mais enfin nous en arrivons tous là, soit un peu plus tôt, soit un peu plus tard; il y a la balance, la balance de la justice; et puis c'est consolant de mourir en cette vie, puisque l'on ressuscite dans l'autre. Pythagoras lui-même le disait, mon fils, et ce n'était qu'un païen. Allons, confessez-vous, mon cher enfant.

— Mais je vous assure, mon père, que je me sens déjà plus fort, et c'est probablement un effet de votre sainte présence.

— Erreur, mon fils, erreur, insista Gorenflot; il y a au dernier moment une recrudescence vitale : c'est la lampe qui se ranime pour jeter un dernier éclat. Voyons, continua le moine en s'asseyant près du lit, dites-moi vos intrigues, vos complots, vos machinations.

— Mes intrigues, mes complots, mes machinations! répéta Nicolas David en se reculant devant le singulier moine qu'il ne connaissait pas et qui paraissait le connaître si bien.

— Oui, dit Gorenflot en disposant tranquillement ses larges oreilles à entendre et en joignant ses deux pouces au-dessus de ses mains entrelacées; puis, quand vous m'aurez dit tout cela, vous me donnerez les papiers, et peut-être Dieu permettra-t-il que je vous absolve.

— Et quels papiers? s'écria le malade d'une voix aussi forte et aussi vigoureusement accentuée que s'il eût été en pleine santé.

— Les papiers que ce prétendu prêtre vient de vous apporter d'Avignon.

— Et qui vous a dit que ce prétendu prêtre m'avait apporté des papiers? demanda l'avocat en sortant une jambe de la couverture et avec un accent si brusque que Gorenflot en fut troublé dans le commencement de béatitude qui l'assoupissait sur son fauteuil.

Gorenflot pensa que le moment était venu de montrer de la vigueur.

— Celui qui l'a dit sait ce qu'il dit, reprit-il; allons, les papiers, les papiers, ou pas d'absolution.

— Eh! je me moque bien de ton absolution, bélitre, s'écria David en bondissant hors du lit et en sautant à la gorge de Gorenflot.

— Eh! mais, s'écria celui-ci, vous avez donc la fièvre chaude? vous ne voulez donc pas vous confesser, vous?

Le pouce de l'avocat, adroitement et vigoureusement appliqué sur la gorge du moine, interrompit sa phrase, qui fut continuée par un sifflement qui ressemblait fort à un râle.

— Je ne veux confesser que toi, frocard de Belzébuth, s'écria l'avocat David, et quant à la fièvre chaude, tu vas voir si elle me serre au point de m'empêcher de t'étrangler.

Frère Gorenflot était robuste, mais il en était malheureusement à ce moment de réaction où l'ivresse agit sur le système nerveux et le paralyse, ce qui arrive d'ordinaire en même temps que, par une réaction opposée, les facultés commencent à reprendre de la vigueur.

Il ne put donc, en réunissant toutes ses forces, que se soulever sur son siége, empoigner la chemise de l'avocat à deux mains, et le repousser violemment loin de lui.

Il est juste de dire que, tout paralysé qu'il était, frère Gorenflot repoussa si violemment Nicolas David, que celui-ci alla rouler au milieu de la chambre.

Mais il se releva furieux, et sautant sur cette longue épée qu'avait remarquée maître Bernouillet, laquelle était suspendue à la muraille derrière ses habits, il la tira du fourreau et en vint présenter la pointe au col du moine, qui, épuisé par cet effort suprême, était retombé sur son fauteuil.

— C'est à ton tour de te confesser, lui dit-il d'une voix sourde, ou tu vas mourir!

Gorenflot, complétement dégrisé par la désagréable pression de cette pointe froide sur sa chair, comprit la gravité de la situation.

— Oh! dit-il, vous n'étiez donc pas malade, c'était donc une comédie que cette prétendue agonie?

— Tu oublies que ce n'est point à toi d'interroger, dit l'avocat, mais de répondre.

— Répondre à quoi?

— A ce que je te vais demander.

— Faites.

— Qui es-tu?

— Vous le voyez bien, dit le moine.

— Ce n'est pas répondre, fit l'avocat en appuyant l'épée un degré plus fort.

— Et que diable! faites donc attention! si vous me tuez avant que je vous réponde, vous ne saurez rien du tout.

— Tu as raison, ton nom?

— Frère Gorenflot.

— Tu es donc un vrai moine?

— Comment, un vrai moine? je le crois bien.

— Pourquoi te trouves-tu à Lyon?

— Parce que je suis exilé.

— Qui t'a conduit dans cet hôtel?

— Le hasard.

— Depuis combien de jours y es-tu?

— Depuis seize jours.

— Pourquoi m'espionnais-tu?

— Je ne vous espionnais pas.

— Comment savais-tu que j'avais reçu des papiers?

— Parce qu'on me l'avait dit.

— Qui te l'avait dit?

— Celui qui m'a envoyé vers vous.

— Qui t'a envoyé vers moi?

— Voilà ce que je ne puis dire.

— Et ce que tu me diras cependant.

— Oh là! s'écria le moine. Vertudieu! j'appelle, je crie.

— Et moi je tue.

Le moine jeta un cri; une goutte de sang parut à la pointe de l'épée de l'avocat.

— Son nom? dit celui-ci.

— Ah! ma foi, tant pis, dit le moine; j'ai tenu tant que j'ai pu.

— Oui, va, et ton honneur est à couvert. Celui qui t'a envoyé vers moi?...

— C'est...

Gorenflot hésita encore, il lui en coûtait de trahir l'amitié.

— Achève donc, dit l'avocat en frappant du pied.

— Ma foi, tant pis! c'est Chicot.

— Le fou du roi?

— Lui-même!

— Et où est-il?

— Me voilà! dit une voix.

Et Chicot, à son tour, parut sur la porte, pâle, grave, et l'épée nue à la main.

CHAPITRE VII

COMMENT CHICOT, APRÈS AVOIR FAIT UN TROU AVEC UNE VRILLE, EN FIT UN AVEC SON ÉPÉE.

aître Nicolas David, en reconnaissant celui qu'il savait être son ennemi mortel, ne put retenir un mouvement de terreur.

Gorenflot profita de ce mouvement pour se jeter de côté, et rompre ainsi la rectitude de la ligne qui se trouvait entre son cou et l'épée de l'avocat.

— A moi, tendre ami, cria-t-il, à moi, à l'aide, au secours, à la rescousse, on m'égorge.

— Ah! ah! cher monsieur David, dit Chicot, c'est donc vous?

— Oui, balbutia David, oui, sans doute, c'est moi.

— Enchanté de vous rencontrer, reprit le Gascon.

Puis, se retournant vers le moine :

— Mon bon Gorenflot, lui dit-il, ta présence comme moine était fort nécessaire ici tout à l'heure, quand on croyait monsieur mourant; mais à présent que monsieur se porte à merveille, ce n'est plus un confesseur qu'il lui faut; aussi il va avoir affaire à un gentilhomme.

David essaya de ricaner avec mépris.

— Oui, à un gentilhomme, dit Chicot, et qui va vous faire voir qu'il est de bonne race. Mon cher Gorenflot, continua-t-il en s'adressant au moine, faites moi le plaisir d'aller vous mettre en sentinelle sur le palier, et d'empêcher qui que ce soit au monde de venir me déranger dans la petite conversation que je vais avoir avec monsieur.

Gorenflot ne demandait pas mieux que de se trouver à distance de Nicolas David; aussi accomplit-il le cercle qu'il lui fallait parcourir en serrant les murs le plus près possible; puis, arrivé à la porte, il s'élança dehors, plus léger de cent livres qu'il ne l'était en entrant.

Chicot ferma la porte derrière lui, et, toujours avec le même flegme, poussa le verrou.

David avait d'abord considéré ce préambule avec un saisissement qui résultait de l'imprévu de la situation; mais, bientôt, se reposant sur sa force bien connue dans les armes, et sur ce qu'au bout du compte il était seul à seul avec Chicot, il s'était remis, et, quand le Gascon se retourna, après avoir fermé la porte, il le trouva appuyé au pied du lit, son épée à la main et le sourire sur les lèvres.

— Habillez-vous, monsieur, dit Chicot, je vous en donnerai le temps et la facilité, car je ne veux avoir aucun avantage sur vous. Je sais que vous êtes un vaillant escrimeur, et que vous maniez l'épée comme Leclerc en personne; mais cela m'est parfaitement égal.

David se mit à rire.

— La plaisanterie est bonne, dit-il.

— Oui, répondit Chicot; elle me paraît telle, du moins, puisque c'est moi qui la fais, et elle vous paraîtra bien meilleure tout à l'heure à vous qui êtes homme de goût. Savez-vous ce que je viens chercher en cette chambre, maître Nicolas?

— Le reste des coups de lanière que je vous redevais au nom du duc de Mayenne, le jour où vous avez si lestement sauté par une fenêtre.

— Non, monsieur; j'en sais le compte, et je les rendrai à celui qui me les a fait donner, soyez tranquille. Ce que je viens chercher, c'est certaine généalogie que M. Pierre de Gondy, sans savoir ce qu'il portait, a portée à Avignon, et, sans savoir ce qu'il rapportait, vous a remise tout à l'heure.

David pâlit.

— Quelle généalogie? dit-il.

— Celle de MM. de Guise, qui descendent, comme vous savez, de Charlemagne en droite ligne.

— Ah! ah! dit David, vous êtes donc espion, monsieur; je vous croyais seulement bouffon, moi?

— Cher monsieur David, je serai, si vous le voulez bien, l'un et l'autre dans cette occasion : espion pour vous faire pendre, et bouffon pour en rire.

— Me faire pendre!

— Haut et court, monsieur. Vous n'avez pas la prétention d'être décapité, j'espère; c'est bon pour les gentilshommes.

— Et comment vous y prendrez-vous pour cela?

— Oh! ce sera bien simple; je raconterai la vérité, voilà tout. Il faut vous dire, cher monsieur David, que j'ai assisté le mois passé à ce petit conciliabule tenu dans le couvent de Sainte-Geneviève, entre LL. AA. SS. MM. de Guise et madame de Montpensier.

— Vous?

— Oui, j'étais logé dans le confessionnal en face du vôtre; on y est fort mal, n'est-ce pas? d'autant plus mal, pour mon compte du moins, que j'ai été obligé, pour en sortir, d'attendre que tout fût fini, et que la chose a été fort longue à se terminer. J'ai donc assisté aux discours de M. de Monsoreau, de la Hurière et d'un certain moine dont j'ai oublié le nom, mais qui m'a paru fort

éloquent. Je connais l'affaire du couronnement de M. d'Anjou, qui a été moins amusante; mais en échange la petite pièce a été drôle; on jouait la généalogie de MM. de Lorraine, revue, augmentée et corrigée par maître Nicolas David. C'était une fort drôle de pièce, à laquelle il ne manquait plus que le visa de Sa Sainteté.

— Ah! vous connaissez la généalogie? dit David se contenant à peine et mordant ses lèvres avec colère.

— Oui, dit Chicot, et je l'ai trouvée infiniment ingénieuse, surtout à l'endroit de la loi salique. Seulement, c'est un grand malheur d'avoir tant d'esprit que cela : on se fait pendre; aussi, me sentant ému d'un tendre intérêt pour un homme si ingénieux, Comment? me suis-je dit, je laisserais pendre ce brave monsieur David, un maître d'armes très-agréable, un avocat de première force, un de mes bons amis, enfin, et cela quand je puis au contraire non-seulement lui sauver la corde, mais encore faire sa fortune, à ce brave avocat, ce bon maître, cet excellent ami, le premier qui m'ait donné la mesure de mon cœur en prenant la mesure de mon dos; non, cela ne sera pas. Alors, vous ayant entendu parler de voyage, j'ai pris la résolution, rien ne me retenant, de voyager avec vous, c'est-à-dire derrière vous. Vous êtes sorti par la porte Bordelle, n'est-ce pas? je vous guettais, vous ne m'avez pas vu, cela ne m'étonne point, j'étais bien caché; de ce moment-là, je vous ai suivi, vous perdant, vous rattrapant, prenant beaucoup de peine, je vous assure; enfin, nous sommes arrivés à Lyon; je dis nous sommes, parce que, une heure après **vous**, j'étais installé dans le même hôtel que vous, non-seulement dans le même hôtel, mais encore dans la chambre à côté; dans celle-ci, tenez, qui n'est séparée de la vôtre que par une simple cloison; vous pensez bien que je n'étais pas venu de Paris à Lyon, ne vous quittant pas des yeux, pour vous perdre de vue ici. Non, j'ai percé un petit trou à l'aide duquel j'avais l'avantage de vous examiner tant que je voulais, et, je l'avoue, je me donnais ce plaisir plusieurs fois le jour. Enfin vous êtes tombé malade; l'hôte voulait vous mettre à la porte; vous aviez donné rendez-vous à M. de Gondy au Cygne-de-la-Croix; vous aviez peur qu'il ne vous trouvât point autre part, ou du moins qu'il ne vous retrouvât point assez vite. C'était un moyen, je n'en ai été dupe qu'à moitié; cependant, comme à tout prendre vous pouviez être malade réellement, comme nous sommes tous mortels, vérité dont je tâcherai de vous convaincre tout à l'heure, je vous ai envoyé un brave moine, mon ami, mon compagnon, pour vous exciter au repentir, vous ramener à la résipiscence ; mais point, pécheur endurci que vous êtes, vous avez voulu lui perforer la gorge avec votre rapière, oubliant cette maxime de l'Évangile : « Qui frappe de l'épée périra par l'épée. » C'est alors, cher monsieur David, que je suis venu et que je vous ai dit : Voyons, nous sommes de vieilles connaissances, de vieux amis ; arrangeons la chose ensemble ; voyons, dites, à cette heure que vous êtes au courant, voulez-vous l'arranger, la chose ?

— Et de quelle façon ?

— De la façon dont elle se fût arrangée si vous eussiez été véritablement malade, que mon ami Gorenflot vous eût confessé et que vous lui eussiez remis les papiers qu'il vous demandait. Alors je vous eusse pardonné et j'eusse même dit de grand cœur un *in manus* pour vous. Eh bien, je ne serai pas plus exigeant pour le vivant que pour le mort ; et ce qui me reste à vous dire, le voici : Monsieur David, vous êtes un homme accompli : l'escrime, le cheval, la chicane, l'art de mettre de grosses bourses dans de larges poches, vous possédez tout. Il serait fâcheux qu'un homme comme vous disparût tout à coup du monde, où il est destiné à faire une si belle fortune. Eh bien, cher monsieur David, ne faites plus de conspirations, fiez-vous à moi, rompez avec les Guises, donnez-moi vos papiers, et, foi de gentilhomme je ferai votre paix avec le roi.

— Tandis qu'au contraire, si je ne vous les donne pas ? demanda Nicolas David.

— Ah ! si vous ne me les donnez pas, c'est autre chose. Foi de gentilhomme, je vous tuerai ! Est-ce toujours drôle, cher monsieur David ?

— De plus en plus, répondit l'avocat en caressant son épée.

— Mais si vous me les donnez, continua Chicot, tout sera oublié ; vous ne me croyez pas peut-être, cher monsieur David, car vous êtes d'une nature mauvaise, et vous vous figurez que mon ressentiment est incrusté dans mon cœur comme la rouille dans le fer. Non, je vous hais, c'est vrai, mais je hais M. de Mayenne plus que vous ; donnez-moi de quoi perdre M. de Mayenne, et je vous sauve ; et puis, voulez-vous que j'ajoute encore quelques paroles, que vous ne croirez pas, vous qui n'aimez rien que vous-même ? Eh bien, c'est que j'aime le roi, moi, tout niais, tout corrompu, tout abâtardi qu'il est ; le roi qui m'a donné un refuge, une protection contre votre

boucher de Mayenne, qui assassine de nuit, à la tête de quinze bandits, un seul gentilhomme, sur la place du Louvre ; vous savez de qui je veux parler, c'est de ce pauvre Saint-Mégrin ; n'en étiez-vous pas de ses bourreaux, vous ? Non, tant mieux, je le croyais tout à l'heure, et je le crois bien plus encore maintenant. Eh bien, je veux qu'il règne tranquillement, mon pauvre roi Henri, ce qui est impossible avec les Mayenne et les généalogies de Nicolas David. Livrez-moi donc la généalogie, et, foi de gentilhomme, je tais votre nom et fais votre fortune.

Pendant cette longue exposition de ses idées, qu'il n'avait même faite si longue que dans ce but, Chicot avait observé David en homme intelligent et ferme. Pendant cet examen, il ne vit pas se détendre une seule fois la fibre d'acier qui dilatait l'œil fauve de l'avocat ; pas une bonne pensée n'éclaira ses traits assombris ; pas un retour de cœur n'amollit sa main crispée sur l'épée.

— Allons, dit Chicot, je vois que tout ce que je vous dis est de l'éloquence perdue, et que vous ne me croyez pas ; il me reste donc un moyen de vous punir d'abord de vos torts anciens envers moi, puis de débarrasser la terre d'un homme qui ne croit plus à la probité ni à l'humanité. Je vais vous faire pendre. Adieu, monsieur David.

Et Chicot fit à reculons un pas vers la porte sans perdre de vue l'avocat.

Celui-ci fit un bond en avant.

— Et vous croyez que je vous laisserai sortir ? s'écria l'avocat ; non pas, mon bel espion ; non pas, Chicot, mon ami : quand on sait des secrets comme ceux de la généalogie, on meurt ! Quand on menace Nicolas David, on meurt ! Quand on entre ici comme tu y es entré, on meurt !

— Vous me mettez parfaitement à mon aise, répondit Chicot avec le même calme ; je n'hésitais que parce que je suis sûr de vous tuer. Crillon, en faisant des armes avec moi, m'a appris, il y a deux mois, une botte particulière, une seule ; mais elle suffira, parole d'honneur. Allons, remettez-moi les papiers, ajouta-t-il d'une voix terrible, ou je vous tue ! et je vais vous dire comment : je vous percerai la gorge où vous vouliez saigner mon ami Gorenflot.

Chicot n'avait point achevé ces paroles, que David, avec un sauvage éclat de rire, s'élança sur lui ; Chicot le reçut l'épée au poing.

Les deux adversaires étaient à peu près de la même taille ; mais les vêtements de Chicot dissimulaient sa maigreur, tandis que rien ne dissimulait la nature longue, mince et flexible de l'avocat. Il semblait un long serpent, tant son bras prolongeait sa tête, tant son épée agile s'agitait comme un triple dard; mais, comme le lui avait annoncé Chicot, il avait affaire à un rude adversaire; Chicot, faisant des armes presque tous les jours avec le roi, était devenu un des plus forts tireurs du royaume; c'est ce dont Nicolas David put s'apercevoir, en trouvant toujours le fer de son adversaire, de quelque façon qu'il cherchât à l'attaquer.

Il fit un pas de retraite.

— Ah! ah! dit Chicot, vous commencez à comprendre, n'est-ce pas? Eh bien, encore une fois, les papiers.

David, pour toute réponse, se jeta de nouveau sur le Gascon, et un second combat s'engagea plus long et plus acharné que le premier, quoique Chicot se contentât de parer et n'eût pas encore porté un coup. Cette seconde lutte se termina, comme la première, par un pas de retraite de l'avocat.

— Ah! ah! dit Chicot, à mon tour maintenant.

Et il fit un pas en avant.

Pendant qu'il marchait, Nicolas David dégagea pour l'arrêter. Chicot para prime, lia l'épée de son adversaire tierce sur tierce, et l'atteignit à l'endroit qu'il avait indiqué d'avance; il lui enfonça la moitié de sa rapière dans la gorge.

— Voilà le coup, dit Chicot.

David ne répondit pas; il tomba du coup aux pieds de Chicot en crachant une gorgée de sang.

Chicot à son tour fit un pas de retraite. Tout blessé à mort qu'il est, le serpent peut encore se redresser et mordre.

Mais David, par un mouvement naturel, essaya de se traîner vers son lit comme pour défendre encore son secret.

— Ah! dit Chicot, je te croyais retors, et tu es sot, au contraire, comme un reître. Je ne savais pas l'endroit où tu avais caché tes papiers, et voilà que tu me l'apprends.

Et, tandis que David se tordait dans les convulsions de l'agonie, Chicot courut au lit, souleva le matelas et trouva, sous le chevet, un petit rouleau de parchemin, que David, dans l'ignorance de la catastrophe qui le menaçait, n'avait pas songé à cacher mieux.

Au moment même où il le déroulait pour s'assurer que c'était bien le papier qu'il cherchait, David se soulevait avec rage; puis, retombant aussitôt, rendait le dernier soupir.

— Chicot parcourut d'abord d'un œil étince-

lant de joie et d'orgueil le parchemin rapporté d'Avignon par Pierre de Gondy.

Le légat du pape, fidèle à la politique du souverain pontife depuis son avénement au trône, avait écrit au bas :

— *Fiat ut voluit Deus : Deus jura hominum fecit.*

— Voilà, dit Chicot, un pape qui traite assez mal le roi très-chrétien.

Et il plia soigneusement le parchemin, qu'il introduisit dans la poche la plus sûre de son justaucorps, c'est-à-dire dans celle qui s'appuyait sur sa poitrine.

Puis il prit le corps de l'avocat, qui était mort sans presque répandre de sang, la nature de la plaie ayant concentré l'hémorragie au dedans, le replaça dans le lit, la face tournée contre la ruelle, et, rouvrant la porte, appela Gorenflot.

Gorenflot entra.

— Comme vous êtes pâle! dit le moine.

— Oui, dit Chicot; les derniers moments de ce pauvre homme m'ont causé quelque émotion.

— Il est donc mort? demanda Gorenflot.

— Il y a tout lieu de le croire, répondit Chicot.

— Il se portait si bien tout à l'heure!

— Trop bien. Il a voulu manger des choses difficiles à digérer, et, comme Anacréon, il est mort pour avoir avalé de travers.

— Oh! oh! dit Gorenflot, le coquin qui voulait m'étrangler, moi, un homme d'Église; voilà ce qui lui aura porté malheur.

— Pardonnez-lui, compère, vous êtes chrétien.

— Je lui pardonne, dit Gorenflot, quoiqu'il m'ait fait grand'peur.

— Ce n'est pas le tout, dit Chicot; il conviendrait que vous allumiez les cires, et que vous marmottiez quelques prières près de son corps.

— Pourquoi faire?

C'était le mot de Gorenflot, on se le rappelle.

— Comment! pourquoi faire? Pour n'être point pris et conduit dans les prisons de la ville comme meurtrier.

— Moi! meurtrier de cet homme! Allons donc; c'est lui qui voulait m'étrangler.

— Mon Dieu, oui! Et, comme il n'a pu y réussir, la colère lui a mis le sang en mouvement; un vaisseau se sera brisé dans sa poitrine, et bonsoir. Vous voyez bien qu'en somme, Gorenflot, c'est vous qui êtes la cause de sa mort. Cause innocente, c'est vrai; mais n'importe! En attendant que votre innocence soit reconnue, on pourrait vous faire un mauvais parti.

— Je crois que vous avez raison, monsieur Chicot, dit le moine.

— D'autant plus raison, qu'il y a dans cette bonne ville, à Lyon, un official un peu coriace.

— Jésus! murmura le moine.

— Faites donc ce que je vous dis, compère.

— Que faut-il que je fasse?

— Installez-vous ici, récitez avec onction toutes les prières que vous savez, et même celles que vous ne savez pas, et quand le soir sera venu et que vous serez seul, sortez de l'hôtellerie, sans lenteur et sans précipitation; vous connaissez le travail du maréchal ferrant qui fait le coin de la rue?

— Certainement, c'est à lui que je me suis donné ce coup hier soir, dit Gorenflot montrant son œil cerclé de noir.

— Touchant souvenir. Eh bien, j'aurai soin que vous retrouviez là votre cheval, entendez-vous? Vous monterez dessus sans donner d'explication à personne; ensuite, pour peu que le cœur vous en dise, vous connaissez la route de Paris; à Villeneuve-le-Roi vous vendrez votre cheval; et vous reprendrez Panurge.

— Ah! ce bon Panurge; vous avez raison, je serai heureux de le revoir, je l'aime. Mais d'ici là, ajouta le moine d'un ton piteux, comment vivrai-je?

— Quand je donne, je donne, dit Chicot, et ne laisse pas mendier mes amis, comme on fait au couvent de Sainte-Geneviève; tenez.

Et Chicot tira de sa poche une poignée d'écus qu'il mit dans la large main du moine.

— Homme généreux! dit Gorenflot attendri jusqu'aux larmes, laissez-moi rester avec vous à Lyon. J'aime assez Lyon; c'est la seconde capitale du royaume, puis la ville est hospitalière.

— Mais comprends donc une chose, triple brute! c'est que je ne reste pas, c'est que je pars, et cela si rapidement, que je ne t'engage point à me suivre.

— Que votre volonté soit faite, monsieur Chicot, dit Gorenflot résigné.

— A la bonne heure! dit Chicot, te voilà comme je t'aime, compère.

Et il installa le moine près du lit, descendit chez l'hôte, et, le prenant à part:

— Maître Bernouillet, dit-il, sans que vous vous en doutiez, un grand événement s'est passé dans votre maison.

— Bah! répondit l'hôte avec des yeux effarés, qu'y a-t-il donc?

— Cet enragé royaliste, ce contempteur de la religion, cet abominable hanteur de huguenots...

— Eh bien?

— Eh bien, il a reçu la visite ce matin d'un messager de Rome.

— Je le sais bien, puisque c'est moi qui vous l'ai dit.

— Eh bien! notre saint-père le pape, à qui toute justice temporelle est dévolue en ce monde, notre saint-père le pape l'envoyait directement au conspirateur: seulement, selon toute probabilité, le conspirateur ne se doutait pas dans quel but.

— Et dans quel but l'envoyait-il?

— Montez dans la chambre de votre hôte, maître Bernouillet, levez un peu sa couverture, regardez-lui aux environs du cou, et vous le saurez.

— Holà! vous m'effrayez.

— Je ne vous en dis pas davantage. Cette justice s'est accomplie chez vous, maître Bernouillet. C'est un bien grand honneur que vous fait le pape.

Puis Chicot glissa dix écus d'or dans la main de son hôte et gagna l'écurie, d'où il fit sortir les deux chevaux.

Cependant l'hôte avait grimpé ses escaliers plus leste que l'oiseau, et était entré dans la chambre de Nicolas David.

Il y trouva Gorenflot en prières.

Alors il s'approcha du lit, et, selon les instructions qu'il avait reçues, releva les couvertures.

La blessure était bien à la place indiquée, encore vermeille; mais le corps était déjà froid.

— Ainsi meurent tous les ennemis de la sainte religion! dit-il en faisant un signe d'intelligence à Gorenflot.

— Amen! répondit le moine.

Ces événements se passaient à peu près vers le même temps où Bussy remettait Diane de Méridor entre les bras du vieux baron, qui la croyait morte.

———⟨∞⟩———

CHAPITRE VIII

COMMENT LE DUC D'ANJOU APPRIT QUE DIANE DE MÉRIDOR N'ÉTAIT POINT MORTE.

endant ce temps, les derniers jours d'avril étaient arrivés.

La grande cathédrale de Chartres était tendue de blanc, et sur les piliers, des gerbes de feuillage (car on a vu par l'époque où nous sommes arrivés que le feuillage était encore une rareté), et sur les piliers, disons-nous, des gerbes de feuillage remplaçaient les fleurs absentes.

Le roi, pieds nus, comme il était venu depuis la porte de Chartres, se tenait debout au milieu de la nef, regardant de temps en temps si tous ses courtisans et tous ses amis s'étaient trouvés fidèlement au rendez-vous. Mais les uns, écorchés par le pavé de la rue, avaient repris leurs souliers; les autres, affamés ou fatigués, se reposaient ou mangeaient dans quelque hôtellerie de la route, où ils s'étaient glissés en contrebande, et un petit nombre seulement avait eu le courage de demeurer dans l'église sur la dalle humide, avec les jambes nues sous leurs longues robes de pénitents.

La cérémonie religieuse qui avait pour but de donner un héritier à la couronne de France s'accomplissait; les deux chemises de Notre-Dame, dont, vu la grande quantité de miracles qu'elles avaient faits, la vertu prolifique ne pouvait être mise en doute, avaient été tirées de leurs châsses d'or, et le peuple, accouru en foule à cette solennité, s'inclinait sous le feu des rayons qui jaillirent du tabernacle quand les deux tuniques en sortirent.

Henri III, en ce moment, au milieu du silence général, entendit un bruit étrange, un bruit qui ressemblait à un éclat de rire étouffé, et il cherche par habitude si Chicot n'était pas là, car il lui sembla qu'il n'y avait que Chicot qui dût avoir l'audace de rire en un pareil moment.

Ce n'était pas Chicot cependant qui avait ri à l'aspect des deux saintes tuniques; car Chicot, hélas! était absent, ce qui attristait fort le roi, qui, on se le rappelle, l'avait perdu de vue tout à coup sur la route de Fontainebleau et n'en avait pas entendu reparler depuis. C'était un cavalier que son cheval encore fumant venait d'amener à la porte de l'église, et qui s'était fait un chemin, avec ses habits et ses bottes tout souillés de boue, au milieu des courtisans affublés de leurs robes de pénitents ou coiffés de sacs, mais, dans l'un et l'autre cas, pieds nus.

Voyant le roi se retourner, il resta bravement debout dans le chœur avec l'apparence du respect; car ce cavalier était homme de cour; cela se voyait dans son attitude encore plus que dans l'élégance des habits dont il était couvert.

Henri, mécontent de voir ce cavalier arrivé si tard faire tant de bruit, et différer si insolemment par ses habits de ce costume monacal qui était d'ordonnance ce jour-là, lui adressa un coup d'œil plein de reproche et de dépit.

Le nouveau venu ne fit pas semblant de s'en apercevoir, et franchissant quelques dalles où étaient sculptées des effigies d'évêques en faisant crier ses souliers pont-levis (c'était la mode alors), il alla s'agenouiller près de la chaise de velours de M. le duc d'Anjou, lequel, absorbé dans ses pensées bien plutôt que dans ses prières, ne prêtait pas la moindre attention à ce qui se passait autour de lui.

Cependant, lorsqu'il sentit le contact de ce nouveau personnage, il se retourna vivement, et à demi-voix s'écria : Bussy!

— Bonjour, monseigneur, répondit le gentilhomme, comme s'il eût quitté le duc depuis la veille seulement et qu'il ne se fût rien passé d'important depuis qu'il l'avait quitté.

— Mais, lui dit le prince, tu es donc enragé?

— Pourquoi cela, monseigneur?

— Pour quitter n'importe quel lieu où tu étais, et pour venir voir à Chartres les chemises de Notre-Dame.

— Monseigneur, dit Bussy, c'est que j'ai à vous parler tout de suite.

— Pourquoi n'es-tu pas venu plus tôt?

— Probablement parce que la chose était impossible.

— Mais que s'est-il passé depuis tantôt trois semaines que tu as disparu?

— C'est justement de cela que j'ai à vous parler.

— Bah! tu attendras bien que nous soyons sortis de l'église?

— Hélas! il le faut bien, et c'est justement ce qui me fâche.

— Chut! voici la fin; prends patience, et nous retournerons ensemble à mon logis.

— J'y compte bien, monseigneur.

En effet, le roi venait de passer sur sa chemise de fine toile la chemise assez grossière de Notre-Dame, et la reine, avec l'aide de ses femmes, était occupée à en faire autant.

Alors le roi se mit à genoux, la reine l'imita; chacun d'eux demeura un moment sous un vaste poêle, priant de tout son cœur, tandis que les assistants, pour faire leur cour au roi, frappaient du front la terre.

Après quoi, le roi se releva, ôta sa tunique sainte, salua l'archevêque, salua la reine et se dirigea vers la porte de la cathédrale.

Mais, sur la route, il s'arrêta: il venait d'apercevoir Bussy.

— Ah! monsieur, dit-il, il paraît que nos dévotions ne sont point de votre goût, car vous ne pouvez vous décider à quitter l'or et la soie, tandis que votre roi prend la bure et la serge?

— Sire, répondit Bussy avec dignité, mais en pâlissant d'impatience sous l'apostrophe, nul ne prend à cœur comme moi le service de Votre Majesté, même parmi ceux dont le froc est le plus humble et dont les pieds sont le plus déchirés; mais j'arrive d'un voyage long et fatigant, et je n'ai su que ce matin le départ de Votre Majesté pour Chartres. J'ai donc fait vingt-deux lieues en cinq heures, sire, pour venir joindre Votre Majesté: voilà pourquoi je n'ai pas eu le temps de changer d'habit, ce dont

Votre Majesté ne se serait point aperçue au reste si, au lieu de venir pour joindre humblement mes prières aux siennes, j'étais resté à Paris.

Le roi parut assez satisfait de cette raison; mais, comme il avait regardé ses amis, dont quelques-uns avaient haussé les épaules aux paroles de Bussy, il craignit de les désobliger en faisant bonne mine au gentilhomme de son frère, et il passa outre.

Bussy laissa passer le roi sans sourciller.

— Eh quoi! dit le duc, tu ne vois donc pas?

— Quoi?

— Que Schomberg, que Quélus et que Maugiron ont haussé les épaules à ton excuse?

— Si fait, monseigneur, je l'ai parfaitement vu, dit Bussy très-calme.

— Eh bien?

— Eh bien, croyez-vous que je vais égorger mes semblables ou à peu près dans une église? Je suis trop bon chrétien pour cela.

— Ah! fort bien, dit le duc d'Anjou étonné, je croyais que tu n'avais pas vu, ou que tu n'avais pas voulu voir.

Bussy haussa les épaules à son tour, et, à la sortie de l'église, prenant le prince à part.

— Chez vous, n'est-ce pas, monseigneur? dit-il.

— Tout de suite, car tu dois avoir bien des choses à m'apprendre.

— Oui, en effet, monseigneur, et des choses dont vous ne vous doutez pas, j'en suis sûr.

Le duc regarda Bussy avec étonnement.

— C'est comme cela, dit Bussy.

— Eh bien, laisse-moi seulement saluer le roi, et je suis à toi.

Le duc alla prendre congé de son frère, qui, par une grâce toute particulière de Notre-Dame, disposé sans doute à l'indulgence, donna au duc d'Anjou la permission de retourner à Paris quand bon lui semblerait.

Alors, revenant en toute hâte vers Bussy, et s'enfermant avec lui dans une des chambres de l'hôtel qui lui était assigné pour logement:

— Voyons, compagnon, dit-il, assieds-toi là et raconte-moi ton aventure; sais-tu que je t'ai cru mort?

— Je le crois bien, monseigneur.

— Sais-tu que toute la cour a pris les habits blancs en réjouissance de ta disparition, et que beaucoup de poitrines ont respiré librement pour la première fois depuis que tu sais tenir une épée? Mais il ne s'agit pas de cela; voyons, tu m'as quitté pour te mettre à la poursuite d'une belle

inconnue! Quelle était cette femme et que dois-je
attendre?

— Vous devez récolter ce que vous avez semé,
monseigneur, c'est-à-dire beaucoup de honte!

— Plaît-il? fit le duc, plus étonné encore de
ces étranges paroles que du ton irrévérencieux
de Bussy.

— Monseigneur a entendu, dit froidement
Bussy; il est donc inutile que je répète.

— Expliquez-vous, monsieur, et laissez à Chicot les énigmes et les anagrammes.

— Oh! rien de plus facile, monseigneur, et
je me contenterai d'en appeler à votre souvenir.

— Mais qui est cette femme?

— Je croyais que monseigneur l'avait reconnue.

— C'était donc elle? s'écria le duc.

— Oui, monseigneur.

— Tu l'as vue?

— Oui.

— T'a-t-elle parlé?

— Sans doute; il n'y a que les spectres qui
ne parlent pas. Après cela, peut-être monseigneur avait-il le droit de la croire morte, et l'espérance qu'elle l'était?

Le duc pâlit, et demeura comme écrasé par la
rudesse des paroles de celui qui eût dû être son
courtisan.

— Eh bien, oui, monseigneur, continua
Bussy, quoique vous ayez poussé au martyre une
jeune fille de race noble, cette jeune fille a
échappé au martyre; mais ne respirez pas encore,
et ne vous croyez pas encore absous, car, en con-
servant la vie, elle a trouvé un malheur plus
grand que la mort.

— Qu'est-ce donc, et que lui est-il arrivé?
demanda le duc tout tremblant.

— Monseigneur, il lui est arrivé qu'un homme
lui a conservé l'honneur, qu'un homme lui a
sauvé la vie; mais cet homme s'est fait payer son
service si cher, que c'est à regretter qu'il l'ait
rendu.

— Achève, voyons.

— Eh bien, monseigneur, la demoiselle de
Méridor, pour échapper aux bras déjà étendus
de M. le duc d'Anjou, dont elle ne voulait pas
être la maîtresse, la demoiselle de Méridor s'est
jetée aux bras d'un homme qu'elle exècre.

— Que dis-tu?

— Je dis que Diane de Méridor s'appelle aujourd'hui madame de Monsoreau.

A ces mots, au lieu de la pâleur qui couvrait
ordinairement les joues de François, le sang re-
flua si violemment à son visage, qu'on eût cru
qu'il allait lui jaillir par les yeux.

— Sang du Christ! s'écria le prince furieux;
cela est-il bien vrai?

— Pardieu! puisque je le dis, répliqua Bussy
avec son air hautain.

— Ce n'est point ce que je voulais dire, répéta
le prince, et je ne suspectais point votre loyauté,
Bussy; je me demandais seulement s'il était possible qu'un de mes gentilshommes, un Monsoreau,
eût eu l'audace de protéger contre mon amour
une femme que j'honorais de mon amour.

— Et pourquoi pas? dit Bussy.

— Tu eusses donc fait ce qu'il a fait, toi?

— J'eusse fait mieux, monseigneur, je vous
eusse averti que votre honneur se fourvoyait.

— Un moment, Bussy, dit le duc redevenu
calme, écoutez, s'il vous plaît; vous comprenez,
mon cher, que je ne me justifie pas.

— Et vous avez tort, mon prince, car vous
n'êtes qu'un gentilhomme toutes les fois qu'il
s'agit de prud'homie.

— Eh bien c'est pour cela que je vous prie
d'être le juge de M de Monsoreau.

— Moi?

— Oui, vous, et de me dire s'il n'est point un
traître, traître envers moi?

— Envers vous?

— Envers moi, dont il connaissait les intentions.

— Et les intentions de Votre Altesse étaient?...

— De me faire aimer de Diane sans doute!

— De vous faire aimer?

— Oui, mais dans aucun cas de n'employer
la violence.

— C'étaient là vos intentions, monseigneur?
dit Bussy avec un sourire ironique.

— Sans doute, et ces intentions, je les ai con-
servées jusqu'au dernier moment, quoique M. de
Monsoreau les ait combattues avec toute la logique dont il était capable.

— Monseigneur! monseigneur! que dites-vous
là? Cet homme vous a poussé à déshonorer
Diane?

— Oui.

— Par ses conseils!

— Par ses lettres. En veux-tu voir une, de ses
lettres?

— Oh! s'écria Bussy, si je pouvais croire cela!

— Attends une seconde, tu verras.

Et le duc courut à une petite caisse que gar-
dait toujours un page dans son cabinet, et en
tira un billet qu'il donna à Bussy:

Voilà le coup, dit Chicot. — Page 36.

— Lis, dit-il, puisque tu doutes de la parole de ton prince.

Bussy prit le billet d'une main tremblante de doute, et lut :

« Monseigneur,

« Que Votre Altesse se rassure : ce coup de main se fera sans risques, car la jeune personne part ce soir pour aller passer huit jours chez une tante qui demeure au château de Lude ; je m'en charge donc, et vous n'avez pas besoin de vous en inquiéter. Quant aux scrupules de la demoiselle, croyez bien qu'ils s'évanouiront dès qu'elle se trouvera en présence de Votre Altesse ; en attendant, j'agis... et ce soir... elle sera au château de Beaugé.

« De Votre Altesse, le très-respectueux serviteur,

« BRYANT DE MONSOREAU. »

— Eh bien, qu'en dis-tu, Bussy? demanda le prince après que le gentilhomme eut relu la lettre une seconde fois.

—Je dis que vous êtes bien servi, monseigneur.

— C'est-à-dire que je suis trahi, au contraire.

— Ah! c'est juste! j'oubliais la suite.

— Joué! le misérable. Il m'a fait croire à la mort d'une femme...

— Qu'il vous volait; en effet, le trait est noir; mais, ajouta Bussy avec une ironie poignante, l'amour de M. de Monsoreau est une excuse.

— Ah! tu crois? dit le duc avec son plus mauvais sourire.

— Dame! reprit Bussy, je n'ai pas d'opinion là-dessus; je le crois si vous le croyez.

— Que ferais-tu à ma place? Mais d'abord, attends; qu'a-t-il fait lui-même?

— Il a fait accroire au père de la jeune fille que c'était vous qui étiez le ravisseur. Il s'est offert pour appui; il s'est présenté au château de Beaugé avec une lettre du baron de Méridor; enfin il a fait approcher une barque des fenêtres du château, et il a enlevé la prisonnière; puis, la renfermant dans la maison que vous savez, il l'a poussée, de terreurs en terreurs, à devenir sa femme.

— Et ce n'est point là une déloyauté infâme? s'écria le duc.

— Mise à l'abri sous la vôtre, monseigneur, répondit le gentilhomme avec sa hardiesse ordinaire.

— Ah! Bussy!... tu verras si je sais me venger!

— Vous venger! allons donc, monseigneur, vous ne ferez point une chose pareille.

— Comment?

— Les princes ne se vengent point, monseigneur, ils punissent. Vous reprocherez son infamie à ce Monsoreau, et vous le punirez.

— Et de quelle façon?

— En rendant le bonheur à mademoiselle de Méridor.

— Et le puis-je?

— Certainement.

— Et comment cela?

— En lui rendant la liberté.

— Voyons, explique-toi.

— Rien de plus facile; le mariage a été forcé, donc le mariage est nul.

— Tu as raison.

— Faites donc annuler le mariage, et vous aurez agi, monseigneur, en digne gentilhomme et en noble prince.

— Ah! ah! dit le prince soupçonneux, quelle chaleur! cela t'intéresse donc, Bussy?

— Moi, pas le moins du monde; ce qui m'intéresse, monseigneur, c'est qu'on ne dise pas que Louis de Clermont, comte de Bussy, sert un prince perfide et un homme sans honneur.

— Eh bien, tu verras. Mais comment rompre ce mariage?

— Rien de plus facile, en faisant agir le père.

— Le baron de Méridor?

— Oui.

— Mais il est au fond de l'Anjou.

— Il est ici, monseigneur, c'est-à-dire à Paris.

— Chez toi?

— Non, près de sa fille. Parlez-lui, monseigneur, qu'il puisse compter sur vous; qu'au lieu de voir dans Votre Altesse ce qu'il y a vu jusqu'à présent, c'est-à-dire un ennemi, il y voie un protecteur, et lui, qui maudissait votre nom, va vous adorer comme son bon génie.

— C'est un puissant seigneur dans son pays, dit le duc, et l'on assure qu'il est très-influent dans toute la province.

— Oui, monseigneur; mais ce dont vous devez vous souvenir avant toute chose, c'est qu'il est père, c'est que sa fille est malheureuse, et qu'il est malheureux du malheur de sa fille.

— Et quand pourrais-je le voir?

— Aussitôt votre retour à Paris.

— Bien.

— C'est convenu alors, n'est-ce pas, monseigneur?

— Oui.

— Foi de gentilhomme?

— Foi de prince.

— Et quand partez-vous?

— Ce soir; m'attends-tu?

— Non, je cours devant.

— Va, et tiens-toi prêt.

— Tout à vous, monseigneur. Où retrouverai-je Votre Altesse?

— Au lever du roi, demain, vers midi.

— J'y serai, monseigneur; adieu.

Bussy ne perdit pas un moment, et le chemin que le duc fit en dormant dans sa litière et qu'il mit quinze heures à faire, le jeune homme, qui revenait à Paris le cœur gonflé d'amour et de joie, le dévora en cinq heures pour consoler plus tôt le baron, auquel il avait promis assistance, et Diane, à laquelle il allait porter le moitié de sa vie.

CHAPITRE IX

COMMENT CHICOT REVINT AU LOUVRE ET FUT REÇU PAR LE ROI HENRI III.

out dormait au Louvre, car il n'était encore que onze heures du matin; les sentinelles de la cour semblaient marcher avec précaution; les chevaliers qui relevaient la garde allaient au pas.

On laissait reposer le roi, fatigué de son pèlerinage.

Deux hommes se présentèrent en même temps à la porte principale du Louvre : l'un, sur un barbe d'une fraîcheur incomparable; l'autre, sur un andalous tout floconneux d'écume.

Ils s'arrêtèrent de front à la porte et se regardèrent; car, venus par deux chemins opposés, ils se rencontraient là seulement.

— Monsieur de Chicot, s'écria le plus jeune des deux en saluant avec politesse, comment vous portez-vous ce matin?

— Eh! c'est le seigneur de Bussy. Mais, à merveille, monsieur, répondit Chicot avec une aisance et une courtoisie qui sentaient le gentilhomme pour le moins autant que le salut de Bussy sentait son grand seigneur et son homme délicat.

— Vous venez voir le lever du roi, monsieur? demanda Bussy.

— Et vous aussi, je présume?

— Non. Je viens pour saluer monseigneur le duc d'Anjou. Vous savez, monsieur de Chicot, ajouta Bussy en souriant, que je n'ai pas le bonheur d'être des favoris de Sa Majesté?

— C'est un reproche que je ferai au roi et non à vous, monsieur.

Bussy s'inclina.

— Et vous arrivez de loin? demanda Bussy. On vous disait en voyage.

— Oui, monsieur, je chassais, répliqua Chicot. Mais, de votre côté, ne voyagiez-vous point aussi?

— En effet, j'ai fait une course en province; maintenant, monsieur, continua Bussy, serez-vous assez bon pour me rendre un service?

— Comment donc, chaque fois que M. de Bussy voudra disposer de moi pour quelque chose que ce soit, dit Chicot, il m'honorera infiniment.

— Eh bien, vous allez pénétrer dans le Louvre, vous le privilégié, tandis que moi, je resterai dans l'antichambre; veuillez donc faire prévenir le duc d'Anjou que j'attends.

— M. le duc d'Anjou est au Louvre, dit Chicot, et va sans doute assister au lever de Sa Majesté; que n'entrez-vous avec moi, monsieur?

— Je crains le mauvais visage du roi.

— Bah!

— Dame! il ne m'a point jusqu'à présent habitué à ses plus gracieux sourires.

— D'ici à quelque temps, soyez tranquille, tout cela changera.

— Ah! ah! vous êtes donc nécromancien, monsieur de Chicot?

— Quelquefois. Allons, du courage, venez, monsieur de Bussy.

Ils entrèrent en effet, et se dirigèrent, l'un vers le logis de M. le duc d'Anjou, qui habitait, nous croyons l'avoir déjà dit, l'appartement qu'avait habité jadis la reine Marguerite, l'autre vers la chambre du roi.

— Henri III venait de s'éveiller; il avait sonné sur le grand timbre, et une nuée de valets et d'amis s'était précipitée dans la chambre royale : déjà le bouillon de volaille, le vin épicé et les pâtes de viandes étaient servis, quand Chicot entra tout fringant chez son auguste maître, et commença, avant de dire bonjour, par manger au plat et boire à l'écuelle d'or.

— Par la mordieu! s'écria le roi ravi, quoi-qu'il jouât la colère, c'est ce coquin de Chicot, je crois; un fugitif, un vagabond, un pendard!

— Eh bien! eh bien! qu'as-tu donc, mon fils, dit Chicot en s'asseyant sans façon avec ses bottes poudreuses sur l'immense fauteuil à fleurs de lis d'or où était assis Henri III lui-même, nous oublions donc ce petit retour de Pologne où nous avons joué le rôle de cerf, tandis que les magnats jouaient celui de chiens. Taïaut! aïaut!...

— Allons, voilà mon malheur revenu, dit Henri; je ne vais plus entendre que des choses désagréables. J'étais bien tranquille cependant depuis trois semaines.

— Bah! bah! dit Chicot, tu te plains tou-jours; on te prendrait pour un de tes sujets, le diable m'emporte. Voyons, qu'as-tu fait en mon absence, mon petit Henriquet? A-t-on un peu drôlement gouverné ce beau royaume de France?

— Monsieur Chicot!

— Nos peuples tirent-ils la langue, hein?

— Drôle!

— A-t-on pendu quelqu'un de ces petits mes-sieurs frisés? Ah! pardon! monsieur de Quélus, je ne vous voyais pas.

— Chicot, nous nous brouillerons.

— Enfin, reste-t-il quelque argent dans nos coffres ou dans ceux des juifs? Ce ne serait pas malheureux, nous avons bien besoin de nous divertir, ventre de biche! c'est bien assommant, la vie!

Et il acheva de rafler sur le plat de vermeil des pâtes de viandes dorées à la poêle.

Le roi se mit à rire : c'était toujours par là qu'il finissait.

— Voyons, dit-il, qu'as-tu fait pendant cette longue absence?

— J'ai, dit Chicot, imaginé le plan d'une pe-tite procession en trois actes.

Premier acte. — Des pénitents habillés d'une chemise et d'un haut-de-chausses seulement, se tirant les cheveux et se gourmant réciproque-ment, montent du Louvre à Montmartre.

Deuxième acte. — Les mêmes pénitents, dé-pouillés jusqu'à la ceinture et se fouettant avec des chapelets de pointes d'épine, descendent de Montmartre à l'abbaye de Sainte-Geneviève.

Troisième acte. — Enfin, ces mêmes pénitents tout nus, se découpant mutuellement, à grands coups de martinet, des lanières sur les omo-plates, reviennent de l'abbaye Sainte-Geneviève au Louvre.

J'avais bien pensé, comme péripétie inatten-due, à les faire passer par la place de Grève, où le bourreau les eût tous brûlés depuis le premier jusqu'au dernier; mais j'ai pensé que le Seigneur avait gardé là-haut un peu de soufre de Sodome et un peu de bitume de Gomorrhe, et je ne veux pas lui ôter le plaisir de faire lui-même la gril-lade. — Çà, messieurs, en attendant ce grand jour, divertissons-nous.

— Et d'abord, voyons : Qu'es-tu devenu? demanda le roi, sais-tu que je t'ai fait chercher dans tous les mauvais lieux de Paris?

— As-tu bien fouillé le Louvre?

— Quelque paillard, ton ami, t'aura con-fisqué.

— Cela ne se peut pas, Henri, c'est toi qui as confisqué tous les paillards.

— Je me trompais donc?

— Eh! mon Dieu! oui; comme toujours, du tout au tout.

— Nous verrons que tu faisais pénitence.

— Justement. Je me suis mis un peu en reli-gion pour voir ce que c'était, et, ma foi, j'en suis revenu. J'ai assez des moines. Fi! les sales animaux!

En ce moment M. de Monsoreau entra chez le roi, qu'il salua avec un profond respect.

— Ah! c'est vous, monsieur le grand veneur! dit Henri. Quand nous ferez-vous faire quelque belle chasse? voyons.

— Quand il plaira à Votre Majesté. Je reçois la nouvelle que nous avons force sangliers à Saint-Germain-en-Laye.

— C'est bien dangereux, le sanglier, dit Chi-cot. Le roi Charles IX, je me le rappelle, a man-qué être tué à une chasse au sanglier; et puis les épieux sont durs, et cela fait des ampoules à nos petites mains. N'est-ce pas, mon fils?

M. de Monsoreau regarda Chicot de travers.

— Tiens, dit le Gascon à Henri, il n'y a pas longtemps que ton grand veneur a rencontré un loup.

— Pourquoi cela?

— Parce que, comme les Nuées du poëte Aris-tophane, il en a retenu la figure, l'œil surtout; c'est frappant.

M. de Monsoreau se retourna, et dit en pâlis-sant à Chicot :

— Monsieur Chicot, je suis peu fait aux bouf-fons, ayant rarement vécu à la cour, et je vous préviens que, devant mon roi, je n'aime point à être humilié, surtout lorsqu'il s'agit de son service.

Ah! monsieur, vous me rappelez tout ce que je dois à M. de Mayenne; vous voudriez
donc que je devinsse votre débiteur comme je suis le sien. — Page 46.

— Eh bien, monsieur, dit Chicot, vous êtes tout le contraire de nous, qui sommes gens de cour; aussi avons-nous bien ri de la dernière bouffonnerie.

— Et quelle est cette bouffonnerie? demanda Monsoreau.

— Il vous a nommé grand veneur; vous voyez que, s'il est moins bouffon que moi, il est encore plus fou, ce cher Henriquet.

Monsoreau lança un regard terrible au Gascon.

— Allons, allons, dit Henri, qui prévoyait une querelle, parlons d'autre chose, messieurs.

— Oui, dit Chicot, parlons des mérites de Notre-Dame de Chartres.

— Chicot, pas d'impiétés, dit le roi d'un ton sévère.

— Des impiétés, moi? dit Chicot, allons donc; tu me prends pour un homme d'Église, tandis que je suis un homme d'épée. Au contraire, c'est moi qui te préviendrai d'une chose, mon fils.

— Et de laquelle?

— C'est que tu en uses mal avec Notre-Dame de Chartres, Henri, on ne peut plus mal.

— Comment cela?

— Sans doute. Notre-Dame avait deux chemises accoutumées à se trouver ensemble, et tu
les as séparées. A ta place, je les eusse réunies,
Henri, et il y eût eu chance au moins pour qu'un
miracle se fît.

Cette allusion un peu brutale à la séparation
du roi et de la reine fit rire les amis du roi.

Henri se détira les bras, se frotta les yeux et
sourit à son tour.

— Pour cette fois, dit-il, le fou a, mordieu,
raison.

Et il parla d'autre chose.

— Monsieur, dit tout bas Monsoreau à Chicot,
vous plairait-il, sans faire semblant de rien, d'aller m'attendre dans l'embrasure de cette fenêtre?

— Comment donc, monsieur! dit Chicot,
mais avec le plus grand plaisir.

— Eh bien, alors, tirons à l'écart.

— Au fond d'un bois, si cela vous convient,
monsieur.

— Trêve de plaisanteries, elles sont inutiles,
car il n'y a plus personne pour en rire, dit Monsoreau en rejoignant le bouffon dans l'embrasure
où celui-ci l'avait précédé. Nous sommes face à
face, nous nous devons la vérité, monsieur Chicot, monsieur le fou, monsieur le bouffon; un
gentilhomme vous défend, entendez-vous bien ce
mot, vous défend de rire de lui; il vous invite
surtout à bien réfléchir avant de donner vos rendez-vous dans les bois, car dans ces bois où vous
vouliez me conduire tout à l'heure, il pousse une
collection de bâtons volants et autres, tout à fait
dignes de faire suite à ceux qui vous ont si rudement étrillés de la part de M. de Mayenne.

— Ah! fit Chicot sans s'émouvoir en apparence, bien que son œil noir eût lancé un sombre
éclair. Ah! monsieur, vous me rappelez tout ce
que je dois à M. de Mayenne; vous voudriez donc
que je devinsse votre débiteur comme je suis le
sien, et que je vous plaçasse sur la même ligne
dans mon souvenir et vous gardasse une part
égale de ma reconnaissance?

— Il me semble que, parmi vos créanciers,
monsieur, vous oubliez de compter le principal.

— Cela m'étonne, monsieur, car je me vante
d'avoir excellente mémoire; quel est donc ce
créancier, je vous prie?

— Maître Nicolas David.

— Oh! pour celui-là, vous vous trompez, dit
Chicot avec un sourire sinistre; je ne lui dois
plus rien, il est payé.

En ce moment, un troisième interlocuteur vint
se mêler à la conversation.

C'était Bussy.

— Ah! monsieur de Bussy, dit Chicot, venez
un peu à mon aide. Voici M. de Monsoreau qui
m'a détourné comme vous voyez, et qui veut me
mener ni plus ni moins qu'un cerf ou un daim;
dites-lui qu'il se trompe, monsieur de Bussy,
qu'il a affaire à un sanglier, et que le sanglier
revient sur le chasseur.

— Monsieur Chicot, dit Bussy, je crois que
vous faites tort à M. le grand veneur en pensant
qu'il ne vous tient pas pour ce que vous êtes,
c'est-à-dire pour un bon gentilhomme. Monsieur,
continua Bussy en s'adressant au comte, j'ai
l'honneur de vous prévenir que M. le duc d'Anjou désire vous parler.

— A moi? fit Monsoreau inquiet.

— A vous-même, monsieur, dit Bussy.

Monsoreau dirigea sur son interlocuteur un
regard qui avait l'intention de pénétrer jusqu'au
fond de son âme, mais fut forcé de s'arrêter à la
surface, tant les yeux et le sourire de Bussy étaient
pleins de sérénité.

— M'accompagnez-vous, monsieur? demanda
le grand veneur au gentilhomme.

— Non, monsieur, je cours prévenir Son Altesse que vous vous rendez à ses ordres, tandis
que vous prendrez congé du roi.

Et Bussy s'en retourna comme il était venu,
se glissant, avec son adresse ordinaire, parmi la
foule des courtisans.

Le duc d'Anjou attendait effectivement dans
son cabinet et relisait la lettre que nos lecteurs
connaissent déjà. Entendant du bruit aux portières, il crut que c'était Monsoreau qui se rendait à ses ordres, et cacha cette lettre.

Bussy parut.

— Eh bien? dit le duc.

— Eh bien, monseigneur, le voici.

— Il ne se doute de rien?

— Et quand cela serait, lorsqu'il serait sur
ses gardes? dit Bussy; n'est-ce pas votre créature? Tiré du néant par vous, ne pouvez-vous
pas le réduire au néant?

— Sans doute, répondit le duc avec cet air
préoccupé que lui donnait toujours l'approche
des événements où il fallait développer quelque
énergie.

— Vous paraît-il moins coupable qu'il ne
l'était hier?

— Cent fois plus! ses crimes sont de ceux qui
s'accroissent quand on y réfléchit.

— D'ailleurs, dit Bussy, tout se borne à un
seul point: il a enlevé par trahison une jeune

fille noble ; il l'a épousée frauduleusement et par des moyens indignes d'un gentilhomme ; il demandera lui-même la résolution de ce mariage, ou vous la demanderez pour lui.

— C'est arrêté ainsi.

— Et au nom du père, au nom de la jeune fille, au nom du château de Méridor, au nom de Diane, j'ai votre parole ?

— Vous l'avez.

— Songez qu'ils sont prévenus, qu'ils attendent dans l'anxiété le résultat de votre entrevue avec cet homme.

— La jeune fille sera libre, Bussy, je t'en engage ma foi.

— Ah ! dit Bussy, si vous faites cela, vous serez réellement un grand prince, monseigneur.

Et il prit la main du duc, cette main qui avait signé tant de fausses promesses, qui avait manqué à tant de serments jurés, et il la baisa respectueusement.

En ce moment on entendit des pas dans le vestibule.

— Le voici, dit Bussy.

— Faites entrer M. de Monsoreau, cria François avec une sévérité qui parut de bon augure à Bussy.

Et cette fois le jeune gentilhomme, presque sûr d'atteindre enfin au résultat ambitionné par lui, ne put empêcher son regard de prendre, en saluant Monsoreau, une légère teinte d'ironie orgueilleuse ; le grand veneur reçut, de son côté, le salut de Bussy avec ce regard vitreux derrière lequel il retranchait les sentiments de son âme, comme derrière une infranchissable forteresse.

Bussy attendit dans ce corridor que nous connaissons déjà, dans ce même corridor où la Mole, une nuit, avait failli être étranglé par Charles IX, Henri III, le duc d'Alençon et le duc de Guise, avec la cordelière de la reine mère. Ce corridor, ainsi que le palier auquel il correspondait, était pour le moment encombré de gentilshommes qui venaient faire leur cour au duc.

Bussy prit place avec eux, et chacun s'empressa de lui faire sa place, autant pour la considération dont il jouissait par lui-même que pour sa faveur près du duc d'Anjou. Le gentilhomme enferma toutes ses sensations en lui-même, et, sans rien laisser apercevoir de la terrible angoisse qu'il concentrait dans son cœur, il attendit le résultat de cette conférence où tout son bonheur à venir était en jeu.

La conversation ne pouvait manquer d'être animée : Bussy avait assez vu de M. de Monsoreau

pour comprendre que celui-ci ne se laisserait pas détruire sans lutte. Mais, enfin, il ne s'agissait pour le duc d'Anjou que d'appuyer la main sur lui, et s'il ne pliait pas, eh bien, alors il romprait.

Tout à coup l'éclat bien connu de la voix du prince se fit entendre. Cette voix semblait commander.

Bussy tressaillit de joie.

— Ah ! dit-il, voilà le duc qui me tient parole.

Mais à cet éclat il n'en succéda aucun autre, et, comme chacun se taisait en se regardant avec inquiétude, un profond silence régna bientôt parmi les courtisans.

Inquiet, troublé dans son rêve commencé, soumis maintenant au flux des espérances et au reflux de la crainte, Bussy sentit s'écouler minute par minute près d'un quart d'heure.

Tout à coup la porte de la chambre du duc s'ouvrit, et l'on entendit à travers les portières sortir de cette chambre des voix enjouées.

Bussy savait que le duc était seul avec le grand veneur, et que, si leur conversation avait suivi son cours ordinaire, elle ne devrait être rien moins que joyeuse en ce moment.

Cette placidité le fit frissonner.

Bientôt les voix se rapprochèrent, la portière se souleva. Monsoreau sortit à reculons et en saluant. Le duc le reconduisit jusqu'à la limite de sa chambre, en disant :

— Adieu ! notre ami. C'est chose convenue.

— Notre ami, murmura Bussy, sangdieu ! que signifie cela ?

— Ainsi, monseigneur, dit Monsoreau toujours tourné vers le prince, c'est bien l'avis de Votre Altesse ; le meilleur moyen à présent, c'est la publicité.

— Oui, oui, dit le duc, ce sont jeux d'enfants que tous ces mystères.

— Alors, dit le grand veneur, dès ce soir je la présenterai au roi.

— Marchez sans crainte, j'aurai tout préparé.

Le duc se pencha vers le grand veneur et lui dit quelques mots à l'oreille.

— C'est fait, monseigneur, répondit celui-ci.

Monsoreau salua une dernière fois le duc, qui, sans voir Bussy, caché qu'il était par les plis d'une portière à laquelle il se cramponnait pour ne pas tomber, examinait les assistants.

— Messieurs, dit Monsoreau se retournant vers les gentilshommes qui attendaient leur tour d'audience, et qui s'inclinaient déjà devant une faveur à l'éclat de laquelle semblait pâlir celle de Bussy ; messieurs, permettez que je vous annonce

Je te briserai comme je brise ce verre. — PAGE 51.

une nouvelle : monseigneur me permet que je rende public mon mariage avec mademoiselle Diane de Méridor, ma femme depuis plus d'un mois, et que, sous ses auspices, je la présente ce soir à la cour.

Bussy chancela; quoique le coup ne fût déjà plus inattendu, il était si violent, qu'il pensa en être écrasé.

Ce fut alors qu'il avança la tête, et que le duc et lui, tous deux pâles de sentiments bien opposés, échangèrent un regard de mépris de la part de Bussy, de terreur de la part du duc d'Anjou.

Monsoreau traversa le groupe des gentilshommes, au milieu des compliments et des félicitations.

Quant à Bussy, il fit un mouvement pour aller au duc; mais celui-ci vit ce mouvement, et le prévint en laissant retomber la portière; en même temps, derrière la portière, la porte se referma, et l'on entendit le grincement de la clef dans la serrure.

Bussy sentit alors son sang affluer chaud et

tumultueux à ses tempes et à son cœur. Sa main, rencontrant la dague pendue à son ceinturon, la tira machinalement à moitié du fourreau; car, chez cet homme, les passions prenaient un premier élan irrésistible; mais l'amour, qui l'avait poussé à cette violence, paralysa toute sa fougue; une douleur amère, profonde, lancinante, étouffa la colère: au lieu de se gonfler, le cœur éclata.

Dans ce paroxysme de deux passions qui luttaient ensemble, l'énergie du jeune homme succomba, comme tombent ensemble, pour s'être choquées au plus fort de leur ascension, deux vagues courroucées qui semblaient vouloir escalader le ciel.

Bussy comprit que, s'il restait là, il allait donner le spectacle de sa douleur insensée; il suivit le corridor, gagna l'escalier secret, descendit par une poterne dans la cour du Louvre, sauta sur son cheval et prit au galop le chemin de la rue Saint-Antoine.

Le baron et Diane attendaient la réponse promise par Bussy; ils virent le jeune homme apparaître, pâle, le visage bouleversé et les yeux sanglants.

— Madame, s'écria Bussy, méprisez-moi, haïssez-moi; je croyais être quelque chose dans ce monde, et je ne suis qu'un atome; je croyais pouvoir quelque chose, et je ne peux pas même m'arracher le cœur. Madame, vous êtes bien la femme de M. de Monsoreau, et sa femme légitime reconnue à cette heure, et qui doit être présentée ce soir. Mais je suis un pauvre fou, un misérable insensé, ou plutôt, ou plutôt, oui, comme vous le disiez, monsieur le baron, c'est M. le duc d'Anjou qui est un lâche et un infâme.

Et, laissant le père et la fille épouvantés, fou de douleur, ivre de rage, Bussy sortit de la chambre, se précipita par les montées, sauta sur son cheval, lui enfonça ses deux éperons dans le ventre, et, sans savoir où il allait, lâchant les rênes, ne s'occupant que d'étreindre son cœur grondant sous sa main crispée, il partit, semant sur son passage le vertige et la terreur.

CHAPITRE X

CE QUI S'ÉTAIT PASSÉ ENTRE MONSEIGNEUR LE DUC D'ANJOU ET LE GRAND VENEUR.

Il est temps d'expliquer ce changement subit qui s'était opéré dans les façons du duc d'Anjou à l'égard de Bussy.

Le duc, lorsqu'il reçut M. de Monsoreau, après les exhortations de son gentilhomme, était monté sur le ton le plus favorable aux projets de ce dernier. Sa bile, facile à s'irriter, débordait d'un cœur ulcéré par les deux passions dominantes dans ce cœur: l'amour-propre du duc avait reçu sa blessure; la peur d'un éclat, dont menaçait Bussy au nom de M. de Méridor, fouettait plus douloureusement encore la colère de François.

En effet, deux sentiments de cette nature produisent, en se combinant, d'épouvantables explosions, quand le cœur qui les renferme, pareil à ces bombes saturées de poudre, est assez solidement construit, assez hermétiquement clos pour que la compression double l'éclat.

M. d'Alençon reçut donc le grand veneur avec un de ces visages sévères qui faisaient trembler à la cour les plus intrépides, car on savait les ressources de François en matière de vengeance.

— Votre Altesse m'a mandé? dit Monsoreau fort calme et avec un regard aux tapisseries; car il devinait, cet homme habitué à manier l'âme du prince, tout le feu qui couvait sous ces froideurs apparentes, et l'on eût dit, pour transporter la figure de l'être vivant aux objets inanimés, qu'il demandait compte à l'appartement des projets du maître.

— Ne craignez rien, monsieur, dit le duc qui avait compris; il n'y a personne derrière ces tentures; nous pourrons causer librement et surtout franchement.

Monsoreau s'inclina.

— Car vous êtes un bon serviteur, monsieur le grand veneur de France, et vous avez de l'attachement pour ma personne?

— Je le crois, monseigneur.

— Moi, j'en suis sûr, monsieur, c'est vous qui, en mainte occasion, m'avez instruit des complots ourdis contre moi, vous qui avez aidé mes entreprises, oubliant souvent vos intérêts, exposant votre vie.

— Altesse!...

— Je le sais. Dernièrement encore, il faut que je vous le rappelle, car, en vérité, vous avez tant de délicatesse, que jamais chez vous aucune allusion, même indirecte, ne remet en évidence les services rendus. Dernièrement, pour cette malheureuse aventure...

— Quelle aventure, monseigneur?

— Cet enlèvement de mademoiselle de Méridor; pauvre jeune fille!

— Hélas! murmura Monsoreau de façon que la réponse ne fût pas sérieusement applicable au sens des paroles de François.

— Vous la plaignez, n'est-ce pas? dit ce dernier l'appelant sur un terrain sûr.

— Ne la plaindriez-vous pas, Altesse?

— Moi! oh! vous savez si j'ai regretté ce funeste caprice! Et tenez, il a fallu toute l'amitié que j'ai pour vous, toute l'habitude que j'ai de vos bons services, pour me faire oublier que sans vous je n'eusse pas enlevé la jeune fille.

Monsoreau sentit le coup.

— Voyons, se dit-il, seraient-ce simplement des remords? Monseigneur, répliqua-t-il, votre bonté naturelle vous conduit à exagérer : vous n'avez pas plus causé la mort de cette jeune fille, que moi-même...

— Comment cela?

— Certes, vous n'aviez pas l'intention de pousser la violence jusqu'à la mort de mademoiselle de Méridor?

— Oh! non.

— Alors l'intention vous absout, monseigneur; c'est un malheur, un malheur comme le hasard en cause tous les jours.

— Et, d'ailleurs, ajouta le duc en plongeant son regard dans le cœur de Monsoreau, la mort a tout enveloppé dans son éternel silence...

Il y eut assez de vibration dans la voix du prince pour que Monsoreau levât les yeux aussitôt, et se dit :

— Ce ne sont pas des remords...

— Monseigneur, reprit-il, voulez-vous que je parle franc à Votre Altesse?

— Pourquoi hésiteriez-vous? dit aussitôt le prince avec un étonnement mêlé de hauteur.

— En effet, dit Monsoreau, je ne sais pas pourquoi j'hésiterais.

— Qu'est-ce à dire?

— Oh! monseigneur, je veux dire qu'avec un prince aussi éminent par son intelligence et sa noblesse de cœur, la franchise doit entrer désormais comme un élément principal dans cette conversation.

— Désormais?... Que signifie?

— C'est que, au début, Votre Altesse n'a pas jugé à propos d'user avec moi de cette franchise.

— Vraiment! riposta le duc avec un éclat de rire qui décelait une furieuse colère.

— Écoutez-moi, monseigneur, dit humblement Monsoreau; je sais ce que Votre Altesse voulait me dire.

— Parlez donc, alors.

— Votre Altesse voulait me faire entendre que peut-être mademoiselle de Méridor n'était pas morte, et qu'elle dispensait de remords ceux qui se croyaient ses meurtriers.

— Oh! quel temps vous avez mis, monsieur, à me faire faire cette réflexion consolante! Vous êtes un fidèle serviteur, sur ma parole! Vous m'avez vu sombre, affligé; vous m'avez ouï parler des rêves funèbres que je faisais depuis la mort de cette femme, moi dont la sensibilité n'est pas banale, Dieu merci... et vous m'avez laissé vivre ainsi, lorsque, avec ce seul doute, vous pouviez m'épargner tant de souffrances!... Comment faut-il que j'appelle cette conduite, monsieur?...

Le duc prononça ces paroles avec tout l'éclat d'un courroux prêt à déborder.

— Monseigneur, répondit Monsoreau, on dirait que Votre Altesse dirige contre moi une accusation...

— Traître! s'écria tout à coup le duc en faisant un pas vers le grand veneur, je la dirige et je l'appuie... Tu m'as trompé! tu m'as pris cette femme que j'aimais.

Monsoreau pâlit affreusement, mais ne perdit rien de son attitude calme et presque fière.

— C'est vrai, dit-il.

— Ah! c'est vrai... l'impudent, le fourbe!

— Veuillez parler plus bas, monseigneur, dit Monsoreau toujours aussi calme. Votre Altesse oublie qu'elle parle à un gentilhomme, à un bon serviteur.

Le duc se mit à rire convulsivement.

— A un bon serviteur du roi! continua Monsoreau aussi impassible qu'avant cette terrible menace.

Le duc s'arrêta sur ce seul mot.

— Que voulez-vous dire? murmura-t-il.

— Je veux dire, reprit avec douceur et obséquiosité Monsoreau, que, si monseigneur voulait bien m'entendre, il comprendrait que j'aie pu prendre cette femme, puisque son Altesse voulait elle-même la prendre.

Le duc ne trouva rien à répondre, stupéfait de tant d'audace.

— Voici mon excuse, dit humblement le grand veneur; j'aimais ardemment mademoiselle de Méridor...

— Moi aussi! répondit François avec une inexprimable dignité.

— C'est vrai, monseigneur, vous êtes mon maître; mais mademoiselle de Méridor ne vous aimait pas.

— Et elle t'aimait, toi?

— Peut-être, murmura Monsoreau.

— Tu mens! tu mens! tu l'as violentée comme je la violentais. Seulement, moi, le maître, j'ai échoué; toi, le valet, tu as réussi. C'est que je n'ai que la puissance, tandis que tu avais la trahison.

— Monseigneur, je l'aimais.

— Que m'importe, à moi?

— Monseigneur...

— Des menaces, serpent?

— Monseigneur! prenez garde! dit Monsoreau en baissant la tête comme le tigre qui médite son élan. Je l'aimais, vous dis-je, et je ne suis pas un de vos valets comme vous disiez tout à l'heure. Ma femme est à moi comme ma terre; nul ne peut me la prendre, pas même le roi. Or j'ai voulu avoir cette femme, et je l'ai prise.

— Vraiment! dit François en s'élançant vers le timbre d'argent placé sur la table, tu l'as prise, eh bien, tu la rendras.

— Vous vous trompez, monseigneur, s'écria Monsoreau en se précipitant vers la table pour empêcher le prince d'appeler. Arrêtez cette mauvaise pensée qui vous vient de me nuire; car, si

vous appeliez une fois, si vous me faisiez une injure publique...

— Tu rendras cette femme, te dis-je.

— La rendre, comment?... Elle est ma femme, je l'ai épousée devant Dieu.

Monsoreau comptait sur l'effet de cette parole, mais le prince ne quitta point son attitude irritée.

— Si elle est ta femme devant Dieu, dit-il, tu la rendras aux hommes!

— Il sait donc tout? murmura Monsoreau.

— Oui, je sais tout. Ce mariage, tu le rompras; je le romprai, fusses-tu cent fois engagé devant tous les dieux qui ont régné dans le ciel.

— Ah! monseigneur, vous blasphémez, dit Monsoreau.

— Demain, mademoiselle de Méridor sera rendue à son père; demain tu partiras pour l'exil que je vais t'imposer. Dans une heure, tu auras vendu ta charge de grand veneur: voilà mes conditions, sinon, prends garde, vassal, je te briserai comme je brise ce verre.

Et le prince, saisissant une coupe de cristal émaillée, présent de l'archiduc d'Autriche, la lança comme un furieux vers Monsoreau qui fut enveloppé de ses débris.

— Je ne rendrai pas la femme, je ne quitterai pas ma charge et je demeurerai en France, reprit Monsoreau en courant à François stupéfait.

— Pourquoi cela... maudit?

— Parce que je demanderai ma grâce au roi de France, au roi élu à l'abbaye de Sainte-Geneviève, et que ce nouveau souverain, si bon, si noble, si heureux de la faveur divine, toute récente encore, ne refusera pas d'écouter le premier suppliant qui lui présentera une requête.

Monsoreau avait accentué progressivement ces mots terribles; le feu de ses yeux passait peu à peu dans sa parole, qui devenait éclatante.

François pâlit à son tour, fit un pas en arrière, alla pousser la lourde tapisserie de la porte d'entrée, puis, saisissant Monsoreau par la main, il lui dit, en saccadant chaque mot comme s'il eût été au bout de ses forces:

— C'est bien... c'est bien... comte, cette requête, présentez-la-moi plus bas... je vous écoute.

— Je parlerai humblement, dit Monsoreau redevenu tout à coup tranquille, humblement comme il convient au très-humble serviteur de Votre Altesse.

François fit lentement le tour de la vaste chambre, et, quand il fut à portée de regarder derrière les tapisseries, il y regarda chaque fois. Il semblait ne pouvoir croire que les paroles de Monsoreau n'eussent pas été entendues.

— Vous disiez? demanda-t-il.

— Je disais, monseigneur, qu'un fatal amour a tout fait. L'amour, noble seigneur, est la plus impérieuse des passions... Pour me faire oublier que Votre Altesse avait jeté les yeux sur Diane, il fallait que je ne fusse plus maître de moi.

— Je vous le disais, comte, c'est une trahison.

— Ne m'accablez pas, monseigneur, voilà quelle est la pensée qui me vint. Je vous voyais riche, jeune, heureux; je vous voyais le premier prince du monde chrétien.

Le duc fit un mouvement.

— Car vous l'êtes... murmura Monsoreau à l'oreille du duc; entre ce rang suprême et vous, il n'y a plus qu'une ombre, facile à dissiper... Je voyais toute la splendeur de votre avenir, et, comparant cette immense fortune au peu de chose que j'ambitionnais, ébloui de votre rayonnement futur qui m'empêchait presque de voir la pauvre petite fleur que je désirais, moi chétif, près de vous, mon maître, je me suis dit : Laissons le prince à ses rêves brillants, à ses projets splendides; là est son but; moi, je cherche le mien dans l'ombre... A peine s'apercevra-t-il de ma retraite, à peine sentira-t-il glisser la chétive perle que je dérobe à son bandeau royal.

— Comte! comte! dit le duc, enivré malgré lui par la magie de cette peinture.

— Vous me pardonnez, n'est-ce pas, monseigneur?

A ce moment, le duc leva les yeux. Il vit au mur, tapissé de cuir doré, le portrait de Bussy, qu'il aimait à regarder parfois comme il avait jadis aimé à regarder le portrait de la Mole. Ce portrait avait l'œil si fier, la mine si haute, il tenait son bras si superbement arrondi sur la hanche, que le duc se figura voir Bussy lui-même avec son œil de feu, Bussy qui sortait de la muraille pour l'exciter à prendre courage.

— Non, dit-il, je ne puis vous pardonner : ce n'est pas pour moi que je tiens rigueur, Dieu m'en est témoin; c'est parce qu'un père en deuil, un père indignement abusé, réclame sa fille; c'est parce qu'une femme, forcée à vous épouser, crie vengeance contre vous; c'est parce que, en un mot, le premier devoir d'un prince est la justice.

— Monseigneur!

— C'est, vous dis-je, le premier devoir d'un prince, et je ferai justice...

— Si la justice, dit Monsoreau, est le premier devoir d'un prince, la reconnaissance est le premier devoir d'un roi.

— Que dites-vous?

— Je dis que jamais un roi ne doit oublier celui auquel il doit sa couronne... Or, monseigneur...

— Eh bien?...

— Vous me devez la couronne, sire!

— Monsoreau! s'écria le duc avec une terreur plus grande encore qu'aux premières attaques du grand veneur; Monsoreau! reprit-il d'une voix basse et tremblante, êtes-vous donc alors un traître envers le roi comme vous fûtes un traître envers le prince?

— Je m'attache à qui me soutient, sire! continua Monsoreau d'une voix de plus en plus élevée.

— Malheureux!...

Et le duc regarda encore le portrait de Bussy.

— Je ne puis! dit-il... Vous êtes un loyal gentilhomme, Monsoreau, vous comprendrez que je ne puis approuver ce que vous avez fait.

— Pourquoi cela, monseigneur?

— Parce que c'est une action indigne de vous et de moi... Renoncez à cette femme. Eh! mon cher comte... encore ce sacrifice; mon cher comte, je vous en dédommagerai par tout ce que vous me demanderez...

— Votre Altesse aime donc encore Diane de Méridor? fit Monsoreau pâle de jalousie.

— Non! non! je le jure, non!

— Eh bien, alors, qui peut arrêter Votre Altesse? Elle est ma femme; ne suis-je pas bon gentilhomme? quelqu'un peut-il s'immiscer ainsi dans les secrets de ma vie?

— Mais elle ne vous aime pas.

— Qu'importe?

— Faites cela pour moi, Monsoreau...

— Je ne le puis...

— Alors... dit le duc plongé dans la plus horrible perplexité... alors...

— Réfléchissez, sire!

Le duc essuya son front couvert de la sueur que ce titre prononcé par le comte venait d'y faire monter.

— Vous me dénonceriez?

— Au roi détrôné pour vous, oui, Votre Majesté; car, si mon nouveau prince me blessait dans mon honneur, dans mon bonheur, je retournerais à l'ancien.

— C'est infâme!

— C'est vrai, sire; mais j'aime assez pour être infâme.

— C'est lâche !

— Oui, Votre Majesté, mais j'aime assez pour être lâche.

Le duc fit un mouvement vers Monsoreau. Mais celui-ci l'arrêta d'un seul regard, d'un seul sourire.

— Vous ne gagneriez rien à me tuer, monseigneur, dit-il ; il est des secrets qui surnagent avec les cadavres ! Restons, vous un roi plein de clémence, moi le plus humble de vos sujets !

Le duc se brisait les doigts les uns contre les autres, il les déchirait avec les ongles.

— Allons, allons, mon bon seigneur, faites quelque chose pour l'homme qui vous a le mieux servi en toute chose.

François se leva.

— Que demandez-vous? dit-il.

— Que Votre Majesté...

— Malheureux ! malheureux ! tu veux donc que je te supplie?

— Oh ! monseigneur !

Et Monsoreau s'inclina.

— Dites, murmura François.

— Monseigneur, vous me pardonnerez?

— Oui.

— Monseigneur, vous me réconcilierez avec M. de Méridor?

— Oui.

— Monseigneur, vous signerez mon contrat de mariage avec mademoiselle de Méridor?

— Oui, fit le duc d'une voix étouffée.

— Et vous honorerez ma femme d'un sourire, le jour où elle paraîtra en cérémonie au cercle de la reine, à qui je veux avoir l'honneur de la présenter?

— Oui, dit François; est-ce tout?

— Absolument tout, monseigneur.

— Allez, vous avez ma parole.

— Et vous, dit Monsoreau en s'approchant de l'oreille du duc, vous conserverez le trône où je vous ai fait monter ! Adieu, sire.

Cette fois il le dit si bas, que l'harmonie de ce mot parut suave au prince.

— Il ne me reste plus, pensa Monsoreau, qu'à savoir comment le duc a été instruit.

CHAPITRE XI

Le jour même, M. de Monsoreau avait, selon son désir manifesté au duc d'Anjou, présenté sa femme au cercle de la reine mère et à celui de la reine.

Henri, soucieux comme à son ordinaire, avait été se coucher, prévenu par M. de Morvilliers que le lendemain il faudrait tenir un grand conseil.

Henri ne fit pas même de questions au chancelier; il était tard, Sa Majesté avait envie de dormir. On prit l'heure la plus commode pour ne déranger ni le repos ni le sommeil du roi.

Ce digne magistrat connaissait parfaitement son maître, et savait qu'au contraire de Philippe de Macédoine le roi endormi ou à jeun n'écouterait pas avec une lucidité suffisante les communications qu'il avait à lui faire.

Il savait aussi que Henri, dont les insomnies étaient fréquentes, — c'est l'apanage de l'homme qui doit veiller sur le sommeil d'autrui de ne pas dormir lui-même, — songerait au milieu de la nuit à l'audience demandée, et la donnerait avec une curiosité aiguillonnée selon la gravité de la circonstance.

Tout se passa comme M. de Morvilliers l'avait prévu.

Après un premier sommeil de trois ou quatre heures, Henri se réveilla; la demande du chancelier lui revint en tête, il s'assit sur son lit, se mit à penser, et, las de penser tout seul, il se laissa glisser le long de ses matelas, passa ses caleçons de soie, chaussa ses pantoufles, et, sans rien changer à sa toilette de nuit, qui le rendait pareil à un fantôme, il s'achemina, à la lueur de sa lampe, qui, depuis que le souffle de l'Éternel était passé dans l'Anjou avec Saint-Luc, ne s'éteignait plus; il s'achemina, disons-nous, vers la chambre de Chicot, la même où s'étaient si heureusement célébrées les noces de mademoiselle de Brissac.

Le Gascon dormait à plein sommeil et ronflait comme une forge.

Henri le tira trois fois par le bras sans parvenir à le réveiller.

A la troisième fois cependant, le roi ayant accompagné le geste de la voix et appelé Chicot à tue-tête, le Gascon ouvrit un œil.

— Chicot! répéta le roi.

— Qu'y a-t-il encore? demanda Chicot.

— Eh! mon ami, dit Henri, comment peux-tu dormir ainsi quand ton roi veille?

— Ah! mon Dieu! s'écria Chicot, feignant de ne pas reconnaître le roi, est-ce que Sa Majesté a pris une indigestion?

— Chicot, mon ami, dit Henri, c'est moi!

— Qui, toi?

— Moi, Henri.

— Décidément, mon fils, ce sont les bécassines qui t'étouffent. Je t'avais cependant prévenu; tu en as trop mangé hier soir, comme aussi de ces bisques aux écrevisses.

— Non, dit Henri, car à peine y ai-je goûté.

— Alors, dit Chicot, c'est qu'on t'a empoisonné. Ventre de biche! que tu es pâle! Henri.

— C'est mon masque de toile, mon ami, dit le roi.

— Tu n'es donc pas malade?

— Non.

— Alors pourquoi me réveilles-tu?

— Parce que le chagrin me persécute.

— Tu as du chagrin?

— Beaucoup.

— Tant mieux.

— Comment, tant mieux?

— Oui, le chagrin fait réfléchir; et tu réfléchiras qu'on ne réveille un honnête homme à deux heures du matin que pour lui faire un cadeau. Que m'apportes-tu, voyons?

— Rien, Chicot; je viens causer avec toi.

— Ce n'est point assez.

— Chicot, M. de Morvilliers est venu hier soir à la cour.

— Tu reçois bien mauvaise compagnie, Henri; et que venait-il faire?

— Il venait me demander audience.

— Ah! voilà un homme qui sait vivre; ce n'est pas comme toi, qui entres dans la chambre des gens à deux heures du matin sans dire gare.

— Que pouvait-il avoir à me dire, Chicot?

— Comment! malheureux, s'écria le Gascon, c'est pour me demander cela que tu me réveilles?

— Chicot, mon ami, tu sais que M. de Morvilliers s'occupe de ma police.

— Non, ma foi, dit Chicot, je ne le savais pas.

— Chicot, dit le roi, je trouve, au contraire, moi, que M. de Morvilliers est toujours très-bien renseigné.

— Et quand je pense, dit le Gascon, que je pourrais dormir au lieu d'entendre de pareilles sornettes!

— Tu doutes de la surveillance du chancelier? demanda Henri.

— Oui, corbeuf, j'en doute, dit Chicot, et j'ai mes raisons.

— Lesquelles?

— Si je t'en donne une seule, cela te suffira-t-il?

— Oui, si elle est bonne.

— Et tu me laisseras tranquille après?

— Certainement.

— Eh bien, un jour, non, c'était un soir.

— Peu importe!

— Au contraire, cela importe beaucoup. Eh bien, un soir je t'ai battu dans la rue Froidmantel; tu avais avec toi Quélus et Schomberg...

— Tu m'as battu?

— Oui, bâtonné, bâtonné, tous trois.

— A quel propos?

— Vous aviez insulté mon page, vous avez reçu les coups, et M. de Morvilliers ne vous en a rien dit.

— Comment! s'écria Henri, c'était toi, scélérat? c'était toi, sacrilège?

— Moi-même, dit Chicot en se frottant les mains; n'est-ce pas, mon fils, que je frappe bien quand je frappe?

— Misérable!

— Tu avoues donc que c'est la vérité?

— Je te ferai fouetter, Chicot.

— Il ne s'agit pas de cela : est-ce vrai, oui ou non? voilà tout ce que je te demande.

— Tu sais bien que c'est vrai, malheureux!

— As-tu fait venir le lendemain M. de Morvilliers?

— Oui, puisque tu étais là quand il est venu.

— Lui as-tu raconté le fâcheux accident qui était arrivé la veille à un gentilhomme de tes amis?

— Oui.

— Lui as-tu ordonné de retrouver le coupable?

— Oui.

— Te l'a-t-il retrouvé?

— Non.

— Eh bien, va donc te coucher, Henri : tu vois que ta police est mal faite.

Et, se retournant vers le mur, sans vouloir répondre davantage, Chicot se remit à ronfler avec un bruit de grosse artillerie qui ôta au roi toute espérance de le tirer de ce second sommeil.

Henri rentra en soupirant dans sa chambre, et, à défaut d'autre interlocuteur, se mit à déplorer, avec son lévrier Narcisse, le malheur qu'ont les rois de ne jamais connaître la vérité qu'à leurs dépens.

Le lendemain le conseil s'assembla. Il variait selon les changeantes amitiés du roi. Cette fois il se composait de Quélus, de Maugiron, de d'Épernon et de Schomberg, en faveur tous quatre depuis plus de six mois.

Chicot, assis au haut bout de la table, taillait des bateaux en papier, et les alignait méthodiquement, pour faire, disait-il, une flotte à Sa Majesté très-chrétienne, à l'instar de la flotte du roi très-catholique.

On annonça M. de Morvilliers.

L'homme d'État avait pris son plus sombre costume et son air le plus lugubre. Après un salut profond, qui lui fut rendu par Chicot, il s'approcha du roi :

— Je suis, dit-il, devant le conseil de Votre Majesté?

— Oui, devant mes meilleurs amis. Parlez.

— Eh bien, sire, je prends assurance et j'en ai besoin. Il s'agit de dénoncer un complot bien terrible à Votre Majesté.

— Un complot! s'écrièrent tous les assistants.

Chicot dressa l'oreille et suspendit la fabrication d'une superbe galiote à deux têtes, dont il voulait faire la barque amirale de la flotte.

— Un complot, oui, Majesté, dit M. de Morvilliers, baissant la voix avec ce mystère qui présage les terribles confidences.

— Oh! oh! fit le roi. Voyons, est-ce un complot espagnol?

A ce moment M. le duc d'Anjou, mandé au conseil, entra dans la salle, dont les portes se refermèrent aussitôt.

— Vous entendez, mon frère, dit Henri après le cérémonial. M. de Morvilliers nous dénonce un complot contre la sûreté de l'État.

Le duc jeta lentement sur les gentilshommes présents ce regard si clair et si défiant que nous lui connaissons.

— Est-il bien possible?... murmura-t-il.

— Hélas! oui, monseigneur, dit M. de Morvilliers, un complot menaçant.

— Contez-nous cela, répliqua Chicot en mettant sa galiote terminée dans le bassin de cristal placé sur la table.

— Oui, balbutia le duc d'Anjou, contez-nous cela, monsieur le chancelier.

— J'écoute, dit Henri.

Le chancelier prit sa voix la plus voilée, sa pose la plus courbée, son regard le plus affairé.

— Sire, dit-il, depuis très-longtemps je veillais sur les menées de quelques mécontents...

— Oh! fit Chicot... quelques?... Vous êtes bien modeste, monsieur de Morvilliers!...

— C'étaient, continua le chancelier, des hommes sans aveu, des boutiquiers, des gens de métiers ou de petits clercs de robe... il y avait de ci, de là, des moines et des écoliers.

— Ce ne sont pas là de bien grands princes, dit Chicot avec une parfaite tranquillité, et en recommençant un nouveau vaisseau à deux pointes.

Le duc d'Anjou sourit forcément.

— Vous allez voir, sire, dit le chancelier; je savais que les mécontents profitent toujours de deux occasions principales, la guerre ou la religion...

— C'est fort sensé, dit Henri. Après?

Le chancelier, heureux de cet éloge, poursuivit :

— Dans l'armée, j'avais des officiers dévoués à Votre Majesté qui m'informaient de tout; dans la religion, c'est plus difficile. Alors j'ai mis des hommes en campagne.

— Toujours fort sensé, dit Chicot.

Et enfin, continua Morvilliers, je réussis à faire décider par mes agents un homme de la prévôté de Paris.

— A quoi faire? dit le roi.

— A espionner les prédicateurs qui vont excitant le peuple contre Votre Majesté.

— Oh! oh! pensa Chicot, mon ami serait-il connu?

— Ces gens reçoivent les inspirations, non pas de Dieu, sire, mais d'un parti fort hostile à la couronne. Ce parti, je l'ai étudié

— Fort bien, dit le roi.

— Très-sensé, dit Chicot.

— Et j'en connais les espérances, ajouta triomphalement Morvilliers.

— C'est superbe! s'écria Chicot.

Le roi fit signe au Gascon de se taire.

Le duc d'Anjou ne perdit pas de vue l'orateur.

— Pendant plus de deux mois, dit le chancelier, j'entretins aux gages de Votre Majesté des hommes de beaucoup d'adresse, d'un courage à toute épreuve, d'une avidité insatiable, c'est vrai, mais que j'avais soin de faire tourner au profit du roi; car, tout en les payant magnifiquement, j'y gagnais encore. J'appris d'eux que, moyennant le sacrifice d'une forte somme d'argent, je connaîtrais le premier rendez-vous des conspirateurs.

— Voilà qui est bon, dit Chicot, paye, mon roi, paye!

— Eh! qu'à cela ne tienne, s'écria Henri, voyons… chancelier, le but de ce complot, l'espérance des conspirateurs?…

— Sire! il ne s'agit de rien moins que d'une seconde Saint-Barthélemy.

— Contre qui?

— Contre les huguenots.

Les assistants se regardèrent surpris.

— Combien cela vous a-t-il coûté, à peu près? demanda Chicot.

— Soixante-quinze mille livres d'une part, cent mille de l'autre.

Chicot se retourna vers le roi.

— Si tu veux, pour mille écus, je te dis le secret de M. de Morvilliers, s'écria le Gascon.

Celui-ci fit un geste de surprise; le duc d'Anjou fit meilleur visage qu'on n'eût pu s'y attendre.

— Dis, répliqua le roi.

— C'est la Ligue pure et simple, fit Chicot, la Ligue commencée depuis dix ans. M. de Morvilliers a découvert ce que tout bourgeois parisien sait comme son *pater*.

— Monsieur… interrompt le chancelier.

— Je dis la vérité… et je le prouverai, s'écria Chicot d'un ton d'avocat.

— Dites-moi le lieu de la réunion des ligueurs, alors.

— Très-volontiers, 1° la place publique; 2° la place publique; 3° les places publiques.

— Monsieur Chicot veut rire, dit en grimaçant le chancelier, et leur signe de ralliement?

— Ils sont habillés en parisiens et remuent les jambes lorsqu'ils marchent, répondit gravement Chicot.

Un éclat de rire général accueillit cette explication. M. de Morvilliers crut qu'il serait de bon goût de céder à l'entraînement, et il rit avec les autres. Mais, redevenant sombre :

— Enfin, dit-il, mon espion a assisté à l'une de leurs séances, et cela dans un lieu que M. Chicot ne connaît pas.

Le duc d'Anjou pâlit.

— Où cela? dit le roi.

— A l'abbaye Sainte-Geneviève!

Chicot laissa tomber une poule en papier qu'il embarquait dans la barque amirale.

— L'abbaye Sainte-Geneviève! dit le roi.

— C'est impossible, murmura le duc.

— Cela est, dit Morvilliers, satisfait de l'effet produit et regardant avec triomphe toute l'assemblée.

— Et qu'ont-ils fait, monsieur le chancelier? qu'ont-ils décidé? demanda le roi.

— Que les ligueurs se nommeraient des chefs, que chaque enrôlé s'armerait, que chaque province recevrait un envoyé de la métropole insurrectionnelle, que tous les huguenots chéris de Sa Majesté, ce sont leurs expressions…

Le roi sourit.

— Seraient massacrés à un jour désigné.

— Voilà tout? demanda Henri.

— Peste! dit Chicot, on voit que tu es catholique.

— Est-ce bien tout? dit le duc.

— Non, monseigneur…

— Peste! je crois bien que ce n'est pas tout. Si nous n'avions que cela pour cent soixante-quinze mille livres, le roi serait volé.

— Parlez, chancelier, dit le roi.

— Il y a des chefs…

Chicot vit s'agiter sur le cœur du duc son pourpoint, que soulevaient les battements.

— Tiens, tiens, tiens, dit-il, un complot qui a des chefs; c'est étonnant. Cependant il nous faut encore quelque chose pour nos cent soixante-quinze mille livres.

— Ces chefs… leurs noms? demanda le roi; comment s'appellent ces chefs?

— D'abord, un prédicateur, un fanatique, un énergumène, dont j'ai acheté le nom dix mille livres.

— Et vous avez bien fait.

— Le frère génovéfain Gorenflot!

— Pauvre diable! fit Chicot avec une commisération véritable. Il était dit que cette aventure ne lui réussirait pas!

— Gorenflot! dit le roi en écrivant ce nom; bien… après…

— Après… dit le chancelier avec hésitation, mais, sire, c'est tout…

Et Morvilliers promena encore sur l'assemblée

M. de Guise.

son regard inquisiteur et mystérieux, qui semblait dire : Si Votre Majesté était seule, elle en saurait bien davantage.

— Dites, chancelier, je n'ai que des amis ici... dites.

— Oh! sire, celui que j'hésite à nommer a aussi des amis bien puissan s...

— Près de moi?

— Partout.

— Sont-ils plus puissants que moi? s'écria Henri pâle de colère et d'inquiétude.

— Sire, un secret ne se dit pas à haute voix. Excusez-moi, je suis homme d'État.

— C'est juste.

— C'est fort sensé! dit Chicot, mais nous sommes tous hommes d'État.

— Monsieur, dit le duc d'Anjou, nous allons présenter au roi nos très-humbles respects, si la communication ne peut être faite en notre présence.

M. de Morvilliers hésitait. Chicot guettait jusqu'au moindre geste, craignant que le chance lier, tout naïf qu'il semblait être, n'eût réussi à découvrir quelque chose de moins simple que ses premières révélations.

Le roi fit signe au chancelier de s'approcher, au duc d'Anjou de demeurer en place, à Chicot de faire silence, aux trois favoris de détourner leur attention.

Aussitôt M. de Morvilliers se pencha vers l'oreille de Sa Majesté; mais il n'avait pas fait la moitié du mouvement compassé selon toutes les règles de l'étiquette, qu'une immense clameur retentit dans la cour du Louvre. Le roi se redressa subitement; MM. de Quélus et d'Épernon se précipitèrent vers la fenêtre; M. d'Anjou porta la main à son épée, comme si tout ce bruit menaçant eût été dirigé contre lui.

Chicot, se haussant sur les pieds, voyait dans la cour et dans la chambre.

— Tiens! M. de Guise, s'écria-t-il le premier, M. de Guise qui entre au Louvre!

Le roi fit un mouvement.

— C'est vrai, dirent les gentilshommes.

— Le duc de Guise? balbutia M. d'Anjou.

— Voilà qui est bizarre... n'est-ce pas? que M. le duc de Guise soit à Paris. dit lentement le

roi, qui venait de lire dans le regard presque hébété de M. de Morvilliers le nom que ce dernier voulait lui dire à l'oreille.

— Est-ce que la communication que vous vouliez me faire avait trait à mon cousin de Guise? demanda-t-il à voix basse au magistrat.

— Oui, sire, c'est lui qui présidait la séance, répondit le chancelier sur le même ton.

— Et les autres?...

— Je n'en connais pas d'autres...

Henri consulta Chicot d'un coup d'œil.

— Ventre de biche! s'écria le Gascon en se posant royalement; faites entrer mon cousin de de Guise!

Et, se penchant vers Henri:

— En voilà un, lui dit-il à l'oreille, dont tu connais assez le nom, à ce que je crois, pour n'avoir pas besoin de l'inscrire sur tes tablettes.

Les huissiers ouvrirent la porte avec fracas.

— Un seul battant, messieurs, dit Henri, un seul! les deux sont pour le roi!

Le duc de Guise était assez avant dans la galerie pour entendre ces paroles; mais cela ne changea rien au sourire avec lequel il avait résolu d'aborder le roi.

CHAPITRE XII

CE QUE VENAIT FAIRE M. DE GUISE AU LOUVRE.

Derrière M. de Guise venaient en grand nombre des officiers, des courtisans, des gentilshommes; derrière cette brillante escorte venait le peuple, escorte moins brillante, mais plus sûre et surtout plus redoutable. Seulement les gentilshommes étaient entrés au palais et le peuple était resté à la porte.

C'était des rangs de ce peuple que les cris par-

taient encore au moment même où le duc de Guise, qu'il avait perdu de vue, pénétrait dans la galerie.

A la vue de cette espèce d'armée qui faisait cortège au héros parisien chaque fois qu'il apparaissait dans les rues, les gardes avaient pris les armes, et, rangés derrière leur brave colonel, lançaient au peuple des regards menaçants, au triomphateur des provocations muettes.

Guise avait remarqué l'attitude de ces soldats que commandait Crillon; il adressa un petit salut plein de grâce au colonel, qui, l'épée au poing, se tenait à quatre pas en avant de ses hommes, et qui demeura roide et impassible dans sa dédaigneuse immobilité.

Cette révolte d'un homme et d'un régiment contre son pouvoir si généralement établi frappa le duc. Son front devint un instant soucieux; mais, à mesure qu'il s'approchait du roi, son front s'éclaircit : si bien que, comme nous l'avons vu arriver au cabinet de Henri III, il y entra en souriant.

— Ah ! c'est vous, mon cousin, dit le roi, comme vous menez grand bruit! Est-ce que les trompettes ne sonnent pas? Il m'avait semblé les entendre.

— Sire, répondit le duc, les trompettes ne sonnent à Paris que pour le roi, en campagne que pour le général, et je suis trop familier à la fois avec la cour et avec les champs de bataille pour m'y tromper. Ici les trompettes feraient trop de bruit pour un sujet; là-bas elles n'en feraient point assez pour un prince.

Henri se mordit les lèvres.

— Par la mordieu! dit-il après un silence employé à dévorer des yeux le prince lorrain, vous êtes bien reluisant, mon cousin? est-ce que vous arrivez du siége de la Charité d'aujourd'hui seulement?

— D'aujourd'hui seulement. oui, sire, répondit le duc avec une légère rougeur.

— Ma foi, c'est beaucoup d'honneur pour nous, mon cousin, que votre visite, beaucoup d'honneur, beaucoup d'honneur.

Henri III répétait les mots quand il avait trop d'idées à cacher, comme on épaissit les rangs des soldats devant une batterie de canons qui ne doit être démasquée qu'à un certain moment.

— Beaucoup d'honneur, répéta Chicot avec une intonation si exacte, qu'on eût pu croire que ces deux mots venaient encore du roi.

— Sire, dit le duc, Votre Majesté veut railler sans doute: comment ma visite pourrait-elle honorer celui de qui vient tout honneur?

— Je veux dire, monsieur de Guise, répliqua Henri, que tout bon catholique a l'habitude, au retour de la campagne, d'aller voir Dieu d'abord, dans quelqu'un de ses temples; le roi ne vient qu'après Dieu. Honorez Dieu, servez le roi : vous savez, mon cousin, c'est un axiome moitié religieux, moitié politique.

La rougeur du duc de Guise fut cette fois plus distincte; le roi, qui avait parlé en regardant le duc bien en face, vit cette rougeur, et, son regard, comme guidé par un mouvement instinctif, étant passé du duc de Guise au duc d'Anjou, il vit avec étonnement que son bon frère était aussi pâle que son beau cousin était rouge.

Cette émotion, se traduisant de deux façons si opposées, le frappa. Il détourna les yeux avec affectation, et prit un air affable, velours sous lequel personne mieux que Henri III ne savait cacher ses griffes royales.

— En tout cas, duc, dit-il, rien n'égale ma joie de vous voir échappé à toutes ces mauvaises chances de la guerre, quoique vous cherchiez le danger, dit-on, d'une façon téméraire. Mais le danger vous connaît, mon cousin, il vous fuit.

Le duc s'inclina devant le compliment.

— Aussi je vous dirai, mon cousin, ne soyez pas si ambitieux de périls mortels; car ce serait en vérité bien dur pour des fainéants comme nous, qui dormons, qui mangeons, qui chassons, et qui, pour toutes conquêtes, inventons de nouvelles modes et de nouvelles prières...

— Oui, sire, dit le duc, se rattachant à ce dernier mot. Nous savons que vous êtes un prince éclairé et pieux, et qu'aucun plaisir ne peut vous faire perdre de vue la gloire de Dieu et les intérêts de l'Église. C'est pourquoi nous sommes venu avec tant de confiance vers Votre Majesté.

— Regarde donc la confiance de ton cousin, Henri, dit Chicot en montrant au roi les gentilshommes qui, par respect, se tenaient hors de l'appartement, il en a laissé un tiers à la porte de ton cabinet et les deux autres tiers à celle du Louvre.

— Avec confiance? répéta Henri; ne venez-vous point toujours avec confiance près de moi, mon cousin?

— Sire, je m'entends; cette confiance dont je parle a rapport à la proposition que je compte vous faire.

— Ah! ah! vous avez à me proposer quelque chose, mon cousin? Alors parlez avec confiance, comme vous dites, avec toute confiance. Qu'avez-vous à nous proposer?

— L'exécution d'une des plus belles idées qui aient encore ému le monde chrétien depuis que les croisades sont devenues impossibles.

— Parlez, duc,

— Sire, continua le duc, mais cette fois en haussant la voix de manière à être entendu de l'antichambre, sire, ce n'est pas un vain titre que celui de roi très-chrétien, il oblige à un zèle ardent pour la défense de la religion. Le fils aîné de l'Église, et c'est votre titre, sire, doit être toujours prêt à défendre sa mère.

— Tiens, dit Chicot, mon cousin qui prêche avec une grande rapière au côté et une salade en tête ; c'est drôle ! ça ne m'étonne plus que les moines veuillent faire la guerre : Henri, je te lemande un régiment pour Gorenflot.

Le duc feignit de ne pas entendre ; Henri croisa ses jambes l'une sur l'autre, posa son coude sur son genou et emboîta son menton dans sa main.

— Est-ce que l'Église est menacée par les Sarrasins, mon cher duc ? demanda-t-il, ou bien aspireriez-vous par hasard au titre de roi... de Jérusalem ?

— Sire, reprit le duc, cette grande affluence de peuple qui me suivait en bénissant mon nom ne m'honorait de cet accueil, croyez-le bien, que pour payer l'ardeur de mon zèle à défendre la foi. J'ai déjà eu l'honneur de parler à Votre Majesté, avant son avénement au trône, d'un projet d'alliance entre tous les vrais catholiques.

— Oui, oui, dit Chicot ; oui, je m'en souviens, moi, la Ligue, ventre de biche ! Henri, la Ligue, par Saint-Barthélemy ; la Ligue, mon roi ; sur ma parole, tu es bien oublieux, mon fils, de ne point te souvenir d'une si triomphante idée.

Le duc se retourna au bruit de ces paroles, et laissa tomber un regard dédaigneux sur celui qui les avait prononcées, ne sachant pas combien ces paroles avaient de poids sur l'esprit du roi, surchargées qu'elles étaient des révélations toutes récentes de M. de Morvilliers.

Le duc d'Anjou en fut ému, lui, et appuyant un doigt sur ses lèvres, il regarda fixement le duc de Guise, pâle et immobile comme la statue de la Circonspection.

Cette fois le roi ne s'apercevait point du signe d'intelligence qui reliait entre eux les intérêts des deux princes ; mais Chicot, s'approchant de son oreille, sous prétexte de planter une de ses deux poules dans les chaînettes en rubis de sa toque, lui dit tout bas :

— Vois ton frère, Henri.

L'œil de Henri se leva rapide ; le doigt du duc s'abaissa presque aussi prompt ; mais il était déjà trop tard. Henri avait vu le mouvement et deviné la recommandation.

— Sire, continua le duc de Guise, qui avait bien vu l'action de Chicot, mais qui n'avait pu entendre ses paroles, les catholiques ont, en effet, appelé cette association la sainte Ligue, et elle a pour but principal de fortifier le trône contre les huguenots, ses ennemis mortels.

— Bien dit ! s'écria Chicot. J'approuve *pedibus et nutu*.

— Mais, continua le duc, c'est peu de s'associer, sire, c'est peu de former une masse, si compacte qu'elle soit, il faut lui imprimer une direction. Or, dans un royaume comme la France, plusieurs millions d'hommes ne se rassemblent pas sans l'aveu du roi.

— Plusieurs millions d'hommes ! fit Henri n'essayant aucun effort pour dissimuler une surprise qu'on eût pu, avec raison, interpréter comme de la frayeur.

— Plusieurs millions d'hommes, répéta Chicot, léger noyau des mécontents, et qui, s'il est planté, comme je n'en doute point, par des mains habiles, fera pousser de jolis fruits.

Pour cette fois, la patience du duc parut être à bout ; il serra ses lèvres dédaigneuses, et, pressant la terre d'un pied dont il n'osait point la frapper :

— Je m'étonne, sire, dit-il, que Votre Majesté souffre qu'on m'interrompe si souvent quand j'ai l'honneur de lui parler de matières si graves.

Chicot, à cette démonstration, dont il parut sentir toute la justesse, tourna autour de lui des yeux furibonds, et, imitant la voix glapissante de l'huissier du Parlement :

— Silence, donc ! s'écria-t-il, ou, ventre de biche ! on aura affaire à moi.

— Plusieurs millions d'hommes ! reprit le roi, qui avait peine à avaler le chiffre, c'est flatteur pour la religion catholique ; mais, en face de ces plusieurs millions d'associés, combien y a-t-il donc de protestants dans mon royaume ?

Le duc parut chercher.

— Quatre, dit Chicot.

Cette nouvelle saillie fit éclater de rire les amis du roi, tandis que Guise fronçait le sourcil et que les gentilshommes de l'antichambre murmuraient hautement contre l'audace du Gascon.

Le roi se tourna lentement vers la porte d'où venaient ces murmures, et, comme, lorsqu'il le voulait, Henri avait un regard plein de dignité, les murmures cessèrent.

Puis, ramenant ce même regard sur le duc, sans rien changer à son expression :

— Voyons, monsieur, dit-il, que demandez-vous ?... Au but... au but...

— Je demande, sire, car la popularité de mon roi m'est plus chère encore peut-être que la mienne, je demande que Votre Majesté montre clairement qu'elle nous est aussi supérieure dans son zèle pour la religion catholique que pour toutes les autres choses, et qu'elle ôte ainsi tout

Henri posa son coude sur son genou et emposta son menton dans sa main. — PAGE 60.

prétexte aux mécontents de recommencer les guerres.

— Ah! s'il ne s'agit que de guerre, mon cousin, dit Henri, j'ai des troupes, et rien que sous vos ordres vous tenez, je crois, dans le camp que vous venez de quitter pour me donner ces excellents conseils, près de vingt-cinq mille hommes.

— Sire, quand je parle de guerre, j'aurais dû peut-être m'expliquer.

— Expliquez-vous, mon cousin; vous êtes un grand capitaine, et j'aurai, vous n'en doutez pas, plaisir à vous entendre discourir sur de pareilles matières.

— Sire, je voulais dire que, par le temps qui court, les rois sont appelés à soutenir deux guerres, la guerre morale, si je puis m'exprimer ainsi, et la guerre politique, la guerre contre les idées et la guerre contre les hommes.

— Mordieu! dit Chicot, comme c'est puissamment exposé!

— Silence! fou, dit le roi.

— Les hommes, continua le duc, les hommes sont visibles, palpables, mortels ; on les joint, on les attaque, on les bat ; et, quand on les a battus, on leur fait leur procès et on les pend, ou mieux encore.

— Oui, dit Chicot, on les pend sans leur faire leur procès ; c'est plus court et plus royal.

— Mais les idées, continua le duc, on ne les rencontre point ainsi. Sire, elles se glissent invisibles et pénétrantes ; elles se cachent surtout aux yeux de ceux-là qui veulent les détruire ; abritées au fond des âmes, elles y projettent de profondes racines ; et plus on coupe les rameaux imprudents qui sortent au dehors, plus les racines intérieures deviennent puissantes et inextirpables. Une idée, sire, c'est un nain géant qu'il faut surveiller nuit et jour ; car l'idée qui rampait hier à vos pieds demain dominera votre tête. Une idée, sire, c'est l'étincelle qui tombe sur le chaume, il faut de bons yeux en plein jour pour deviner les commencements de l'incendie, et voilà pourquoi, sire, des millions de surveillants sont nécessaires.

— Voilà les quatre huguenots de France à tous les diables, s'écria Chicot ; ventre de biche ! je les plains.

— Et c'était pour veiller à cette surveillance, continua le duc, que je proposais à Votre Majesté de nommer un chef à cette sainte union.

— Vous avez parlé, mon cousin ? demanda Henri au duc.

— Oui, sire, et sans détour, comme a pu le voir Votre Majesté.

Chicot poussa un soupir effrayant, tandis que le duc d'Anjou, remis de sa frayeur première, souriait au prince lorrain.

— Eh bien ! dit le roi à ceux qui l'entouraient, que pensez-vous de cela, messieurs ?

Chicot, sans rien répondre, prit son chapeau et ses gants ; puis, empoignant une peau de lion par la queue, il la traîna dans un coin de l'appartement, et se coucha dessus.

— Que faites-vous, Chicot ? demanda le roi.

— Sire, dit Chicot, la nuit, prétend-on, est bonne conseillère. Pourquoi prétend-on cela ? parce que la nuit on dort. Je vais dormir, sire ; et demain, à tête reposée, je rendrai réponse à mon cousin de Guise.

Et il s'allongea jusqu'aux ongles de l'animal.

Le duc lança au Gascon un furieux regard, auquel en rouvrant un œil celui-ci répondit par un ronflement pareil au bruit du tonnerre.

— Eh bien, sire, demanda le duc, que pense Votre Majesté ?

— Je pense que, comme toujours, vous avez raison, mon cousin ; convoquez donc vos principaux ligueurs, venez à leur tête, et je choisirai l'homme qu'il faut à la religion.

— Et quand cela, sire ? demanda le duc.

— Demain.

Et, en prononçant ce dernier mot, il divisa habilement son sourire. Le duc de Guise en eut la première partie, le duc d'Anjou la seconde.

Ce dernier allait se retirer avec la cour, mais, au premier pas qu'il fit dans cette intention :

— Restez, mon frère, dit Henri, j'ai à vous parler.

Le duc de Guise appuya un instant sa main sur son front comme pour y comprimer un monde de pensées, et partit avec toute sa suite, qui se perdit sous les voûtes.

Un instant après on entendit les cris de la foule qui saluait sa sortie du Louvre, comme elle avait salué son entrée.

Chicot ronflait toujours, mais nous n'oserions pas répondre qu'il dormait.

CHAPITRE XIII

CASTOR ET POLLUX.

L e roi avait congédié tous les favoris, en même temps qu'il retenait son frère.

Le duc d'Anjou, qui, pendant toute la scène précédente, avait réussi à conserver l'attitude d'un homme indifférent, excepté aux yeux de Chicot et du duc de Guise, accepta sans défiance l'invitation de Henri. Il n'avait aucune connaissance de ce coup d'œil que le Gascon lui avait fait envoyer par le roi, et qui avait surpris son doigt indiscret trop près de ses lèvres.

— Mon frère, dit Henri après s'être assuré qu'à l'exception de Chicot personne n'était resté dans le cabinet et en marchant à grands pas de la porte à la fenêtre, savez-vous que je suis un prince bien heureux?

— Sire, dit le duc, le bonheur de Votre Majesté, si véritablement Votre Majesté se trouve heureuse, n'est qu'une récompense que le ciel doit à ses mérites.

Henri regarda son frère

— Oui, bien heureux, reprit-il; car, lorsque les grandes idées ne me viennent pas, à moi, elles viennent à ceux qui m'entourent. Or c'est une grande idée que celle que vient d'avoir mon cousin de Guise.

Le duc s'inclina en signe d'assentiment.

Chicot ouvrit un œil, comme s'il n'entendait pas si bien les deux yeux fermés, et comme s'il avait besoin de voir le visage du roi pour mieux comprendre ses paroles.

— En effet, continua Henri, réunir sous une même bannière tous les catholiques, faire du royaume l'Église, armer ainsi, sans en avoir l'air, toute la France, depuis Calais jusqu'au Languedoc, depuis la Bretagne jusqu'à la Bourgogne,

de manière que j'aie toujours une armée prête à marcher contre l'Anglais, le Flamand ou l'Espagnol, sans que jamais le Flamand, l'Espagnol ni l'Anglais puissent s'en alarmer, savez-vous, François, que c'est là une magnifique pensée?

— N'est-ce pas, sire? dit le duc d'Anjou enchanté de voir que son frère abondait dans les vues du duc de Guise, son allié.

— Oui, et j'avoue que je me sens porté de tout mon cœur à récompenser largement l'auteur d'un si beau projet.

Chicot ouvrit les deux yeux; mais il les referma aussitôt : il venait de surprendre sur la figure du roi un de ces imperceptibles sourires, visibles pour lui seul qui connaissait son Henri mieux que personne, et ce sourire lui suffisait.

— Oui, continua le roi, je le répète, un tel projet mérite récompense, et je ferai tout pour celui qui l'a conçu; est-ce véritablement le duc de Guise, François, qui est le père de cette belle idée, ou plutôt de cette belle œuvre? car l'œuvre est commencée, n'est-ce pas, mon frère?

Le duc d'Anjou fit signe qu'effectivement la chose avait reçu un commencement d'exécution.

— De mieux en mieux, reprit le roi. J'avais dit que j'étais un prince bien heureux, j'aurais dû dire trop heureux, François, puisque, non-seulement ces idées viennent à mes proches, mais encore que, dans leur empressement à être utiles à leur roi et à leur parent, ils exécutent ces idées; mais je vous ai déjà demandé, mon cher François, dit Henri en posant sa main sur l'épaule de son frère, je vous ai déjà demandé si c'était bien à mon cousin de Guise que je devais être reconnaissant de cette royale pensée.

— Non, sire, M. le cardinal de Lorraine l'avait déjà eue il y a plus de vingt ans, et la Saint-Barthélemy seule en a empêché l'exécution, ou

Autour de moi? je ne vois que vous et Chicot, mon frère, qui soyez véritablement
mes amis. — Page 66.

plutôt momentanément en a rendu l'exécution
inutile.

— Ah! quel malheur que le cardinal de Lorraine soit mort! dit Henri, je l'aurais fait papé-
fier à la mort de Sa Sainteté Grégoire XIII; mais
il n'en est pas moins vrai, continua Henri avec
cette admirable bonhomie qui faisait de lui le
premier comédien de son royaume, il n'en est
pas moins vrai que son neveu a hérité de l'idée
et l'a fait fructifier. Malheureusement je ne peux
pas le faire pape, lui; mais je le ferai... Qu'est-ce
que je pourrais donc le faire qu'il ne fût pas,
François?

— Sire, dit François complétement trompé aux
paroles de son frère, vous vous exagérez les mérites de votre cousin; l'idée n'est qu'un héritage,
comme je vous l'ai déjà dit, et un homme l'a
fort aidé à cultiver cet héritage.

— Son frère le cardinal, n'est-ce pas?

— Sans doute, il s'en est occupé; mais ce n'est
point lui encore.

— C'est donc Mayenne?

— Oh! sire, dit le duc, vous lui faites trop d'honneur.

— C'est vrai. Comment supposer qu'une idée politique vînt à un pareil boucher? Mais à qui donc dois-je être reconnaissant de cette aide donnée à mon cousin de Guise, François?

— A moi, sire, dit le duc.

— A vous! fit Henri, comme s'il était au comble de l'étonnement.

Chicot ouvrit un œil.

Le duc s'inclina.

— Comment! dit Henri, quand je voyais tout le monde déchaîné contre moi, les prédicateurs contre mes vices, les poëtes et les faiseurs de pasquils contre mes ridicules, les docteurs en politique contre mes fautes; tandis que mes amis riaient de mon impuissance; tandis que la situation était devenue si perplexe, que je maigrissais à vue d'œil et faisais des cheveux blancs chaque jour, une idée pareille vous est venue, François? à vous que, je dois l'avouer (tenez, l'homme est faible et les rois sont aveugles), à vous que je ne regardais pas toujours comme mon ami! Ah! François, que je suis coupable!

Et Henri, attendri jusqu'aux larmes, tendit la main à son frère.

Chicot rouvrit les deux yeux.

— Oh! mais, continua Henri, c'est que l'idée est triomphante. Ne pouvant lever d'impôts ni lever de troupes sans faire crier; ne pouvant me promener, dormir ni aimer sans faire rire, voilà que l'idée de M. de Guise, ou plutôt la vôtre, mon frère, me donne à la fois armée, argent, amis et repos. Maintenant, pour que ce repos dure, François, une seule chose est nécessaire.

— Laquelle?

— Mon cousin a parlé tout à l'heure de donner un chef à tout ce grand mouvement.

— Oui, sans doute.

— Ce chef, vous le comprenez bien, François, ce ne peut être aucun de mes favoris; aucun n'a à la fois la tête et le cœur nécessaire à une si grande fortune. Quélus est brave, mais le malheureux n'est occupé que de ses amours. Maugiron est brave, mais le vaniteux ne songe qu'à sa toilette. Schomberg est brave, mais ce n'est pas un profond esprit, ses meilleurs amis sont forcés de l'avouer. D'Épernon est brave, mais c'est un franc hypocrite, à qui je ne me fierais pas un seul instant, quoique je lui fasse bon visage. Mais vous le savez, François, dit Henri avec un abandon croissant, c'est une des plus lourdes charges des

rois que d'être forcés sans cesse de dissimuler. Aussi, tenez, ajouta Henri, quand je puis parler à cœur ouvert comme en ce moment, ah! je respire.

Chicot referma les deux yeux.

— Eh bien, je disais donc, continua Henri, que, si mon cousin de Guise a eu cette idée, idée au développement de laquelle vous avez pris si bonne part, François, c'est à lui que doit revenir la charge de la mettre à exécution.

— Que dites-vous, sire? s'écria François haletant d'inquiétude.

— Je dis que, pour diriger un pareil mouvement, il faut un grand prince.

— Sire, prenez garde!

— Un bon capitaine, un adroit négociateur.

— Un adroit négociateur surtout, répéta le duc.

— Eh bien, François, est-ce que ce poste, sous tous les rapports, ne convient pas à M. de Guise? voyons.

— Mon frère, dit François, M. de Guise est bien puissant déjà.

— Oui, sans doute, mais c'est sa puissance qui fait ma force.

— Le duc de Guise tient l'armée et la bourgeoisie; le cardinal de Lorraine tient l'Église; Mayenne est un instrument aux mains des deux frères; vous allez réunir bien des forces dans une seule maison.

— C'est vrai, dit Henri, j'y avais déjà songé, François.

— Si les Guise étaient princes français encore, cela se comprendrait: leur intérêt serait de grandir la maison de France.

— Sans doute; mais, tout au contraire, ce sont des princes lorrains.

— D'une maison toujours en rivalité avec la nôtre.

— Tenez, François, vous venez de toucher la plaie, tudieu! je ne vous croyais pas si bon politique; eh bien, oui, voilà ce qui me fait maigrir, ce qui me fait blanchir les cheveux; tenez, c'est cette élévation de la maison de Lorraine à côté de la nôtre; il ne se passe pas de jour, voyez-vous, François, que ces trois Guise, — vous l'avez bien dit, à eux trois ils tiennent tout, — il n'y a pas de jour que, soit le duc, soit le cardinal, soit Mayenne, l'un ou l'autre enfin, par audace ou par adresse, soit par force, soit par ruse, ne m'enlève quelque lambeau de mon pouvoir, quelques parcelles de mes prérogatives, sans que moi, pauvre, faible et isolé que je suis, je puisse réagir contre eux. Ah! François, si nous avions eu cette explication plus tôt, si j'avais pu lire dans votre cœur comme j'y lis en ce moment, certes, trouvant en vous un appui, j'eusse résisté mieux que je ne l'ai fait; mais maintenant, voyez-vous, il est trop tard.

— Pourquoi cela?

— Parce que ce serait une lutte, et qu'en vérité toute lutte me fatigue, je le nommerai donc chef de la Ligue.

— Et vous aurez tort, mon frère, dit François.

— Mais qui voulez-vous que je nomme, François? Qui acceptera ce poste périlleux, oui, périlleux? Car ne voyez-vous pas quelle était son idée, au duc? c'était que je le nommasse chef de cette Ligue.

— Eh bien?

— Eh bien, tout homme que je nommerai à sa place deviendra son ennemi.

— Nommez un homme assez puissant pour que sa force, appuyée à la vôtre, n'ait rien à craindre de la force et de la puissance de nos trois Lorrains réunis.

— Eh! mon bon frère, dit Henri avec l'accent du découragement, je ne sais aucune personne qui soit dans les conditions que vous dites.

— Regardez autour de vous, sire.

— Autour de moi? je ne vois que vous et Chicot, mon frère, qui soyez véritablement mes amis.

— Oh! oh! murmura Chicot, est-ce qu'il me voudrait jouer quelque mauvais tour?

Et il referma ses deux yeux.

— Eh bien, dit le duc, vous ne comprenez pas, mon frère?

Henri regarda le duc d'Anjou, comme si un voile venait de lui tomber des yeux.

— Eh quoi! s'écria-t-il.

François fit un mouvement de tête.

— Mais non, dit Henri, vous n'y consentirez jamais, François. La tâche est trop rude : ce n'est pas vous certainement qui vous habitueriez à faire faire l'exercice à tous ces bourgeois; ce n'est pas vous qui vous donneriez la peine de revoir les discours de leurs prédicateurs; ce n'est pas vous qui, en cas de bataille, iriez faire le boucher dans les rues de Paris transformées en abattoir; il faut être triple comme M. de Guise, et avoir un bras droit qui s'appelle Charles et un bras gauche qui s'appelle Louis. Or le duc a fort bien tué le jour de la Saint-Barthélemy; que vous en semble, François?

— Trop bien tué, sire?

— Oui, peut-être. Mais vous ne répondez pas à ma question, François. Quoi! vous aimeriez faire le métier que je viens de dire! vous vous frotteriez aux cuirasses faussées de ces badauds et aux casseroles qu'ils se mettent sur le chef en guise de casques? Quoi? vous vous feriez populaire, vous, le suprême seigneur de notre cour? Mort de ma vie, mon frère, comme on change avec l'âge!

— Je ne ferais peut-être pas cela pour moi, sire; mais je le ferais certes pour vous.

— Bon frère, excellent frère, dit Henri en essuyant du bout du doigt une larme qui n'avait jamais existé.

— Donc, dit François, cela ne vous déplairait pas trop, Henri, que je me chargeasse de cette besogne que vous comptez confier à M. de Guise?

— Me déplaire à moi! s'écria Henri. Cornes du diable! non, cela ne me déplaît pas, cela me charme, au contraire. Ainsi, vous aussi, vous aviez pensé à la Ligue! Tant mieux, mordieu! tant mieux. Ainsi, vous aussi, vous aviez eu un petit bout de l'idée, que dis-je, un petit bout? le grand bout! D'après ce que vous m'avez dit, c'est merveilleux, sur ma parole. Je ne suis entouré, en vérité, que d'esprits supérieurs; et je suis le grand âne de mon royaume.

— Oh! Votre Majesté raille.

— Moi! Dieu m'en préserve; la situation est trop grave. Je le dis comme je le pense, François; vous me tirez d'un grand embarras, d'autant plus grand, que, depuis quelque temps, voyez-vous, François, je suis malade, mes facultés baissent. Miron m'explique cela souvent; mais, voyons, revenons à la chose sérieuse; d'ailleurs, qu'ai-je besoin de mon esprit, si je puis m'éclairer à la lumière du vôtre? Nous disons donc que je vous nommerai chef de la Ligue, hein?

François tressaillit de joie.

— Oh! dit-il, si Votre Majesté me croyait digne de cette confiance!

— Confiance? ah! François, confiance? du moment où ce n'est pas M. de Guise qui est ce chef, de qui veux-tu que je me défie? de la Ligue elle-même? est-ce que par hasard la Ligue me mettrait en danger? Parle, mon bon François, dis-moi tout.

— Oh! sire, fit le duc.

— Que je suis fou! reprit Henri; dans ce cas, mon frère n'en serait pas le chef, ou, mieux encore, du moment où mon frère en serait le chef, il n'y aurait plus de danger. Hein! c'est de la logique, cela, et notre pédagogue ne nous a pas volé notre argent; non, ma foi, je n'ai pas de défiance. D'ailleurs, je connais encore assez d'hommes d'épée en France pour être sûr de dégaîner en bonne compagnie contre la Ligue, le jour où la Ligue me gênera trop les coudes.

— C'est vrai, sire, répondit le duc avec une naïveté presque aussi bien affectée que celle de son frère, le roi est toujours le roi.

— Chicot rouvrit un œil.

— Pardieu, dit Henri. Mais malheureusement à moi aussi il me vient une idée; c'est incroyable combien il en pousse aujourd'hui, il y a des jours comme cela.

— Quelle idée? mon frère, demanda le duc, déjà inquiet, parce qu'il ne pouvait pas croire qu'un si grand bonheur s'accomplît sans empêchement.

— Eh! notre cousin de Guise, le père, ou plutôt qui se croit le père de l'invention, notre cousin de Guise s'est probablement bouté dans l'esprit d'en être le chef. Il voudra aussi du commandement?

— Du commandement, sire?

— Sans doute; sans aucun doute même, il n'a probablement nourri la chose que pour que la chose lui profitât. Il est vrai que vous dites l'avoir nourrie avec lui. Prenez garde, François, ce n'est pas un homme à être victime du *Sic vos non vobis...* vous connaissez Virgile, *nidificatis, aves.*

— Oh! sire.

— François, je gagerais qu'il en a la pensée. Il me sait si insoucieux!

— Oui; mais, du moment où vous lui aurez signifié votre volonté, il cédera.

— Ou fera semblant de céder. Et je vous l'ai déjà dit: Prenez garde, François, il a le bras long, mon cousin de Guise. Je dirai même plus, je dirai qu'il a les bras longs, et que pas un dans le royaume, pas même le roi, ne toucherait comme lui, en les étendant, d'une main aux Espagnes et de l'autre à l'Angleterre, à don Juan d'Autriche et à Élisabeth. Bourbon avait l'épée moins longue que mon cousin de Guise n'a le bras, et cependant il a fait bien du mal à François I⁰ᵉ, notre aïeul.

— Mais, dit François, si Votre Majesté le tient pour si dangereux, raison de plus pour me donner le commandement de la Ligue, pour le prendre entre mon pouvoir et le vôtre, et alors, à la première trahison qu'il entreprendra, pour lui faire son procès.

Chicot rouvrit l'autre œil.

— Son procès! François, son procès! c'était bon pour Louis XI, qui était puissant et riche, de faire faire des procès et de faire dresser des échafauds. Mais moi, je n'ai pas même assez d'argent pour acheter tout le velours noir dont, en pareil cas, je pourrais avoir besoin.

En disant ces mots, Henri, qui, malgré sa puissance sur lui-même, s'était animé sourdement, laissa percer un regard dont le duc ne put soutenir l'éclat.

Chicot referma les deux yeux.

Il se fit un silence d'un instant entre les deux princes.

Le roi le rompit le premier.

— Il faut donc tout ménager, mon cher François, dit-il; pas de guerres civiles, pas de querelles entre mes sujets. Je suis fils de Henri le batailleur et de Catherine la rusée; j'ai un peu de l'astuce de ma bonne mère; je vais faire rappeler le duc de Guise, et je lui ferai tant de belles promesses, que nous arrangerons votre affaire à l'amiable.

— Sire, s'écria le duc d'Anjou, vous m'accorderez le commandement, n'est-ce pas?

— Je le crois bien.

— Vous tenez à ce que je l'aie?

— Énormément.

— Vous le voulez, enfin?

— C'est mon plus grand désir; mais il ne faut pas cependant que cela déplaise trop à mon cousin de Guise.

— Eh bien, soyez tranquille, dit le duc d'Anjou, si vous ne voyez à ma nomination que cet empêchement, je me charge, moi, d'arranger la chose avec le duc.

— Et quand cela?

— Tout de suite.

— Vous allez donc aller le trouver? vous allez donc aller lui rendre visite? Oh! mon frère, songey-y, l'honneur est bien grand!

— Non pas, sire, je ne vais point le trouver.

— Comment cela?

— Il m'attend.

— Où?

— Chez moi.

— Chez vous? j'ai entendu les cris qui ont salué sa sortie du Louvre.

— Oui, mais, après être sorti par la grande porte, il sera rentré par la poterne. Le roi avait droit à la première visite du duc de Guise; mais j'ai droit, moi, à la seconde.

— Ah! mon frère, dit Henri, que je vous sais

gré de soutenir ainsi nos prérogatives, que j'ai la faiblesse d'abandonner quelquefois! Allez donc, François, et accordez-vous.

Le duc prit la main de son frère et s'inclina pour la baiser.

— Que faites-vous, François? dans mes bras, sur mon cœur, s'écria Henri, c'est là votre véritable place.

Et les deux frères se tinrent embrassés à plusieurs reprises; puis, après une dernière étreinte, le duc d'Anjou, rendu à la liberté, sortit du cabinet, traversa rapidement les galeries, et courut à son appartement. Il fallait que son cœur, comme celui du premier navigateur, fût cerclé de chêne et d'acier pour ne pas éclater de joie.

Le roi, voyant son frère parti, poussa un grincement de colère, et, s'élançant par le corridor secret qui conduisait à la chambre de Marguerite de Navarre, devenue celle du duc d'Anjou, il gagna une espèce de tambour d'où l'on pouvait entendre aussi facilement l'entretien qui allait avoir lieu entre les ducs d'Anjou et de Guise que Denis de sa cachette pouvait entendre la conversation de ses prisonniers.

— Ventre de biche! dit Chicot en rouvrant les deux yeux à la fois et en s'asseyant sur son derrière, que c'est touchant les scènes de famille! Je me suis cru un instant dans l'Olympe assistant à la réunion de Castor et Pollux, après leurs six mois de séparation.

CHAPITRE XIV

COMMENT IL EST PROUVÉ QU'ÉCOUTER EST LE MEILLEUR MOYEN POUR ENTENDRE.

L e duc d'Anjou avait rejoint son hôte, le duc de Guise, dans cette chambre de la reine de Navarre, où autrefois le Béarnais et de Mouy avaient, à voix basse et la bouche contre l'oreille, arrêté leurs projets d'évasion; c'est que le prudent Henri savait bien qu'il existait peu de chambres au Louvre qui ne fussent ménagées de manière à laisser arriver les paroles même dites à demi-voix à l'oreille de celui qui avait intérêt à les entendre. Le duc d'Anjou n'ignorait pas non plus ce détail si important; mais, complétement séduit par la bonhomie de son frère, il l'oublia ou n'y attacha aucune importance.

Henri III, comme nous venons de le dire, entra dans son observatoire au moment où, de son côté, son frère entrait dans la chambre, de sorte qu'aucune des paroles des deux interlocuteurs n'échappa au roi.

— Eh bien, monseigneur? demanda vivement le duc de Guise.

— Eh bien, duc! la séance est levée.

— Vous étiez bien pâle, monseigneur.

— Visiblement? demanda le duc avec inquiétude.

— Pour moi, oui, monseigneur!

— Le roi n'a rien vu?

— Rien, du moins à ce que je crois, et Sa Majesté a retenu Votre Altesse?

— Vous l'avez vu, duc.

— Sans doute pour lui parler de la proposition que j'étais venu lui faire?

— Oui, monsieur.

Il y eut en ce moment un silence assez embarrassant dont Henri III, placé de manière à ne pas perdre une parole de leur entretien, comprit le sens.

— Et que dit Sa Majesté, monseigneur? demanda le duc de Guise.

— Le roi approuve l'idée; mais plus l'idée est gigantesque, plus un homme tel que vous, mis à la tête de cette idée, lui semble dangereux.

— Alors nous sommes près d'échouer.

— J'en ai peur, mon cher duc, et la Ligue me paraît supprimée.

— Diable! fit le duc, ce serait mourir avant de naître, finir avant d'avoir commencé.

— Ils ont autant d'esprit l'un que l'autre, dit une voix basse et mordante, retentissant à l'oreille de Henri penché sur son observatoire.

Henri se retourna vivement et vit le grand corps de Chicot, courbé pour écouter à son trou, comme lui écoutait au sien.

— Tu m'as suivi, coquin! s'écria le roi.

— Tais-toi, dis Chicot en faisant un geste de la main; tais-toi, mon fils, tu m'empêches d'entendre.

Le roi haussa les épaules; mais, comme Chicot était, à tout prendre, le seul être humain auquel il eût entière confiance, il se remit à écouter.

Le duc de Guise venait de reprendre la parole.

— Monseigneur, disait-il, il me semble que, dans ce cas, le roi eût tout de suite annoncé son refus; il m'a fait assez mauvais accueil pour m'oser dire toute sa pensée. Veut-il m'évincer par hasard?

— Je le crois, dit le prince avec hésitation.

— Il ruinerait l'entreprise alors?

— Assurément, reprit le duc d'Anjou, et, comme vous avez engagé l'action, j'ai dû vous seconder de toutes mes ressources, et je l'ai fait.

— En quoi, monseigneur?

— En ceci: que le roi m'a laissé à peu près maître de vivifier ou de tuer à jamais la Ligue.

— Et comment cela? dit le duc lorrain, dont le regard étincela malgré lui.

— Écoutez, cela est toujours soumis à l'approbation des principaux meneurs, vous le comprenez bien. Si, au lieu de vous expulser et de dissoudre la Ligue, il nommait un chef favorable à l'entreprise; si, au lieu d'élever le duc de Guise à ce poste, il y plaçait le duc d'Anjou?

— Ah! fit le duc de Guise, qui ne put ni retenir l'exclamation ni comprimer le sang qui lui montait au visage.

— Bon! dit Chicot, les deux dogues vont se battre sur leur os.

Mais, à la grande surprise de Chicot, et surtout du roi, qui, sur cette matière, en savait moins que Chicot, le duc de Guise cessa tout à coup de s'étonner et de s'irriter, et reprenant d'une voix calme et presque joyeuse:

— Vous êtes un adroit politique, monseigneur, dit-il, si vous avez fait cela.

— Je l'ai fait, répondit le duc.

— Bien rapidement!

— Oui; mais, il faut le dire, la circonstance m'aidait, et j'en ai profité; toutefois, mon cher duc, ajouta le prince, rien n'est arrêté, et je n'ai pas voulu conclure avant de vous avoir vu.

— Comment cela, monseigneur?

— Parce que je ne sais encore à quoi cela nous mènera.

— Je le sais bien, moi, dit Chicot.

— C'est un petit complot, dit Henri en souriant.

— Et dont M. de Morvilliers, qui est toujours si bien informé, à ce que tu prétends, ne te parlait cependant pas; mais laisse-nous écouter, cela devient intéressant.

— Eh bien, je vais vous dire, moi, monseigneur, non pas à quoi cela nous mènera, car Dieu seul le sait, mais à quoi cela peut nous servir, reprit le duc de Guise; la Ligue est une seconde armée; or, comme je tiens la première, comme mon frère le cardinal tient l'Église, rien ne pourra nous résister tant que nous resterons unis.

— Sans compter, dit le duc d'Anjou, que je suis l'héritier présomptif de la couronne.

— Ah! ah! fit Henri.

— Il a raison, dit Chicot; c'est ta faute, mon fils; tu sépares toujours les deux chemises de Notre-Dame de Chartres.

— Puis, monseigneur, tout héritier présomptif de la couronne que vous êtes, calculez les mauvaises chances.

— Duc, croyez-vous que ce ne soit point fait déjà, et que je ne les aie pas cent fois pesées toutes?

— Il y a d'abord le roi de Navarre.

— Oh! il ne m'inquiète pas, celui-là; il est tout occupé de ses amours avec la Fosseuse.

— Celui-là, monseigneur, celui-là vous disputera jusqu'aux cordons de votre bourse; il est râpé, il est maigre, il est affamé, il ressemble à ces chats de gouttière à qui la simple odeur d'une souris fait passer des nuits tout entières sur une lucarne, tandis que le chat engraissé, fourré, emmitouflé, ne peut, tant sa patte est lourde, tirer sa griffe de son fourreau de velours; le roi de Navarre vous guette; il est à l'affût, il ne perd de vue ni vous ni votre frère; il a faim de votre trône. Attendez qu'il arrive un accident à celui qui est assis dessus, vous verrez si le chat maigre a des muscles élastiques, et si d'un seul bond il ne sautera pas, pour vous faire sentir sa griffe, de Pau à Paris; vous verrez, monseigneur, vous verrez.

— Un accident à celui qui est assis sur le trône? répéta lentement François en fixant ses yeux interrogateurs sur le duc de Guise.

— Eh! eh! fit Chicot, écoute Henri : ce Guise dit ou plutôt va dire des choses fort instructives et dont je te conseille de faire ton profit.

— Oui, monseigneur, répéta le duc de Guise. Un accident! Les accidents ne sont pas rares dans votre famille, vous le savez comme moi, et peut-être même mieux que moi. Tel prince est en bonne santé, qui tout à coup tombe en langueur; tel autre compte encore sur de longues années, qui n'a déjà plus que des heures à vivre.

— Entends-tu, Henri? entends-tu? dit Chicot en prenant la main du roi qui, frissonnante, se couvrait d'une sueur froide.

— Oui, c'est vrai, dit le duc d'Anjou d'une voix si sourde, que, pour l'entendre, le roi et Chicot furent forcés de redoubler d'attention, c'est vrai, les princes de ma maison naissent sous des influences fatales; mais mon frère Henri III est, Dieu merci! valide et sain : il a supporté autrefois les fatigues de la guerre, et il y a résisté : à plus forte raison résistera-t-il maintenant que sa vie n'est plus qu'une suite de récréations, récréations qu'il supporte aussi bien qu'il supporta autrefois la guerre.

— Oui, mais, monseigneur, souvenez-vous d'une chose, reprit le duc : c'est que les récréations auxquelles se livrent les rois en France ne sont pas toujours sans danger : comment est mort votre père, le roi Henri II par exemple, lui qui aussi avait échappé heureusement aux dangers de la guerre, dans une de ces récréations dont vous parlez? Le fer de la lance de Montgommery était une arme courtoise, c'est vrai, mais pour une cuirasse, et non pas pour un œil; aussi le roi Henri II est mort, et c'est là un accident, que je pense. Vous me direz que, quinze ans après cet accident, la reine mère a fait prendre M. de Montgommery, qui se croyait en plein bénéfice de prescription, et l'a fait décapiter. Cela est vrai, mais le roi n'en est pas moins mort. Quant à votre frère, le feu roi François, voyez comme sa faiblesse d'esprit lui a fait tort dans l'esprit des peuples; il est mort bien malheureusement aussi, ce digne prince. Vous l'avouerez, monseigneur, un mal d'oreille, qui diable prendrait cela pour un accident? C'en était un cependant, et des plus graves. Aussi ai-je plus d'une fois entendu dire au camp, par la ville et à la cour même, que cette maladie mortelle avait été versée dans l'oreille du roi François II par quelqu'un qu'on avait

grand tort d'appeler le hasard, attendu qu'il portait un autre nom très-connu.

— Duc! murmura François en rougissant.

— Oui, monseigneur, oui, continua le duc, le nom de roi porte malheur depuis quelque temps; qui dit *roi* dit *aventuré*. Voyez Antoine de Bourbon : c'est bien certainement ce nom de roi qui lui a valu dans l'épaule ce coup d'arquebuse, accident qui, pour tout autre qu'un roi, n'eût été nullement mortel, et à la suite duquel il est cependant mort. L'œil, l'oreille et l'épaule ont causé bien du deuil en France, et cela me rappelle même que votre M. de Bussy a fait de jolis vers à cette occasion.

— Quels vers? demanda Henri.

— Allons donc! fit Chicot; est-ce que tu ne les connais pas?

— Non.

— Mais tu serais donc décidément un vrai roi, que l'on te cache ces choses-là! Je vais te les dire, moi; écoute :

> Par l'oreille, l'épaule et l'œil,
> La France eut trois rois au cercueil.
> Par l'oreille, l'œil et l'épaule,
> Il mourut trois rois dans la Gaule...

Mais chut! chut! J'ai dans l'idée que ton frère va dire quelque chose de plus intéressant encore.

— Mais le dernier vers?

— Je te le dirai plus tard, quand M. de Bussy de son sixain aura fait un dizain.

— Que veux-tu dire?

— Je veux dire qu'il manque deux personnages au tableau de famille; mais écoute, M. de Guise va parler, et il ne les oubliera point, lui.

En effet, en ce moment le dialogue recommença.

— Sans compter, monseigneur, reprit le duc de Guise, que l'histoire de vos parents et de vos alliés n'est pas tout entière dans les vers de Bussy.

— Quand je te le disais, fit Chicot en poussant Henri du coude.

— Vous oubliez Jeanne d'Albret, la mère du Béarnais, qui est morte par le nez pour avoir respiré une paire de gants parfumés qu'elle achetait au pont Saint-Michel, chez le Florentin; accident bien inattendu, et qui surprit d'autant plus tout le monde, que l'on connaissait des gens qui, en ce moment-là, avaient bien besoin de cette mort. Nierez-vous, monseigneur, que cette mort vous ait fort surpris?

Le duc ne fit d'autre réponse qu'un mouvement de sourcil qui donna à son regard enfoncé une expression plus sombre encore.

— Et l'accident du roi Charles IX, que Votre Altesse oublie, dit le duc; en voilà un cependant qui mérite d'être relaté. Lui, ce n'est ni par l'œil, ni par l'oreille, ni par l'épaule, ni par le nez, que l'accident l'a saisi, c'est par la bouche.

— Plaît-il? s'écria François.

Et Henri III entendit retentir sur le parquet sonore le pas de son frère qui reculait d'épouvante.

— Oui, monseigneur, par la bouche, répéta Guise; c'est dangereux, les livres de chasse dont les pages sont collées les unes aux autres, et qu'on ne peut feuilleter qu'en portant son doigt à sa bouche à chaque instant; cela corrompt la salive, les vieux bouquins, et un homme, fût-ce un roi, ne va pas loin quand il a la salive corrompue.

— Duc! duc! répéta deux fois le prince, je crois qu'à plaisir vous forgez des crimes.

— Des crimes! demanda Guise; eh! qui donc vous parle de crimes? Monseigneur, je relate des accidents, voilà tout; des accidents, entendez-vous bien? Il n'a jamais été question d'autre chose que d'accidents. N'est-ce pas aussi un accident que cette aventure arrivée au roi Charles IX à la chasse?

— Tiens, dit Chicot, voilà du nouveau pour toi, qui es chasseur, Henri; écoute, écoute, ce doit être curieux.

— Je sais ce que c'est, dit Henri.

— Oui, mais je ne le sais pas, moi; je n'étais pas encore présenté à la cour; laisse-moi donc écouter, mon fils.

— Vous savez, monseigneur, de quelle chasse je veux parler? continua le prince lorrain; je veux parler de cette chasse où, dans la généreuse intention de tuer le sanglier qui revenait sur votre frère, vous fîtes feu avec une telle précipitation, qu'au lieu d'atteindre l'animal que vous visiez, vous atteignîtes celui que vous ne visiez pas. Ce coup d'arquebuse, monseigneur, prouve mieux que toute autre chose combien il faut se défier des accidents. A la cour, en effet, tout le monde connaît votre adresse, monseigneur. Jamais Votre Altesse ne manque son coup, et vous avez dû être bien étonné d'avoir manqué le vôtre, surtout lorsque la malveillance a propagé que cette chute du roi sous son cheval pouvait causer sa mort, si le roi de Navarre n'avait si heureusement mis à mort le sanglier que Votre Altesse avait manqué, elle.

— Eh bien, mais, dit le duc d'Anjou en es-

sayant de reprendre l'assurance que l'ironie du duc de Guise venait de battre si cruellement en brèche, quel intérêt avais-je donc à la mort du roi mon frère, puisque le successeur de Charles IX devait se nommer Henri III?

— Un instant, monseigneur, entendons-nous: il y avait déjà un trône vacant, celui de Pologne. La mort du roi Charles IX en laissait un autre, celui de France. Sans doute, je le sais bien, votre frère aîné eût incontestablement choisi le trône de France. Mais c'était encore un pis-aller fort désirable que le trône de Pologne; il y a bien des gens qui, à ce qu'on m'assure, ont ambitionné le pauvre petit trônelet du roi de Navarre. Puis, d'ailleurs, cela vous rapprochait toujours d'un degré, et c'était alors à vous que profitaient les accidents. Le roi Henri III est bien revenu de Varsovie en dix jours, pourquoi n'eussiez-vous pas fait, en cas d'accident toujours, ce qu'a fait le roi Henri III?

Henri III regarda Chicot, qui à son tour regarda le roi, non plus avec cette expression de malice et de sarcasme qu'on lisait d'ordinaire dans l'œil du fou, mais avec un intérêt presque tendre qui s'effaça presque aussitôt sur son visage bronzé par le soleil du Midi.

— Que concluez-vous, duc? demanda alors le duc d'Anjou, mettant ou plutôt essayant de mettre fin à cet entretien dans lequel venait de percer tout le mécontentement du duc de Guise.

— Monseigneur, je conclus que chaque roi a son accident, comme nous l'avons dit tout à l'heure. Or vous, vous êtes l'accident inévitable du roi Henri III, surtout si vous êtes chef de la Ligue, attendu qu'être chef de la Ligue, c'est presque être le roi du roi, sans compter qu'en vous faisant chef de la Ligue vous supprimez l'accident du règne prochain de Votre Altesse, c'est-à-dire le Béarnais.

— Prochain! l'entends-tu? s'écria Henri III.

— Ventre de biche! je le crois bien que j'entends! dit Chicot.

— Ainsi... dit le duc de Guise.

— Ainsi, répéta le duc d'Anjou, j'accepterai, c'est votre avis, n'est-ce pas?

— Comment donc! dit le prince lorrain, je vous en supplie d'accepter, monseigneur.

— Et vous, ce soir?

— Oh! soyez tranquille, depuis ce matin mes hommes sont en campagne, et ce soir Paris sera curieux.

— Que fait-on donc ce soir à Paris? demanda Henri.

— Comment! tu ne devines pas?

— Non.

— Oh! que tu es niais, mon fils! Ce soir on signe la Ligue, publiquement, s'entend, car il y a longtemps qu'on la signe et qu'on la ressigne en cachette; on n'attendait que ton aveu; tu l'as donné ce matin, et l'on signe ce soir, ventre de biche! Tu le vois, Henri, tes accidents, car tu en as deux, toi... — Tes accidents ne perdent pas de temps.

— C'est bien, dit le duc d'Anjou : à ce soir, duc.

— Oui, à ce soir, dit Henri.

— Comment, reprit Chicot, tu t'exposeras à courir les rues de la capitale ce soir, Henri?

— Sans doute.

— Tu as tort, Henri.

— Pourquoi cela?

— Gare les accidents!

— Je serai bien accompagné, sois tranquille; d'ailleurs, viens avec moi.

— Allons donc, tu me prends pour un huguenot, mon fils, non pas. Je suis bon catholique, moi, et je veux signer la Ligue, et cela plutôt dix fois qu'une, plutôt cent fois que dix.

Les voix du duc d'Anjou et du duc de Guise s'éteignirent.

— Encore un mot, dit le roi en arrêtant Chicot, qui tendait à s'éloigner : — Que penses-tu de tout ceci?

— Je pense que chacun des rois vos prédécesseurs ignorait son accident : Henri II n'avait pas prévu l'œil; François II n'avait pas prévu l'oreille; Antoine de Bourbon n'avait pas prévu l'épaule; Jeanne d'Albret n'avait pas prévu le nez; Charles IX n'avait pas prévu la bouche. Vous avez donc un grand avantage sur eux, maître Henri, car, ventre de biche! vous connaissez votre frère, n'est-ce pas, sire?

— Oui, dit Henri, et par la mordieu! avant peu on s'en apercevra.

CHAPITRE XV

LA SOIRÉE DE LA LIGUE.

aris, tel que nous le connaissons, n'a plus dans ses fêtes qu'un bruit plus ou moins grand, qu'une foule plus ou moins considérable; mais c'est toujours le même bruit; c'est toujours la même foule; le Paris d'autrefois avait plus que cela. Le coup d'œil était beau, à travers ces rues étroites, au pied de ces maisons à balcons, à poutrelles et à pignons, dont chacune avait son caractère, de voir les myriades de gens pressés qui se ruaient vers un même point, occupés en chemin de se regarder, de s'admirer, de se huer les uns les autres, à cause de l'étrangeté de celui-ci ou de celui-là. C'est qu'autrefois habits, armes, langage, geste, voix, allure, tout faisait un détail curieux, et ces mille détails assemblés sur un seul point composaient un tout des plus intéressants.

Or voilà ce qu'était Paris, à huit heures du soir, le jour où M. de Guise, après sa visite au roi et sa conversation avec M. le duc d'Anjou, imagina de faire signer la Ligue aux bourgeois de la bonne ville, capitale du royaume.

Une foule de bourgeois vêtus de leurs plus beaux habits, comme pour une fête, ou couverts de leurs plus belles armes, comme pour une revue ou un combat, se dirigeaient vers les églises : la contenance de tous ces hommes mus par un même sentiment, et marchant vers un même but, était à la fois joyeuse et menaçante, surtout lorsqu'ils passaient devant un poste de Suisses ou de chevau-légers. Cette contenance, et notamment les cris, les huées et les bravades qui l'accompagnaient, eussent donné de l'inquiétude à M. de Morvilliers, si ce magistrat n'eût connu ses bons Parisiens, gens railleurs et agaçants, mais incapables de faire du mal les premiers, à moins qu'un méchant ami ne les y pousse, ou qu'un ennemi imprudent ne les provoque.

Ce qui ajoutait encore au bruit que faisait cette foule, et surtout à la variété du coup d'œil qu'elle présentait, c'est que beaucoup de femmes, dédaignant de garder la maison pendant un si grand jour, avaient, de gré ou de force, suivi leurs maris ; quelques-unes avaient fait mieux encore : elles avaient amené la kyrielle de leurs enfants ; et c'était une chose curieuse à voir que ces marmots attelés aux monstrueux mousquets, aux sabres gigantesques ou aux terribles hallebardes de leurs pères. En effet, dans tous les temps, dans toutes les époques, dans tous les siècles, le gamin de Paris aima toujours à traîner une arme quand il ne pouvait pas encore la porter, ou à l'admirer chez autrui quand il ne peut pas la traîner lui-même.

De temps en temps un groupe, plus animé que les autres, faisait voir le jour aux vieilles épées en les tirant du fourreau : c'était surtout lorsqu'on passait devant quelque logis flairant son huguenot que cette démonstration hostile avait lieu. Alors les enfants criaient à tue-tête : « A la Saint-Barthélemy !... my ! my ! » tandis que les pères criaient : « Aux fagots les parpaillots ! aux fagots ! aux fagots ! »

Ces cris attiraient d'abord aux croisées quelque figure pâle de vieille servante ou de noir ministre, et causaient ensuite un bruit de verrous à la porte de la rue. Alors le bourgeois, heureux et fier d'avoir, comme le lièvre de la Fontaine, fait peur à plus poltron que soi, continuait son chemin triomphal et colportait en d'autres lieux sa bruyante et inoffensive menace.

Mais c'était rue de l'Arbre-Sec surtout que le rassemblement était le plus considérable. La rue était littéralement interceptée, et la foule se portait, pressée et tumultueuse, vers un falot brillant, suspendu au-dessous d'une enseigne, que bon nombre de nos lecteurs reconnaîtront quand nous leur dirons que cette enseigne représentait un poulet au naturel tournant sur fond d'azur, avec cette légende : A la Belle-Étoile.

Au seuil de ce logis, un homme remarquable par son bonnet de coton carré, selon la mode de l'époque, lequel recouvrait une tête parfaitement chauve, pérorait et argumentait. D'une main co

personnage brandissait une épée nue, et de l'autre il agitait un registre aux feuilles à demi couvertes déjà de signatures, en criant :

— Venez, venez, braves catholiques ; entrez à l'hôtellerie de la Belle-Étoile, où vous trouverez bon vin et bon visage ; venez, le moment est propice ; cette nuit, les bons seront séparés des méchants ; demain matin, l'on connaîtra le bon grain et l'on connaîtra l'ivraie ; venez, messieurs : vous qui savez écrire, venez et écrivez ; vous qui ne savez pas écrire, venez encore et confiez vos noms et vos prénoms, soit à moi maître la Hurière, soit à mon aide M. Croquentin.

En effet, M. Croquentin, jeune drôle du Périgord, vêtu de blanc comme Éliacin, et le corps entouré d'une corde dans laquelle un couteau et une écritoire se disputaient l'espace compris entre la dernière et l'avant-dernière côte, M. Croquentin, disons-nous, écrivait d'avance les noms de ses voisins, et en tête celui de son respectable patron, maître la Hurière.

— Messieurs, c'est pour la messe ! criait à tue-tête l'aubergiste de la Belle-Étoile ; messieurs, c'est pour la sainte religion !

— Vive la sainte religion, messieurs ! vive la messe ! Ah !...

Et il étranglait d'émotion et de lassitude, car cet enthousiasme durait depuis quatre heures de l'après-midi.

Il en résultait que beaucoup de gens, animés du même zèle, signaient sur le registre de maître la Hurière s'ils savaient écrire, et livraient leurs noms à Croquentin s'ils ne le savaient pas.

La chose était d'autant plus flatteuse pour la Hurière, que le voisinage de Saint-Germain-l'Auxerrois lui faisait une terrible concurrence, mais heureusement les fidèles étaient nombreux à cette époque, et les deux établissements, au lieu de se nuire, s'alimentaient : ceux qui n'avaient pas pu pénétrer dans l'église pour aller déposer leurs noms sur le maître-autel où l'on signait tâchaient de se glisser jusqu'aux tréteaux où la Hurière tenait son double secrétariat, et ceux qui avaient échoué au double secrétariat de la Hurière gardaient l'espérance d'être plus heureux à Saint-Germain-l'Auxerrois.

Quand le registre de la Hurière et celui de Croquentin furent pleins tous deux, le maître de la Belle-Étoile en fit incontinent demander deux autres, afin qu'il n'y eût aucune interruption dans les signatures, et les invitations recommencèrent de plus belle de la part de l'hôtelier et de son chef, fier de ce premier résultat, qui devait faire enfin à maître la Hurière, dans l'esprit de M. de Guise, la haute position à laquelle il aspirait depuis si longtemps.

Tandis que les signataires des nouveaux registres se livraient aux élans d'un zèle qui allait sans cesse s'augmentant, et refluaient, comme nous l'avons dit, d'une rue et même d'un quartier à l'autre, on vit arriver, à travers la foule, un homme de haute taille, lequel, se frayant un passage en distribuant bon nombre de bourrades et de coups de pieds, parvint jusqu'au registre de M. Croquentin.

Arrivé là, il prit la plume des mains d'un honnête bourgeois qui venait d'apposer sa signature ornée d'un parafe tremblotant, et traça son nom en lettres d'un demi-pouce sur une page toute blanche qui se trouva noire du coup, et sabrant un héroïque parafe enjolivé d'éclaboussure et tortillé comme le labyrinthe de Dédale, il passa la plume à un aspirant qui faisait queue derrière lui.

— Chicot! lut le futur signataire. Peste, voici un monsieur qui écrit superbement.

Chicot, car c'était lui, qui, n'ayant pas, comme nous l'avons vu, voulu accompagner Henri, courait la Ligue pour son propre compte. Chicot, après avoir fait acte de présence au registre de M. Croquentin, passa aussitôt à celui de maître la Hurière. Celui-ci avait vu la flamboyante signature, et il avait envié pour lui un si glorieux parafe. Chicot fut donc reçu, non pas à bras ouverts, mais à registre ouvert, et, prenant la plume d'un marchand de laine de la rue de Béthisy, il écrivit une seconde fois son nom avec une griffe cent fois plus magnifique encore que la première; après quoi il demanda à la Hurière s'il n'avait pas un troisième registre.

La Hurière n'entendait pas raillerie : c'était un mauvais hôte hors de son auberge. Il regarda Chicot de travers, Chicot le regarda en face. La Hurière murmura le nom de parpaillot; Chicot mâchonna celui de gargotier. La Hurière lâcha son registre pour porter la main à son épée; Chicot déposa la plume pour être à même de tirer la sienne du fourreau; enfin, selon toute probabilité, la scène allait se terminer par quelques estocades dont l'hôtelier de la Belle-Étoile eût, sans aucun doute, été le mauvais marchand, lorsque Chicot se sentit pincé au coude et se retourna.

Celui qui le pinçait, c'était le roi, déguisé en simple bourgeois, et ayant à ses côtés Quélus et Maugiron, déguisés comme lui, et portant, outre

leur rapière, chacun une arquebuse sur l'épaule.

— Eh bien! eh bien! dit le roi, qu'y a-t-il? de bons catholiques qui se disputent entre eux! par la mordieu! c'est d'un mauvais exemple.

— Mon gentilhomme, dit Chicot sans faire semblant de reconnaître Henri, prenez-vous-en à qui de droit; voilà un maraud qui braille après les passants pour qu'on signe sur son registre, et, quand on a signé, il braille plus haut encore.

L'attention de la Hurière fut détournée par de nouveaux amateurs, et une bousculade sépara de l'établissement du fanatique hôtelier Chicot, le roi et les mignons, qui se trouvèrent dominer l'assemblée, montés qu'ils étaient sur le seuil d'une porte.

— Quel feu! dit Henri, et qu'il fait bon ce soir pour la religion dans les rues de ma bonne ville!

— Oui, sire; mais il fait mauvais pour les hérétiques, et Votre Majesté sait qu'on la tient pour telle. Regardez à gauche encore, là, bien, que voyez-vous?

— Ah! ah! la large face de M. de Mayenne et le museau pointu du cardinal!

— Chut, sire; on joue à coup sûr quand on sait où sont nos ennemis et que nos ennemis ne savent point où nous sommes.

— Crois-tu donc que j'aie quelque chose à craindre?

— Eh, bon Dieu! dans une foule comme celle-ci, on ne peut répondre de rien. On a un couteau tout ouvert dans sa poche, ce couteau entre ingénument dans le ventre du voisin, sans savoir ce qu'il fait, par ignorance; le voisin pousse un juron et rend l'âme. Tournons d'un autre côté, sire.

— Ai-je été vu?

— Je ne crois pas; mais vous le serez indubitablement si vous restez plus longtemps ici.

— Vive la messe! vive la messe! cria un flot de peuple qui venait des halles et s'engouffrait, comme une marée qui monte, dans la rue de l'Arbre-Sec.

— Vive M. de Guise! vive le cardinal! vive M. de Mayenne! répondit la foule stationnant à la porte de la Hurière, laquelle venait de reconnaître les deux princes lorrains.

— Oh! oh! quels sont ces cris? dit Henri III en fronçant le sourcil.

— Ce sont des cris qui prouvent que chacun est bien à sa place et devrait y rester : M. de Guise dans les rues et vous au Louvre; allez au Louvre, sire, allez au Louvre.

— Viens-tu avec nous?

— Moi? oh! non pas! tu n'as pas besoin de moi, mon fils, tu as tes gardes du corps ordinaires. En avant, Quélus! en avant, Maugiron! Moi, je veux voir le spectacle jusqu'au bout. Je le trouve curieux, sinon amusant.

— Où vas-tu?

— Je vais mettre mon nom sur les autres registres. Je veux que demain il y ait mille autographes de moi qui courent les rues de Paris. Nous voilà sur le quai, bonsoir, mon fils; tire à droite, je tirerai à gauche; chacun son chemin; je cours à Saint-Merry entendre un fameux prédicateur.

— Oh! oh! qu'est-ce encore que ce bruit? dit tout à coup le roi, et pourquoi court-on ainsi du côté du pont Neuf?

Chicot se haussa sur la pointe des pieds, mais il ne put rien voir qu'une masse de peuple criant, hurlant, se bousculant, et qui paraissait porter quelqu'un ou quelque chose en triomphe.

Tout à coup les ondes du populaire s'ouvrirent au moment où le quai, en s'élargissant en face de la rue des Lavandières, permit à la foule de se répandre à droite et à gauche, et, comme le monstre apporté par le flot jusqu'aux pieds d'Hippolyte, un homme, qui semblait être le personnage principal de cette scène burlesque, fut poussé par ces vagues humaines jusqu'aux pieds du roi.

Cet homme était un moine monté sur un âne; le moine parlait et gesticulait.

L'âne brayait.

— Ventre de biche! dit Chicot, sitôt qu'il eut distingué l'homme et l'animal qui venaient d'entrer en scène l'un portant l'autre : je te parlais d'un fameux prédicateur qui prêchait à Saint-Merry; il n'est plus nécessaire d'aller si loin; écoute un peu celui-là.

— Un prédicateur à âne? dit Quélus.

— Pourquoi pas? mon fils.

— Mais c'est Silène! dit Maugiron.

— Lequel est le prédicateur? dit Henri, ils parlent tous deux en même temps.

— C'est celui du bas qui est le plus éloquent, dit Chicot; mais c'est celui du haut qui parle le mieux le français; écoute, Henri, écoute.

— Silence! cria-t-on de tous côtés, silence!

— Silence! cria Chicot d'une voix qui domina toutes les voix.

Chacun se tut. On fit cercle autour du moine et de l'âne. Le moine entama l'exorde :

— Mes frères, dit-il, Paris est une superbe ville; Paris est l'orgueil du royaume de France, et les Parisiens sont un peuple de gens spirituels, la chanson le dit.

Et le moine se mit à chanter à pleine gorge :

Parisien, mon bel ami,
Que tu sais de sciences!

Mais à ces mots, ou plutôt à cet air, l'âne mêla son accompagnement si haut et avec tant d'acharnement, qu'il coupa la parole à son cavalier.

Le peuple éclata de rire.

— Tais-toi, Panurge, tais-toi donc, cria le moine, tu parleras à ton tour; mais laisse-moi parler le premier.

L'âne se tut.

— Mes frères, continua le prédicateur, la terre est une vallée de douleur où l'homme, pour la plupart du temps, ne peut se désaltérer qu'avec ses larmes.

— Mais il est ivre mort! dit le roi.

— Parbleu! fit Chicot.

— Moi qui vous parle, continua le moine, tel que vous me voyez, je reviens d'exil comme les Hébreux, et depuis huit jours nous ne vivons que d'aumônes et de privations, Panurge et moi.

— Qu'est-ce que Panurge? demanda le roi.

— Le supérieur de son couvent, selon toute probabilité, dit Chicot. Mais laisse-moi écouter, le bonhomme me touche.

— Qui m'a valu cela, mes amis? C'est Hérodes. Vous savez de quel Hérodes je veux parler.

— Et toi aussi, mon fils, dit Chicot, je t'ai expliqué l'anagramme.

— Drôle!

— A qui parles-tu, à moi, au moine ou à l'âne?

— A tous les trois.

— Mes frères, continua le moine, voici mon âne que j'aime comme une brebis; il vous dira que nous sommes venus de Villeneuve-le-Roi ici en trois jours pour assister à la grande solennité de ce soir, et comment sommes-nous venus?

La bourse vide,
Le gosier sec.

Mais rien ne nous a coûté, à Panurge et à moi.

— Mais qui diable appelle-t-il donc Panurge?

demanda Henri, que ce nom pantagruélique préoccupait.

— Nous sommes **donc** venus, continua le moine, et nous sommes arrivés pour voir ce qui se passe; seulement, nous voyons, mais nous ne comprenons pas. Que se passe-t-il, mes frères? Est-ce aujourd'hui qu'on dépose Hérodes? est-ce aujourd'hui que l'on met frère Henri dans un couvent?

— Oh! oh! dit Quélus, j'ai bien envie de mettre cette grosse futaille en perce; qu'en dis-tu, Maugiron?

— Bah! dit Chicot, tu te fâches pour si peu, Quélus? Est-ce que le roi ne s'y met pas tous les jours, dans un couvent? Crois-moi donc, Henri, si on ne te fait que cela, tu n'auras pas à te plaindre, n'est-ce pas, Panurge?

L'âne, interpellé par son nom, dressa les oreilles et se mit à braire d'une façon terrible.

— Oh! Panurge; oh! dit le moine, avez-vous des passions? Messieurs, continua-t-il, je suis sorti de Paris avec deux compagnons de route : Panurge, qui est mon âne, et M. Chicot, qui est le fou de Sa Majesté. Messieurs, pouvez-vous me dire ce qu'est devenu mon ami Chicot?

Chicot fit la grimace.

— Ah! dit le roi, c'est ton ami?

Quélus et Maugiron éclatèrent de rire.

— Il est beau, continua le roi, ton ami, et respectable surtout; comment l'appelle-t-on?

— C'est Gorenflot, Henri; tu sais ce cher Gorenflot dont M. de Morvilliers t'a déjà touché deux mots.

— L'incendiaire de Sainte-Geneviève?

— Lui-même.

— En ce cas, je vais le faire pendre.

— Impossible!

— Pourquoi cela?

— Parce qu'il n'a pas de cou.

— Mes frères, continua Gorenflot, mes frères, vous voyez un véritable martyr. Mes frères, c'est ma cause que l'on défend en ce moment, ou plutôt c'est celle de tous les bons catholiques. Vous ne savez pas ce qui se passe en province et ce que brassent les huguenots. Nous avons été obligés d'en tuer un à Lyon qui prêchait la révolte. Tant qu'il en restera une seule couvée par toute la France, les bons cœurs n'auront pas un instant de tranquillité. Exterminons donc les huguenots. Aux armes, mes frères, aux armes!

Plusieurs voix répétèrent : Aux armes!

— Par la mordieu! dit le roi, fais taire ce soûlard, ou il va nous faire une seconde Saint-Barthélemy.

— Attends, attends, dit Chicot.

Et, prenant une sarbacane des mains de Quélus, il passa derrière le moine et lui allongea de toute sa force un coup de l'instrument creux et sonore sur l'omoplate.

— Au meurtre! cria le moine.

— Tiens! c'est toi! dit Chicot en passant sa tête sous le bras du moine; comment vas-tu, frocard?

— A mon aide, monsieur Chicot, à mon aide, s'écria Gorenflot, les ennemis de la foi veulent m'assassiner; mais je ne mourrai pas sans que ma voix se fasse entendre. Au feu les huguenots! aux fagots le Béarnais!

— Veux-tu te taire, animal!

— Au diable les Gascons! continua le moine.

En ce moment, un second coup, non pas de sarbacane, mais de bâton, tomba sur l'autre épaule de Gorenflot, qui, cette fois, poussa véritablement un cri de douleur.

Chicot, étonné, regarda autour de lui; mais il ne vit que le bâton. Le coup avait été détaché par un homme qui venait de se perdre dans la foule, après avoir administré cette correction volante à frère Gorenflot.

— Oh! oh! dit Chicot, qui diable nous venge ainsi? Serait-ce quelque enfant du pays? Il faut que je m'en assure.

Et il se mit à courir après l'homme au bâton, qui se glissait le long du quai, escorté d'un seul compagnon.

CHAPITRE XVI

LA RUE DE LA FERRONNERIE.

hicot avait de bonnes jambes, et il s'en fût servi avec avantage pour rejoindre l'homme qui venait de bâtonner Gorenflot, si quelque chose d'étrange dans la tournure de cet homme, et surtout dans celle de son compagnon, ne lui eût fait comprendre qu'il y avait danger à provoquer brusquement une reconnaissance qu'ils paraissaient vouloir éviter. En effet, les deux fuyards cherchaient visiblement à se perdre dans la foule, ne se détournant qu'aux angles des rues pour s'assurer qu'ils n'étaient pas suivis.

Chicot songea qu'il n'y avait pour lui qu'un moyen de n'avoir pas l'air de les suivre : c'était de les précéder. Tous deux regagnaient la rue Saint-Honoré par la rue de la Monnaie et la rue Tirechappe : au coin de cette dernière, il les dépassa, et, toujours courant, il alla s'embusquer au bout de la rue des Bourdonnais.

Les deux hommes remontaient la rue Saint-Honoré, longeant les maisons du côté de la halle au blé, et, le chapeau rabattu sur les sourcils, le manteau drapé jusqu'aux yeux, marchaient d'un pas pressé, et qui avait quelque chose de militaire, vers la rue de la Ferronnerie. Chicot continua de les précéder.

Au coin de la rue de la Ferronnerie, les deux hommes s'arrêtèrent de nouveau pour jeter un dernier regard autour d'eux.

Pendant ce temps, Chicot avait continué de gagner du terrain et était arrivé, lui, au milieu de la rue.

Au milieu de la rue, et en face d'une maison qui semblait prête à tomber en ruines, tant elle était vieille, stationnait une litière attelée de deux chevaux massifs. Chicot jeta un coup d'œil autour de lui, vit le conducteur endormi sur le de-

vant, une femme paraissant inquiète et collant son visage à la jalousie ; une illumination lui vint que la litière attendait les deux hommes ; il tourna derrière elle, et, protégé par son ombre combinée avec celle de la maison, il se glissa sous un large banc de pierre, lequel servait d'étalage aux marchands de légumes qui, deux fois par semaine, faisaient, à cette époque, un marché rue de la Ferronnerie.

A peine y était-il blotti, qu'il vit apparaître les deux hommes à la tête des chevaux, où de nouveau ils s'arrêtèrent inquiets ; un d'eux alors réveilla le cocher, et, comme il avait le sommeil dur, celui-là laissa échapper un *cap dé diou* des mieux accentués, tandis que l'autre, plus impatient encore, lui piquait le derrière avec la pointe de son poignard.

— Oh ! oh ! dit Chicot, je ne m'étais donc pas trompé : c'étaient des compatriotes ; cela ne m'étonne plus qu'ils aient si bien étrillé Gorenflot parce qu'il disait du mal des Gascons.

La jeune femme, reconnaissant à son tour les deux hommes pour ceux qu'elle attendait, se pencha rapidement hors de la portière de la lourde machine. Chicot alors l'aperçut plus distinctement : elle pouvait avoir de vingt à vingt-deux ans ; elle était fort belle et fort pâle ; et, s'il eût fait jour, à la moite vapeur qui humectait ses cheveux d'un blond doré et ses yeux cerclés de noir, à ses mains d'un blanc mat, à l'attitude languissante de tout son corps, on eût pu reconnaître qu'elle était en proie à un état de maladie dont ses fréquentes défaillances et l'arrondissement de sa taille eussent bien vite donné le secret.

Mais de tout cela Chicot ne vit que trois choses : c'est qu'elle était jeune, pâle et blonde.

Les deux hommes s'approchèrent de la litière, et se trouvèrent naturellement placés entre elle et le banc sous lequel Chicot s'était tapi.

Le plus grand des deux prit à deux mains la main blanche que la dame lui tendait par l'ouverture de la litière, et, posant le pied sur le marchepied et les deux bras sur la portière :

— Eh bien! ma mie, demanda-t-il à la dame, mon petit cœur, mon mignon, comment allons-nous?

La dame répondit en secouant la tête avec un triste sourire et en montrant son flacon de sels.

— Encore des faiblesses, ventre-saint-gris! Que je vous en voudrais d'être malade ainsi, mon cher amour, si je n'avais pas votre douce maladie à me reprocher!

— Et pourquoi diable aussi emmenez-vous madame à Paris? dit l'autre homme assez rudement : c'est une malédiction, par ma foi, qu'il faut que vous ayez toujours ainsi quelque jupe cousue à votre pourpoint.

— Eh! cher Agrippa, dit celui des deux hommes qui avait parlé le premier, et qui paraissait le mari ou l'amant de la dame, c'est une si grande douleur que de se séparer de ce qu'on aime!

Et il échangea avec la dame un regard plein d'amoureuse langueur.

— Cordioux! vous me damnez, sur mon âme, quand je vous entends parler, reprit l'aigre compagnon; êtes-vous donc venu à Paris pour faire l'amour, beau vert-galant? Il me semble cependant que le Béarn est assez grand pour vos promenades sentimentales, sans pousser ces promenades jusqu'à la Babylone où vous avez failli vingt fois nous faire éreinter ce soir. Retournez là-bas, si vous voulez mugueter aux rideaux des litières; mais ici, mordioux! ne faites d'autres intrigues que des intrigues politiques, mon maître.

Chicot, à ce mot de maître, eût bien voulu lever la tête; mais il ne pouvait guère, sans être vu, risquer un pareil mouvement.

— Laissez-le gronder, ma mie, et ne vous inquiétez point de ce qu'il dit. Je crois qu'il tomberait malade comme vous, et qu'il aurait, comme vous, des vapeurs et des défaillances s'il ne grondait plus.

— Mais au moins, ventre-saint-gris, comme vous dites, s'écria le marronneur, montez dans la litière, si vous voulez dire des tendresses à madame, et vous risquerez moins d'être reconnu qu'en vous tenant ainsi dans la rue.

— Tu as raison, Agrippa, dit le Gascon amoureux. Et vous voyez, ma mie, qu'il n'est pas de si mauvais conseil qu'il en a l'air. Là, faites-moi

place, mon mignon, si vous permettez toutefois que, ne pouvant me tenir à vos genoux, je m'asseye à vos côtés.

— Non-seulement je le permets, sire, répondit la jeune dame, mais je le désire ardemment.

— Sire, murmura Chicot, qui, emporté par un mouvement irréfléchi, voulait lever la tête et se la heurta douloureusement au banc de grès; sire! que dit-elle donc là?

Mais, pendant ce temps, l'amant heureux profitait de la permission donnée, et l'on entendait le plancher du chariot grincer sous un nouveau poids.

Puis le bruit d'un long et tendre baiser succéda au grincement.

— Mordioux! s'écria le compagnon demeuré en dehors de la litière, l'homme est en vérité un bien stupide animal.

— Je veux être pendu si j'y comprends quelque chose, murmura Chicot; mais attendons : tout vient à point pour qui sait attendre.

— Oh! que je suis heureux! continua, sans s'inquiéter le moins du monde des impatiences de son ami, auxquelles d'ailleurs il semblait depuis longtemps habitué, celui qu'on appelait sire; ventre-saint-gris, aujourd'hui est un beau jour. Voici mes bons Parisiens, qui m'exècrent de toute leur âme et qui me tueraient sans miséricorde s'ils savaient où me venir prendre pour cela; voici mes Parisiens qui travaillent de leur mieux à m'aplanir le chemin du trône, et j'ai dans mes bras la femme que j'aime. Où sommes-nous, d'Aubigné? je veux, quand je serai roi, faire élever, à cet endroit même, une statue au génie du Béarnais.

— Du Béarn...

Chicot s'arrêta; il venait de se faire une deuxième bosse juxtaposée à la première.

— Nous sommes dans la rue de la Ferronnerie, sire, et il n'y flaire pas bon, dit d'Aubigné, qui, toujours de mauvaise humeur, s'en prenait aux choses quand il était las de s'en prendre aux hommes.

— Il me semble, continua Henri, car nos lecteurs ont sans doute reconnu déjà le roi de Navarre; il me semble que j'embrasse clairement toute ma vie, que je me vois roi, que je me sens sur le trône, fort et puissant, mais peut-être moins aimé que je ne le suis à cette heure, et que mon regard plonge dans l'avenir jusqu'à l'heure de ma mort. Oh! mes amours, répétez-moi encore que vous m'aimez, car, à votre voix, mon cœur se fond.

Et le Béarnais, dans un sentiment de mélancolie qui parfois l'envahissait, laissa, avec un profond soupir, tomber sa tête sur l'épaule de sa maîtresse.

— Oh! mon Dieu! dit la jeune femme effrayée, vous trouvez-vous mal, sire?

— Bon! il ne manquerait plus que cela, dit d'Aubigné, beau soldat, beau général, beau roi qui s'évanouit.

— Non, ma mie, rassurez-vous, dit Henri, si je m'évanouissais près de vous, ce serait de bonheur.

— En vérité, sire, dit d'Aubigné, je ne sais pas pourquoi vous signez Henri de Navarre, vous devriez signer Ronsard ou Clément Marot. Cordioux! comment donc faites-vous si mauvais ménage avec madame Margot, étant tous deux si tendres à la poésie?

— Ah! d'Aubigné! par grâce, ne parle pas de ma femme. Ventre-sans-gris! tu sais le proverbe : si nous allions la rencontrer?

— Bien qu'elle soit en Navarre, n'est-ce pas? dit d'Aubigné.

— Ventre-saint-gris! est-ce que je n'y suis pas aussi, moi, en Navarre? est-ce que je ne suis pas censé y être, du moins? Tiens, Agrippa, tu m'as donné le frisson; monte et rentrons.

— Ma foi non, dit d'Aubigné, marchez, je vous suivrai par derrière; je vous gênerais, et, ce qui pis est, vous me gêneriez.

— Ferme donc la portière, ours du Béarn, et fais ce que tu voudras, dit Henri.

Puis, s'adressant au cocher :

— Lavarenne, où tu sais! dit-il.

La litière s'éloigna lentement, suivi de d'Aubigné, qui, tout en gourmandant l'ami, avait voulu veiller sur le roi.

Ce départ délivrait Chicot d'une appréhension terrible, car, après une telle conversation avec Henri, d'Aubigné n'était pas homme à laisser vivre l'imprudent qui l'aurait entendue.

— Voyons, dit Chicot tout en sortant à quatre pattes de dessous son banc, faut-il que le Valois sache ce qui vient de se passer?

Et Chicot se redressa pour rendre l'élasticité à ses longues jambes engourdies par la crampe.

— Et pourquoi le saurait-il? reprit le Gascon, continuant de se parler à lui-même; deux hommes qui se cachent et une femme enceinte! En vérité, ce serait lâche. Non, je ne dirai rien; et puis, que je sois instruit, moi, n'est-ce pas le point important, puisqu'au bout du compte c'est moi qui règne?

Et Chicot fit tout seul une joyeuse gambade.

— C'est joli, les amoureux! continua Chicot; mais d'Aubigné a raison : il aime trop souvent, pour un roi in partibus, ce cher Henri de Navarre. Il y a un an, c'était pour madame de Sauve qu'il revenait à Paris. Aujourd'hui, il s'y fait suivre par cette charmante petite créature qui a des défaillances. Qui diable cela peut-il être? la Fosseuse, probablement. Et puis, j'y songe, si Henri de Navarre est un prétendant sérieux, s'il aspire au trône véritablement, le pauvre garçon, il doit penser un peu à détruire son ennemi le Balafré, son ennemi le cardinal de Guise, et son ennemi ce cher duc de Mayenne. Eh bien! je l'aime, moi, le Béarnais, et je suis sûr qu'il jouera un jour ou l'autre quelque mauvais tour à cet affreux boucher lorrain. Décidément, je ne soufflerai pas le mot de ce que j'ai vu et entendu.

En ce moment, une bande de ligueurs ivres passa en criant : « Vive la messe, mort au Béarnais! au bûcher les huguenots! aux fagots les hérétiques! »

Cependant la litière tournait l'angle du mur du cimetière des Saints-Innocents et passait dans les profondeurs de la rue Saint-Denis.

— Voyons, dit Chicot, récapitulons : j'ai vu le cardinal de Guise, j'ai vu le duc de Mayenne, j'ai vu le roi Henri de Valois, j'ai vu le roi Henri de Navarre; un seul prince manque à ma collection, c'est le duc d'Anjou; cherchons-le jusqu'à ce que je le trouve. Voyons, où est mon François III? ventre de biche! j'ai soif de l'apercevoir, ce digne monarque.

Et Chicot reprit le chemin de l'église Saint-Germain-l'Auxerrois.

Chicot n'était pas le seul qui cherchât le duc d'Anjou et qui s'inquiétât de son absence; les Guise, eux aussi, le cherchaient de tous côtés, mais ils n'étaient pas plus heureux que Chicot. M. d'Anjou n'était pas homme à se hasarder imprudemment, et nous verrons plus tard quelles précautions le retenaient encore éloigné de ses amis.

Un instant, Chicot crut l'avoir trouvé; c'était dans la rue Béthisy; un groupe nombreux s'était formé à la porte d'un marchand de vins, et dans ce groupe Chicot reconnut M. de Monsoreau et le Balafré.

— Bon, dit-il, voici les remoras : le requin ne doit pas être loin.

Chicot se trompait. M. de Monsoreau et le Balafré étaient occupés à verser, à la porte d'un cabaret regorgeant d'ivrognes, force rasades à un orateur dont ils excitaient ainsi la balbutiante éloquence.

Cet orateur, c'était Gorenflot ivre mort. Gorenflot racontant son voyage de Lyon et son duel dans une auberge avec un effroyable suppôt de Calvin.

M. de Guise prêtait à ce récit, dans lequel il croyait reconnaître des coïncidences avec le silence de Nicolas David, l'attention la plus soutenue.

Au reste, la rue Béthisy était encombrée de monde; plusieurs gentilshommes ligueurs avaient attaché leurs chevaux à une espèce de rond-point assez commun dans la plupart des rues de cette époque. Chicot s'arrêta à l'extrémité du groupe qui fermait ce rond-point et tendit l'oreille.

Gorenflot, tourbillonnant, éclatant, culbutant incessamment, renversé de sa chaire vivante, et remis tant bien que mal en selle sur Panurge; Gorenflot ne parlant plus que par saccades, mais malheureusement parlant encore, était le jouet de l'insistance du duc et de l'adresse de M. de Monsoreau, qui tiraient de lui des bribes de raison et des fragments d'aveux.

Une pareille confession effraya le Gascon aux écoutes bien autrement que la présence du roi de Navarre à Paris. Il voyait venir le moment où Gorenflot laisserait échapper son nom, et ce nom pouvait éclaircir tout le mystère d'une lueur funeste. Chicot ne perdit pas de temps, il coupa ou dénoua les brides des chevaux qui se caressaient aux volets des boutiques du rond-point, et, donnant à deux ou trois d'entre eux de violents coups d'étrivières, il les lança au milieu de la foule, qui, devant leur galop et leur hennissement, s'ouvrit, rompue et dispersée.

Gorenflot eut peur pour Panurge, les gentilshommes eurent peur pour eux-mêmes; l'assemblée s'ouvrit, chacun se dispersa. Le cri : « Au feu! » retentit, répété par une douzaine de voix. Chicot passa comme une flèche au milieu des groupes, et, s'approchant de Gorenflot, tout en lui montrant une paire d'yeux flamboyants qui commencèrent à le dégriser, saisit Panurge par la bride, et, au lieu de suivre la foule, lui tourna le dos, de sorte que ce double mouvement, fait en sens contraire, laissa bientôt un notable espace entre Gorenflot et le duc de Guise, espace que remplit à l'instant même le noyau toujours grossissant des curieux accourus trop tard.

Alors Chicot entraîna le moine chancelant au fond du cul-de-sac formé par l'abside de l'église Saint-Germain-l'Auxerrois, et, l'adossant au mur, lui et Panurge, comme un statuaire eût fait d'un bas-relief qu'il eût voulu incruster dans la pierre:

— Ah! ivrogne! lui dit-il; ah! païen! ah! traître! ah! renégat! tu préféreras donc toujours un pot de vin à ton ami?

— Ah! monsieur Chicot! balbutia le moine.

— Comment! je te nourris, infâme! continua Chicot, je t'abreuve, je t'emplis les poches et l'estomac, et tu trahis ton seigneur!

— Ah! Chicot! dit le moine attendri.

— Tu racontes mes secrets, misérable!

— Cher ami!

— Tais-toi! tu n'es qu'un sycophante, et tu mérites un châtiment.

Le moine trapu, vigoureux, énorme, puissant comme un taureau, mais dompté par le repentir et surtout par le vin, vacillait sans se défendre, aux mains de Chicot, qui le secouait comme un ballon gonflé d'air.

Panurge seul protestait contre la violence faite à son ami par des coups de pieds qui n'atteignaient personne, et que Chicot lui rendait en coups de bâton.

— Un châtiment à moi! murmurait le moine; un châtiment à votre ami, cher monsieur Chicot!

— Oui, oui, un châtiment, dit Chicot, et tu vas le recevoir.

Et le bâton du Gascon passa pour un instant de la croupe de l'âne aux épaules larges et charnues du moine.

— Oh! si j'étais à jeun! fit Gorenflot avec un mouvement de colère.

— Tu me battrais, n'est-ce pas, ingrat? moi, ton ami?

— Vous, mon ami, monsieur Chicot! et vous m'assommez.

— Qui aime bien châtie bien.

— Arrachez-moi donc la vie tout de suite! s'écria Gorenflot.

— Je le devrais.

— Oh! si j'étais à jeun! répéta le moine avec un profond gémissement.

— Tu l'as déjà dit.

Et Chicot redoubla de preuves d'amitié envers le pauvre genovéfain, qui se mit à beugler de toutes ses forces.

— Allons, après le bœuf voici le veau. dit le Gascon. Çà, maintenant, qu'on se cramponne à Panurge et qu'on aille se coucher gentiment à la *Corne d'Abondance*.

— Je ne vois plus mon chemin, dit le moine, des yeux duquel coulaient de grosses larmes.

— Ah! dit Chicot, si tu pleurais le vin que tu as bu, cela au moins te dégriserait peut-être,

J A BEAUCE — LALY

Qui aime bien châtie bien. — Page 80.

Mais non, il va falloir encore que je te serve de guide.

Et Chicot se mit à tirer l'âne par la bride, tandis que le moine, se cramponnant des deux mains à la blatrière, faisait tous ses efforts pour conserver son centre de gravité.

Ils traversèrent ainsi le pont aux Meuniers, la rue Saint-Barthélemy, le Petit-Pont, et remontèrent la rue Saint-Jacques, le moine toujours pleurant, le Gascon toujours tirant.

Deux garçons, aides de maître Bonhomet,

descendirent, sur l'ordre de Chicot, le moine de son âne, et le conduisirent dans le cabinet que nos lecteurs connaissent déjà.

— C'est fait, dit maître Bonhomet en revenant.

— Il est couché? demanda Chicot.

— Il ronfle.

— A merveille! mais, comme il se réveillera un jour ou l'autre, rappelez-vous que je ne veux point qu'il sache comment il est revenu ici, pas un mot d'explication, il ne serait même pas mal qu'il crût n'en être pas sorti depuis la fameuse nuit où il a fait un si grand esclandre dans son couvent, et qu'il prît pour un rêve ce qui lui est arrivé dans l'intervalle.

— Il suffit, seigneur Chicot, répondit l'hôtelier; mais que lui est-il donc arrivé à ce pauvre moine?

— Un grand malheur; il paraît qu'à Lyon il s'est pris de querelle avec un envoyé de M. de Mayenne, et qu'il l'a tué.

— Oh! mon Dieu!... s'écria l'hôte, de sorte que...

— De sorte que M. de Mayenne a juré, à ce qu'il paraît, qu'il le ferait rouer vif ou qu'il y perdrait son nom, répondit Chicot.

— Soyez tranquille, dit Bonhomet, sous aucun prétexte il ne sortira d'ici.

— A la bonne heure; et maintenant, continua le Gascon rassuré sur Gorenflot, il faut absolument que je retrouve mon duc d'Anjou, cherchons.

Et il prit sa course vers l'hôtel de Sa Majesté François III.

CHAPITRE XVII

LE PRINCE ET L'AMI.

omme on l'a vu, Chicot avait vainement cherché le duc d'Anjou par les rues de Paris pendant la soirée de la Ligue.

Le duc de Guise, on se le rappelle, avait invité le prince à sortir: cette invitation avait inquiété l'ombrageuse altesse. François avait réfléchi, et, après réflexion, François dépassait le serpent en prudence.

Cependant, comme son intérêt à lui-même exigeait qu'il vît de ses propres yeux ce qui devait se passer ce soir-là, il se décida à accepter l'invitation, mais il prit en même temps la résolution de ne mettre le pied hors de son palais que bien et dûment accompagné.

De même que tout homme qui craint appelle une arme favorite à son secours, le duc alla chercher son épée, qui était Bussy d'Amboise.

Pour que le duc se décidât à cette démarche, il fallait que la peur le talonnât bien fort. Depuis sa déception à l'endroit de M. de Monsoreau, Bussy boudait, et François s'avouait à lui-même qu'à la place de Bussy, et en supposant qu'en

prenant sa place il eût en même temps pris son courage, il aurait témoigné plus que du dépit au prince qui l'eût trahi d'une si cruelle façon.

Au reste, Bussy, comme toutes les natures d'élite, sentait plus vivement la douleur que le plaisir: il est rare qu'un homme intrépide au danger, froid et calme en face du fer et du feu, ne succombe pas plus facilement qu'un lâche aux émotions d'une contrariété. Ceux que les femmes font pleurer le plus facilement, ce sont les hommes qui se font le plus craindre des hommes.

Bussy dormait, pour ainsi dire, dans sa douleur: il avait vu Diane reçue à la cour, reconnue comme comtesse de Monsoreau, admise par la reine Louise au rang de ses dames d'honneur; il avait vu mille regards curieux dévorer cette beauté sans rivale, qu'il avait pour ainsi dire découverte et tirée du tombeau où elle était ensevelie. Il avait, pendant toute une soirée, attaché ses yeux ardents sur la jeune femme qui ne levait point ses yeux appesantis; et, dans tout l'éclat de cette fête, Bussy, injuste comme tout homme qui aime véritablement, Bussy, oubliant le passé et détruisant lui-même dans son esprit tous les fantômes de bonheur que le passé y avait

fait naître, Bussy ne s'était pas demandé combien Diane devait souffrir de tenir ainsi ses yeux
baissés, elle qui pouvait, en face d'elle, apercevoir un visage voilé par une tristesse sympathi-
que, au milieu de toutes ces figures indifférentes
ou sottement curieuses.

— Oh! se dit Bussy à lui-même, en voyant
qu'il attendait inutilement un regard, les femmes
n'ont d'adresse et d'audace que lorsqu'il s'agit
de tromper un tuteur, un époux ou une mère;
elles sont gauches, elles sont lâches, lorsqu'il
s'agit de payer une dette de simple reconnaissance; elles ont tellement peur de paraître aimer,
elles attachent un prix si exagéré à leur moindre
faveur, que, pour désespérer celui qui prétend à
elles, elles ne regardent point, quand tel est leur
caprice, à lui briser le cœur. Diane pouvait me
dire franchement : « Merci de ce que vous avez
fait pour moi, monsieur de Bussy, mais je ne
vous aime pas. » J'eusse été tué du coup, ou j'en
eusse guéri. Mais non! elle me préfère, me laisse
l'aimer inutilement; mais elle n'y a rien gagné,
car je ne l'aime plus, je la méprise.

Et il s'éloigna du cercle royal, la rage dans le
cœur.

En ce moment, ce n'était plus cette noble figure que toutes les femmes regardaient avec
amour et tous les hommes avec terreur : c'était
un front terni, un œil faux, un sourire oblique.

Bussy, en sortant, se vit passer dans un grand
miroir de Venise et se trouva lui-même insup-
portable à voir.

— Mais je suis fou, dit-il; comment, pour une
personne qui me dédaigne, je me rendrais odieux
à cent qui me recherchent! Mais pourquoi me
dédaigne-t-elle, ou plutôt pour qui?

Est-ce pour ce long squelette à face livide,
qui, toujours planté à dix pas d'elle, la couve
sans cesse de son jaloux regard... et qui, lui
aussi, feint de ne pas me voir? Et dire cependant
que, si je le voulais, dans un quart d'heure, je
le tiendrais muet et glacé sous mon genou avec
dix pouces de mon épée dans le cœur; dire que,
si je le voulais, je pourrais jeter sur cette robe
blanche le sang de celui qui y a cousu ces fleurs;
dire que, si je le voulais, ne pouvant être aimé,
je serais au moins terrible et haï!

Oh! sa haine! sa haine! plutôt que son indifférence.

Oui, mais ce serait banal et mesquin : c'est ce
que feraient un Quélus et un Maugiron, si un
Quélus et un Maugiron savaient aimer. Mieux
vaut ressembler à ce héros de Plutarque que j'ai

tant admiré, à ce jeune Antiochus mourant d'a-
mour, sans risquer un aveu, sans proférer une
plainte. Oui, je me tairai! Oui, moi qui ai lutté
corps à corps avec tous les hommes effrayants de
ce siècle; moi qui ai vu Crillon, le brave Crillon
lui-même, désarmé devant moi, et qui ai tenu
sa vie à ma merci. Oui, j'éteindrai ma douleur et
l'étoufferai dans mon âme, comme a fait Hercule
du géant Antée, sans lui laisser toucher une
seule fois du pied l'Espérance, sa mère. Non,
rien ne m'est impossible à moi, Bussy, que,
comme Crillon, on a surnommé le brave, et tout
ce que les héros ont fait, je le ferai.

Et, sur ces mots, il déroidit la main convul-
sive avec laquelle il déchirait sa poitrine, il essuya la sueur de son front et marcha lentement
vers la porte; son poing allait frapper rudement
la tapisserie : il se commanda la patience et la
douceur, et il sortit, le sourire sur les lèvres et le
calme sur le front, avec un volcan dans le cœur.

Il est vrai que, sur sa route, il rencontra M. le
duc d'Anjou et détourna la tête, car il sentait
que toute sa fermeté d'âme ne pourrait aller
jusqu'à sourire, et même saluer le prince qui
l'appelait son ami et qui l'avait trahi si odieuse-
ment.

En passant, le prince prononça le nom de
Bussy, mais Bussy ne se détourna même point.

Bussy rentra chez lui. Il plaça son épée sur la
table, ôta son poignard de sa gaîne, dégrafa lui-
même pourpoint et manteau, et s'assit dans un
grand fauteuil en appuyant sa tête à l'écusson de
ses armes qui en ornait le dossier.

Ses gens le virent absorbé; ils crurent qu'il
voulait reposer, et s'éloignèrent. Bussy ne dormait pas : il rêvait.

Il passa de cette façon plusieurs heures sans
s'apercevoir qu'à l'autre bout de la chambre un
homme, assis comme lui, l'épiait curieusement,
sans faire un geste, sans prononcer un mot, attendant, selon toute probabilité, l'occasion d'entrer en relation, soit par un mot, soit par un
signe.

Enfin, un frisson glacial courut sur les épaules
de Bussy et fit vaciller ses yeux; l'observateur ne
bougea point.

Bientôt les dents du comte claquèrent les unes
contre les autres; ses bras se roidirent; sa tête,
devenue trop pesante, glissa le long du dossier
du fauteuil et tomba sur son épaule.

En ce moment, l'homme qui l'examinait se
leva de sa chaise en poussant un soupir, et s'approcha de lui.

— Monsieur le comte, dit-il, vous avez la fièvre.

Le comte leva son front qu'empourprait la chaleur de l'accès.

— Ah! c'est toi, Remy, dit-il.

— Oui, comte; je vous attendais ici.

— Ici, et pourquoi?

— Parce que là où l'on souffre on ne reste pas longtemps.

— Merci, mon ami, dit Bussy en prenant la main du jeune homme.

Remy garda entre les siennes cette main terrible, devenue plus faible que la main d'un enfant, et, la pressant avec affection et respect contre son cœur :

— Voyons, dit-il, il s'agit de savoir, monsieur le comte, si vous voulez demeurer ainsi : voulez-vous que la fièvre gagne et vous abatte? restez debout; voulez-vous la dompter? mettez-vous au lit, et faites-vous lire quelque beau livre où vous puissiez puiser l'exemple et la force.

Le comte n'avait plus rien à faire au monde qu'obéir; il obéit.

C'est donc en son lit que le trouvèrent tous les amis qui le vinrent visiter.

Pendant toute la journée du lendemain, Remy ne quitta point le chevet du comte; il avait la double attribution de médecin du corps et de médecin de l'âme; il avait des breuvages rafraîchissants pour l'un, il avait de douces paroles pour l'autre.

Mais le lendemain, qui était le jour où M. de Guise était venu au Louvre, Bussy regarda autour de lui, Remy n'y était point.

— Il s'est fatigué, pensa Bussy; c'est bien naturel! pauvre garçon, qui doit avoir tant besoin d'air, de soleil et de printemps! Et puis Gertrude l'attendait, sans doute; Gertrude n'est qu'une femme de chambre, mais elle l'aime... Une femme de chambre qui aime vaut mieux qu'une reine qui n'aime pas.

La journée se passa ainsi, Remy ne reparut pas; justement parce qu'il était absent, Bussy le désirait; il se sentait contre ce pauvre garçon de terribles mouvements d'impatience.

— Oh! murmura-t-il une fois ou deux, moi qui croyais encore à la reconnaissance et à l'amitié! Non, désormais je ne veux plus croire à rien.

Vers le soir, quand les rues commençaient à s'emplir de monde et de rumeurs, quand le jour déjà disparu ne permettait plus de distinguer les objets dans l'appartement, Bussy entendit des voix très-hautes et très-nombreuses dans son antichambre.

Un serviteur accourut alors tout effaré.

— Monseigneur le duc d'Anjou, dit-il.

— Fais entrer, répliqua Bussy en fronçant le sourcil à l'idée que son maître s'inquiétait de lui, ce maître dont il méprisait jusqu'à la politesse.

Le duc entra. La chambre de Bussy était sans lumière; les cœurs malades aiment l'obscurité, car ils peuplent l'obscurité de fantômes.

— Il fait trop sombre chez toi, Bussy, dit le duc; cela doit te chagriner.

Bussy garda le silence; le dégoût lui fermait la bouche.

— Es-tu donc malade gravement, continua le duc, que tu ne me réponds pas?

— Je suis fort malade, en effet, monseigneur, murmura Bussy.

— Alors, c'est pour cela que je ne t'ai point vu chez moi depuis deux jours? dit le duc.

— Oui, monseigneur, dit Bussy.

Le prince, piqué de ce laconisme, fit deux ou trois tours par la chambre en regardant les sculptures qui se détachaient dans l'ombre, et en maniant les étoffes.

— Tu es bien logé, Bussy, ce me semble du moins, dit le duc.

Bussy ne répondit pas.

— Messieurs, dit le duc à ses gentilshommes, demeurez dans la chambre à côté; il faut croire que, décidément, mon pauvre Bussy est bien malade. Çà, pourquoi n'a-t-on pas prévenu Miron? Le médecin d'un roi n'est pas trop bon pour Bussy.

Un serviteur de Bussy secoua la tête : le duc regarda ce mouvement.

— Voyons, Bussy, as-tu des chagrins? demanda le prince presque obséquieusement.

— Je ne sais pas, répondit le comte.

Le duc s'approcha, pareil à ces amants qu'on rebute, et qui, à mesure qu'on les rebute, deviennent plus souples et plus complaisants.

— Voyons! parle-moi donc, Bussy! dit-il.

— Eh! que vous dirai-je, monseigneur?

— Tu es fâché contre moi, hein? ajouta-t-il à voix basse.

— Moi, fâché, de quoi? D'ailleurs, on ne se fâche point contre les princes. A quoi cela servirait-il?

Le duc se tut.

— Mais, dit Bussy à son tour, nous perdons le temps en préambules. Allons au fait, monseigneur.

Croyez-vous que je pense que c'est par amitié que vous me venez voir? Non, pardieu,
car vous n'aimez personne.

Le duc regarda Bussy.

— Vous avez besoin de moi, n'est-ce pas? dit ce dernier avec une dureté incroyable.

— Ah! monsieur de Bussy!

— Eh! sans doute, vous avez besoin de moi, je le répète; croyez-vous que je pense que c'est par amitié, que vous me venez voir? Non, pardieu, car vous n'aimez personne.

— Oh! Bussy!... toi, me dire de pareilles choses!

— Voyons, finissons-en; parlez, monseigneur, que vous faut-il? Quand on appartient à un prince, quand ce prince dissimule au point de vous appeler mon ami, eh bien! il faut lui savoir gré de la dissimulation et lui faire tout sacrifice, même celui de la vie. Parlez.

Le duc rougit; mais, comme il était dans l'ombre, personne ne vit cette rougeur.

— Je ne voulais rien de toi, Bussy, et tu te trompes, dit-il, en croyant ma visite intéressée. Je désire seulement, voyant le beau temps qu'il fait, et tout Paris étant ému ce soir de la signature de la Ligue, t'avoir en ma compagnie pour courir un peu la ville.

Bussy regarda le duc.

— N'avez-vous pas Aurilly? dit-il.

— Un joueur de luth.

— Ah! monseigneur! vous ne lui donnez pas toutes ses qualités, je croyais qu'il remplissait encore près de vous d'autres fonctions. Et, en dehors d'Aurilly, d'ailleurs, vous avez encore dix ou douze gentilshommes dont j'entends les épées retentir sur les boiseries de mon antichambre.

La portière se souleva lentement.

— Qui est là? demanda le duc avec hauteur, et qui entre sans se faire annoncer dans la chambre où je suis?

— Moi, Remy, répondit le Haudoin en faisant une entrée majestueuse et nullement embarrassée.

— Qu'est-ce que Remy? demanda le duc.

— Remy, monseigneur, répondit le jeune homme, c'est le médecin.

— Remy, dit Bussy, c'est plus que le médecin, monseigneur, c'est l'ami.

— Ah! fit le duc blessé.

— Tu as entendu ce que monseigneur désire, demanda Bussy en s'apprêtant à sortir du lit.

— Oui, que vous l'accompagniez, mais...

— Mais quoi! dit le duc.

— Mais vous ne l'accompagnerez pas, monseigneur, répondit le Haudoin.

— Et pourquoi cela? s'écria François.

— Parce qu'il fait trop froid dehors, monseigneur.

— Trop froid? dit le duc surpris qu'on osât lui résister.

— Oui! trop froid. En conséquence, moi qui réponds de la santé de M. de Bussy à ses amis et à moi-même, je lui défends de sortir.

Bussy n'en allait pas moins sauter en bas du lit, mais la main de Remy rencontra la sienne et la lui serra d'une façon significative.

— C'est bon, dit le duc. Puisqu'il courrait si gros risque à sortir, il restera.

Et Son Altesse, piquée outre mesure, fit deux pas vers la porte.

Bussy ne bougea point.

Le duc revint vers le lit.

— Ainsi c'est décidé, dit-il, tu ne te risques point?

— Vous le voyez, monseigneur, dit Bussy, le médecin le défend.

— Tu devrais voir Miron, Bussy; c'est un grand docteur.

— Monseigneur, j'aime mieux un médecin ami qu'un médecin savant, dit Bussy.

— En ce cas, adieu!

— Adieu, monseigneur!

Et le duc sortit avec grand fracas.

A peine fut-il dehors, que Remy, qui l'avait suivi des yeux jusqu'à ce qu'il fût sorti de l'hôtel, accourut près du malade.

— Çà, dit-il, monseigneur, qu'on se lève, et tout de suite, s'il vous plaît.

— Pour quoi faire me lever?

— Pour venir faire un tour avec moi. Il fait trop chaud dans cette chambre.

— Mais tu disais tout à l'heure au duc qu'il faisait trop froid dehors!

— Depuis qu'il est sorti la température a changé.

— De sorte que... dit Bussy en se soulevant avec curiosité.

— De sorte qu'en ce moment, répondit le Haudoin, je suis convaincu que l'air vous serait bon.

— Je ne comprends pas, dit Bussy.

— Est-ce que vous comprenez quelque chose aux potions que je vous donne? vous les avalez cependant. Allons! sus! levons-nous : une promenade avec M. le duc d'Anjou était dangereuse, avec le médecin elle est salutaire; c'est moi qui vous le dis. N'avez-vous donc plus confiance en moi? alors il faut me renvoyer.

— Allons donc, dit Bussy, puisque tu le veux.

— Il le faut.

Bussy se leva pâle et tremblant.

— L'intéressante pâleur, dit Remy, le beau malade!

— Mais où allons-nous?

— Dans un quartier dont j'ai analysé l'air aujourd'hui même.

— Et cet air?

— Est souverain pour votre maladie, monseigneur.

Bussy s'habilla.

— Mon chapeau et mon épée! dit-il.

Il se coiffa de l'un et ceignit l'autre.

Puis tous deux sortirent.

CHAPITRE XVIII

ÉTYMOLOGIE DE LA RUE DE LA JUSSIENNE.

Remy prit son malade par-dessous le bras, tourna à gauche, prit la rue Coquillère et la suivit jusqu'au rempart.

— C'est étrange, dit Bussy, tu me conduis du côté des marais de la Grange-Batelière, et tu prétends que ce quartier est sain?

— Oh! monsieur! dit Remy, un peu de patience, nous allons tourner autour de la rue Pagevin, nous allons laisser à droite la rue Breneuse, et nous allons rentrer dans la rue Montmartre; vous verrez la belle rue que la rue Montmartre!

— Crois-tu donc que je ne la connais pas?

— Eh bien! alors, si vous la connaissez, tant mieux! je n'aurai pas besoin de perdre du temps à vous en faire voir les beautés, et je vous conduirai tout de suite dans une petite jolie rue. Venez toujours, je ne vous dis que cela.

Et, en effet, après avoir laissé la porte Montmartre à gauche et avoir fait deux cents pas, à peu près, dans la rue, Remy tourna à droite.

— Ah çà! mais tu le fais exprès, s'écria Bussy; nous retournons d'où nous venons.

— Ceci, dit Remy, est la rue de la Gypecienne, ou de l'Égyptienne, comme vous voudrez, rue que le peuple commence déjà à nommer la rue de la Gyssienne, et qu'il finira par appeler, avant peu, la rue de la Jussienne, parce que c'est plus doux, et que le génie des langues tend toujours, à mesure qu'on s'avance vers le Midi, à multiplier les voyelles. Vous devez savoir cela, vous, monseigneur, qui avez été en Pologne; les coquins n'en sont-ils pas encore à leurs quatre consonnes de suite, ce qui fait qu'ils ont l'air, en

parlant, de broyer de petits cailloux et de jurer en les broyant?

— C'est très-juste, dit Bussy; mais comme je ne crois pas que nous soyons venus ici pour faire un cours de phylologie, voyons, dis-moi! où allons-nous?

— Voyez-vous cette petite église? dit Remy sans répondre autrement à ce que lui disait Bussy. Heim! monseigneur! comme elle est fièrement campée, avec sa façade sur la rue et son abside sur le jardin de la communauté! Je parie que vous ne l'avez, jusqu'à ce jour, jamais remarquée?

— En effet, dit Bussy, je ne la connaissais pas.

Et Bussy n'était pas le seul seigneur qui ne fût jamais entré dans cette église de Sainte-Marie-l'Égyptienne, église toute populaire, et qui était connue aussi des fidèles qui la fréquentaient sous le nom de chapelle Quoqhéron.

— Eh bien! dit Remy, maintenant que vous savez comment s'appelle cette église, monseigneur, et que vous en avez suffisamment examiné l'extérieur, entrons-y, et vous verrez les vitraux de la nef : ils sont curieux.

Bussy regarda le Haudoin, et il vit sur le visage du jeune homme un si doux sourire, qu'il comprit que le jeune docteur avait, en le faisant entrer dans l'église, un autre but que celui de lui faire voir des vitraux qu'on ne pouvait voir, attendu qu'il faisait nuit.

Mais il y avait autre chose encore que l'on pouvait voir, car l'intérieur de l'église était éclairé pour l'office du Salut : c'était ces naïves peintures du seizième siècle, comme l'Italie, grâce à son beau climat, en garde encore beaucoup, tandis que, chez nous, l'humidité d'un côté, et le vandalisme de l'autre, ont effacé, à qui mieux mieux,

Vous pouvez regarder cet entretien comme le dernier. Demain je pars pour Méridor.
Page 91.

sur nos murailles, ces traditions d'un âge écoulé, et ces preuves d'une foi qui n'est plus.

En effet, le peintre avait peint à fresque, pour François Ier et par les ordres de ce roi, la vie de sainte Marie l'Egyptienne; or, au nombre des sujets les plus intéressants de cette vie, l'artiste imagier, naïf et grand ami de la vérité, sinon anatomique, du moins historique, avait, dans l'endroit le plus apparent de la chapelle, placé ce moment difficile où, sainte Marie, n'ayant point d'argent pour payer le batelier, s'offre elle-même comme salaire de son passage.

Maintenant, il est juste de dire que, malgré la vénération des fidèles pour Marie l'Égyptienne convertie, beaucoup d'honnêtes femmes du quartier trouvaient que le peintre aurait pu mettre ailleurs ce sujet, ou tout au moins le traiter d'une façon moins naïve, et la raison qu'elles donnaient, ou plutôt qu'elles ne donnaient point, était que certains détails de la fresque détournaient trop souvent la vue des jeunes courtauds de boutique que les drapiers, leurs patrons, amenaient à l'église les dimanches et fêtes.

Bussy regarda le Haudoin, qui, devenu cou-

taud pour un instant, donnait une grande attention à cette peinture.

— As-tu la prétention, lui dit-il, de faire
naître en moi des idées anacréontiques, avec ta
chapelle de Sainte-Marie-l'Égyptienne? S'il en est
ainsi, tu t'es trompé d'espèce. Il faut amener ici
des moines et des écoliers.

— Dieu m'en garde, dit le Haudoin : *Omnis
cogitatio libidinosa cerebrum inficit.*

— Eh bien, alors?

— Dame! écoutez donc, on ne peut cependant
pas se crever les yeux quand on entre ici.

— Voyons, tu avais un autre but, en m'ame-
nant ici, n'est-ce pas, que de me faire voir les
genoux de sainte Marie l'Égyptienne?

— Ma foi, non, dit Remy.

— Alors, j'ai vu, partons.

— Patience! voici que l'office s'achève. En
sortant maintenant nous dérangerions les fidèles.

Et le Haudoin retint doucement Bussy par le
bras.

— Ah! voilà que chacun se retire, dit Remy.
faisons comme les autres, s'il vous plaît.

Bussy se dirigea vers la porte avec une indifférence et une distraction visibles.

— Eh bien, dit le Haudoin, voilà que vous
allez sortir sans prendre de l'eau bénite. Où diable
avez-vous donc la tête?

Bussy, obéissant comme un enfant, s'achemina
vers la colonne dans laquelle était incrusté le
bénitier.

Le Haudoin profita de ce mouvement pour
faire un signe d'intelligence à une femme qui,
sur le signe du jeune docteur, s'achemina de son
côté vers la même colonne où tendait Bussy.

Aussi, au moment où le comte portait la main
vers le bénitier en forme de coquille, que soute-
naient deux Égyptiens en marbre noir, une main
un peu grosse et un peu rouge, qui cependant
était une main de femme, s'allongea vers la sienne
et humecta ses doigts de l'eau lustrale.

Bussy ne put s'empêcher de porter ses yeux
de la main grosse et rouge au visage de la femme;
mais, à l'instant même, il recula d'un pas et pâlit
subitement, car il venait de reconnaître, dans la
propriétaire de cette main, Gertrude, à moitié
cachée sous un voile de laine noir.

Il resta le bras étendu, sans songer à faire le
signe de la croix, tandis que Gertrude passait en
le saluant et profilait sa haute taille sous le porche
de la petite église.

A deux pas derrière Gertrude, dont les coudes
robustes faisaient faire place, venait une femme

soigneusement enveloppée dans un mantelet de
soie, une femme dont les formes élégantes et
jeunes, dont le pied charmant, dont la taille délicate, firent songer à Bussy qu'il n'y avait au
monde qu'une taille, qu'un pied, qu'une forme
semblables.

Remy n'eut rien à lui dire, il le regarda seulement; Bussy comprenait maintenant pourquoi
le jeune homme l'avait amené rue Sainte-Marie-
l'Égyptienne et l'avait fait entrer dans l'église.

Bussy suivit cette femme, le Haudoin suivit
Bussy.

C'eût été une chose amusante que cette procession de quatre figures se suivant d'un pas
égal, si la tristesse et la pâleur de deux d'entre
elles n'eussent pas décelé de cruelles souffrances.

Gertrude, toujours marchant la première,
tourna l'angle de la rue Montmartre, fit quelques
pas en suivant cette rue, puis tout à coup se jeta
à droite dans une impasse sur laquelle s'ouvrait
une porte.

Bussy hésita.

— Eh bien, monsieur le comte, demanda
Remy, vous voulez donc que je vous marche sur
les talons?

Bussy continua sa route.

Gertrude, qui marchait toujours la première,
tira une clef de sa poche, et fit entrer sa maîtresse,
qui passa devant elle sans retourner la tête.

Le Haudoin dit deux mots à la cameriste, s'effaça et laissa passer Bussy; puis Gertrude et lui
entrèrent de front, refermèrent la porte, et l'impasse se retrouva déserte.

Il était sept heures et demie du soir, on allait
atteindre les premiers jours de mai; à l'air tiède
qui indiquait les premières haleines du printemps, les feuilles commençaient à se développer
au sein de leurs enveloppes crevassées.

Bussy regarda autour de lui : il se trouvait
dans un petit jardin de cinquante pieds carrés,
entouré de murs très-hauts, sur le sommet desquels la vigne vierge et le lierre, élançant leurs
pousses nouvelles, faisaient ébouler, de temps à
autre, quelques petites parcelles de plâtre, et
jetaient à la brise ce parfum âcre et vigoureux
que le frais du soir arrache à leurs feuilles.

De longues ravenelles, joyeusement élancées
hors des crevasses du vieux mur de l'église, épa-
nouissaient leurs boutons rouges comme un cui-
vre sans alliage.

Enfin, les premiers lilas, éclos au soleil de la
matinée, venaient, de leurs suaves émanations,
ébranler le cerveau encore vacillant du jeune

homme, qui se demandait si tant de parfums, de chaleur et de vie ne lui venaient pas à lui, si seul, si faible, si abandonné il y avait une heure à peine, ne lui venaient pas uniquement de la présence d'une femme si tendrement aimée.

Sous un berceau de jasmin et de clématite, sur un petit banc de bois adossé au mur de l'église, Diane s'était assise, le front penché, les mains inertes et tombant à ses côtés, et l'on voyait s'effeuiller, froissée entre ses doigts, une giroflée qu'elle brisait sans s'en douter et dont elle éparpillait les fleurs sur le sable.

A ce moment, un rossignol, caché dans un marronnier voisin, commença sa longue et mélancolique chanson, brodée de temps en temps de notes éclatantes comme des fusées.

Bussy était seul dans ce jardin avec madame de Monsoreau, car Remy et Gertrude se tenaient à distance : il s'approcha d'elle; Diane leva la tête.

— Monsieur le comte, dit-elle d'une voix timide, tout détour serait indigne de nous : si vous m'avez trouvée tout à l'heure à l'église Sainte-Marie-l'Égyptienne, ce n'est point le hasard qui vous y a conduit.

— Non, madame, dit Bussy, c'est le Haudoin qui m'a fait sortir sans me dire dans quel but, et je vous jure que j'ignorais...

— Vous vous trompez au sens de mes paroles, monsieur, dit tristement Diane. Oui, je sais bien que c'est M. Remy qui vous a conduit à l'église, et de force peut-être?

— Madame, dit Bussy, ce n'est point de force... Je ne savais pas que j'y devais voir...

— Voilà une dure parole, monsieur le comte, murmura Diane en secouant la tête et en levant sur Bussy un regard humide. Avez-vous l'intention de me faire comprendre que, si vous eussiez connu le secret de Remy, vous ne l'eussiez point accompagné?

— Oh! madame!

— C'est naturel, c'est juste, monsieur, vous m'avez rendu un service signalé, et je ne vous ai point encore remercié de votre courtoisie. Pardonnez-moi, et agréez toutes mes actions de grâces.

— Madame...

Bussy s'arrêta; il était tellement étourdi, qu'il n'avait à son service ni paroles ni idées.

— Mais j'ai voulu vous prouver, moi, continua Diane en s'animant, que je ne suis pas une femme ingrate ni un cœur sans mémoire. C'est moi qui ai prié M. Remy de me procurer l'honneur de votre entretien; c'est moi qui ai indiqué ce rendez-vous : pardonnez-moi si je vous ai déplu.

Bussy appuya une main sur son cœur.

— Oh! madame, dit-il, vous ne le pensez pas.

Les idées commençaient à revenir à ce pauvre cœur brisé, et il lui semblait que cette douce brise du soir qui lui apportait de si doux parfums et de si tendres paroles lui enlevait en même temps un nuage de dessus les yeux.

— Je sais, continua Diane, qui était la plus forte, parce que depuis longtemps elle était préparée à cette entrevue, je sais combien vous avez eu de mal à faire ma commission. Je connais toute votre délicatesse. Je vous connais et vous apprécie, croyez-le bien. Jugez donc ce que j'ai dû souffrir à l'idée que vous méconnaîtriez les sentiments de mon cœur.

— Madame, dit Bussy, depuis trois jours je suis malade.

— Oui, je le sais, répondit Diane avec une rougeur qui trahissait tout l'intérêt qu'elle prenait à cette maladie, et je souffrais plus que vous, car M. Remy, — il me trompait sans doute, — M. Remy me laissait croire...

— Que votre oubli causait ma souffrance. Oh! c'est vrai.

— Donc, j'ai dû faire ce que je fais, comte, reprit madame de Monsoreau. Je vous vois, je vous remercie de vos soins obligeants, et vous en jure une reconnaissance éternelle... Maintenant croyez que je parle du fond du cœur.

Bussy secoua tristement la tête et ne répondit pas.

— Doutez-vous de mes paroles? reprit Diane.

— Madame, répondit Bussy, les gens qui ont de l'amitié pour quelqu'un témoignent cette amitié comme ils peuvent : vous me saviez au palais le soir de votre présentation à la cour; vous me saviez devant vous, vous deviez sentir mon regard peser sur toute votre personne, et vous n'avez pas seulement levé les yeux sur moi; vous ne m'avez pas fait comprendre, par un mot, par un geste, par un signe, que vous saviez que j'étais là; après cela, j'ai tort, madame; peut-être ne m'avez-vous pas reconnu, vous ne m'aviez vu que deux fois.

Diane répondit par un regard de si triste reproche, que Bussy en fut remué jusqu'au fond des entrailles.

— Pardon, madame, pardon, dit-il; vous n'êtes point une femme comme toutes les autres, et cependant vous agissez comme les femmes vulgaires; ce mariage?

— Ne savez-vous pas comment j'ai été forcée à le conclure ?

— Oui, mais il était facile à rompre.

— Impossible, au contraire.

— Mais rien ne vous avertissait donc que, près de vous, veillait un homme dévoué ?

Diane baissa les yeux.

— C'était cela surtout qui me faisait peur, dit-elle.

— Et voilà à quelles considérations vous m'avez sacrifié. Oh ! songez à ce que m'est la vie depuis que vous appartenez à un autre.

— Monsieur, dit la comtesse avec dignité, une femme ne change point de nom sans qu'il n'en résulte un grand dommage pour son honneur, lorsque deux hommes vivent, qui portent, l'un le nom qu'elle a quitté, l'autre le nom qu'elle a pris.

— Toujours est-il que vous avez gardé le nom de Monsoreau par préférence.

— Le croyez-vous? balbutia Diane. Tant mieux !

Et ses yeux se remplirent de larmes.

Bussy, qui la vit laisser retomber sa tête sur sa poitrine, marcha avec agitation devant elle.

— Enfin, dit Bussy, me voilà redevenu ce que j'étais, madame, c'est-à-dire un étranger pour vous.

— Hélas ! fit Diane.

— Votre silence le dit assez.

— Je ne puis parler que par mon silence.

— Votre silence, madame, est la suite de votre accueil du Louvre. Au Louvre, vous ne me voyiez pas; ici vous ne me parlez pas.

— Au Louvre, j'étais en présence de M. de Monsoreau. M. de Monsoreau me regardait, et il est jaloux.

— Jaloux ! Eh ! que lui faut-il donc, mon Dieu ! quel bonheur peut-il envier, quand tout le monde envie son bonheur?

— Je vous dis qu'il est jaloux, monsieur; depuis quelques jours il a vu rôder quelqu'un autour de notre nouvelle demeure.

— Vous avez donc quitté la petite maison de la rue Saint-Antoine?

— Comment! s'écria Diane emportée par un mouvement irréfléchi, cet homme, ce n'était donc pas vous?

— Madame, depuis que votre mariage a été annoncé publiquement, depuis que vous avez été présentée, depuis cette soirée du Louvre, enfin, où vous n'avez pas daigné me regarder, je suis couché; la fièvre me dévore, je me meurs; vous

voyez que votre mari ne saurait être jaloux de moi, du moins, puisque ce n'est pas moi qu'il a pu voir autour de votre maison.

— Eh bien, monsieur le comte, s'il est vrai, comme vous me l'avez dit, que vous eussiez quelque désir de me revoir, remerciez cet homme inconnu; car, connaissant M. de Monsoreau comme je le connais, cet homme m'a fait trembler pour vous, et j'ai voulu vous voir pour vous dire : « Ne vous exposez pas ainsi, monsieur le comte, ne me rendez pas plus malheureuse que je ne le suis. »

— Rassurez-vous, madame; je vous le répète, ce n'était pas moi.

— Maintenant, laissez-moi achever tout ce que j'avais à vous dire. Dans la crainte de cet homme, que nous ne connaissons pas, mais que M. de Monsoreau connaît peut-être, dans la crainte de cet homme, il exige que je quitte Paris; de sorte que, ajouta Diane en tendant la main à Bussy, de sorte que, monsieur le comte, vous pouvez regarder cet entretien comme le dernier... Demain je pars pour Méridor.

— Vous partez, madame! s'écria Bussy.

— Il n'est que ce moyen de rassurer M. de Monsoreau, dit Diane; il n'est que ce moyen de retrouver ma tranquillité. D'ailleurs, de mon côté, je déteste Paris; je déteste le monde, la cour, le Louvre. Je suis heureuse de m'isoler avec mes souvenirs de jeune fille; il me semble qu'en repassant par le sentier de mes jeunes années, un peu de mon bonheur d'autrefois retombera sur ma tête comme une douce rosée. Mon père m'accompagne. Je vais retrouver là-bas M. et madame de Saint-Luc, qui regrettent de ne pas m'avoir près d'eux. Adieu, monsieur de Bussy.

Bussy cacha son visage entre ses deux mains.

— Allons, murmura-t-il, tout est fini pour moi.

— Que dites-vous là? s'écria Diane en se levant.

— Je dis, madame, que cet homme qui vous exile, que cet homme qui m'enlève le seul espoir qui me restait, c'est-à-dire celui de respirer le même air que vous, de vous entrevoir derrière une jalousie, de toucher votre robe en passant, d'adorer enfin un être vivant et non pas une ombre, je dis, je dis que cet homme est mon ennemi mortel, et que, dussé-je y périr, je détruirai cet homme de mes mains.

— Oh! monsieur le comte!

— Le misérable! s'écria Bussy; comment! ce n'est point assez pour lui de vous avoir pour femme, vous, la plus belle et la plus chaste des créatures; il est encore jaloux! Jaloux! monstre ridicule et dévorant : il absorberait le monde.

— Oh! calmez-vous, comte, calmez-vous, mon Dieu!... il est excusable, peut-être.

— Il est excusable! c'est vous qui le défendez, madame!

— Oh! si vous saviez! dit Diane en couvrant son visage de ses deux mains, comme si elle eût craint que, malgré l'obscurité, Bussy n'en distinguât la rougeur.

— Si je savais? répéta Bussy. Eh! madame, je sais une chose, c'est qu'on a tort de penser au reste du monde quand on est votre mari.

— Mais, dit Diane d'une voix entrecoupée, sourde, ardente; mais, si vous vous trompiez, monsieur le comte, s'il ne l'était pas!

Et la jeune femme, à ces paroles, effleurant de sa main froide les mains brûlantes de Bussy, se leva et s'enfuit, légère comme une ombre, dans les détours sombres du petit jardin, saisit le bras de Gertrude et disparut en l'entraînant, avant que Bussy, ivre, insensé, radieux, eût seulement essayé d'étendre les bras pour le retenir.

Il poussa un cri, et se leva chancelant.

Remy arriva juste pour le retenir dans ses bras et le faire asseoir sur le banc que Diane venait de quitter.

CHAPITRE XIX

COMMENT D'ÉPERNON EUT SON POURPOINT DÉCHIRÉ, ET COMMENT SCHOMBERG FUT TEINT EN BLEU.

Tandis que maître la Hurière entassait signatures sur signatures, tandis que Chicot consignait Gorenflot à la Corne-d'Abondance, tandis que Bussy revenait à la vie, dans ce bienheureux petit jardin tout plein de parfums, de chants et d'amour, Henri, sombre de tout ce qu'il avait vu par la ville, irrité des prédications qu'il avait entendues dans les églises, furieux des saluts mystérieux recueillis par son frère d'Anjou, qu'il avait vu passer devant lui dans la rue Saint-Honoré, accompagné de M. de Guise et de M. de Mayenne, avec tout une suite de gentilshommes que semblait commander M. de Monsoreau, Henri, disons-nous, était rentré au Louvre en compagnie de Maugiron et de Quélus.

Le roi, selon son habitude, était sorti avec ses quatre amis; mais, à quelques pas du Louvre, Schomberg et d'Épernon, ennuyés de voir Henri soucieux, et comptant qu'au milieu d'un pareil remue-ménage il y avait des chances pour le plaisir et les aventures, Schomberg et d'Épernon avaient profité de la première bousculade pour disparaître au coin de la rue de l'Astruce, et, tandis que le roi et ses deux amis continuaient leur promenade par le quai, ils s'étaient laissé emporter par la rue d'Orléans.

Ils n'avaient pas fait cent pas, que chacun avait déjà son affaire. D'Épernon avait passé sa sarbacane entre les jambes d'un bourgeois qui courait, et qui s'en était allé du coup rouler à dix pas, et Schomberg avait enlevé la coiffe d'une femme qu'il avait cru laide et vieille, et qui s'était trouvée, par fortune, jeune et jolie.

Mais tous deux avaient mal choisi leur jour pour s'attaquer à ces bons Parisiens, d'ordinaire si patients; il courait par les rues cette fièvre de révolte qui bat quelquefois tout à coup des ailes dans les murs des capitales : le bourgeois culbuté s'était relevé et avait crié : « Au parpaillot ! » C'était un zélé, on le crut, et on s'élança vers d'Épernon; la femme décoiffée avait crié : « Au mignon ! » ce qui était bien pis; et son mari, qui était un teinturier, avait lâché sur Schomberg ses apprentis.

Schomberg était brave; il s'arrêta, voulut parler haut, et mit la main à son épée.

D'Épernon était prudent, il s'enfuit.

Henri ne s'était plus occupé de ses deux mignons, il les connaissait pour avoir l'habitude de se tirer d'affaire tous deux : l'un, grâce à ses jambes, l'autre, grâce à ses bras; il avait donc fait sa tournée comme nous avons vu, et, sa tournée faite, il était revenu au Louvre.

Il était rentré dans son cabinet d'armes, et, assis sur son grand fauteuil, il tremblait d'impatience, cherchant un bon sujet de se mettre en colère.

Maugiron jouait avec Narcisse, le grand lévrier du roi.

Quélus, les poings appuyés contre ses joues, s'était accroupi sur un coussin, et regardait Henri.

— Ils vont, ils vont, disait le roi. Leur complot marche; tantôt tigres, tantôt serpents; quand ils ne bondissent pas, ils rampent.

— Eh! sire, dit Quélus, est-ce qu'il n'y a pas toujours des complots, dans un royaume? Que diable voudriez-vous que fissent les fils de rois, les frères de rois, les cousins de rois, s'ils ne complotaient pas?

— Tenez, en vérité, Quélus, avec vos maximes absurdes et vos grosses joues boursouflées, vous me faites l'effet d'être, en politique, de la force du Gilles de la foire Saint-Laurent.

Quélus pivota sur son coussin et tourna irrévérencieusement le dos au roi.

— Voyons, Maugiron, reprit Henri, ai-je raison ou tort, mordieu! et doit-on me bercer avec des fadaises et des lieux communs, comme si j'étais un roi vulgaire ou un marchand de laine qui craint de perdre son chat favori?

— Eh! sire, dit Maugiron qui était toujours et en tout point de l'avis de Quélus, si vous n'êtes pas un roi vulgaire, prouvez-le en faisant le grand roi. Que diable! voilà Narcisse, c'est un bon chien, c'est une bonne bête; mais, quand on lui tire les oreilles, il grogne, et quand on lui marche sur les pattes, il mord.

— Bon ! dit Henri, voilà l'autre qui me compare à mon chien.

— Non pas, sire, dit Maugiron; vous voyez bien, au contraire, que je mets Narcisse fort au-dessus de vous, puisque Narcisse sait se défendre et que Votre Majesté ne le sait pas.

Et, à son tour, il tourna le dos à Henri.

— Allons, me voilà seul, dit le roi; fort bien, continuez, mes bons amis, pour qui l'on me reproche de dilapider le royaume; abandonnez-moi, insultez-moi, égorgez-moi tous; je n'ai que des bourreaux autour de ma personne, parole d'honneur. Ah! Chicot! mon pauvre Chicot, où es-tu?

— Bon, dit Quélus, il ne nous manquait plus que cela. Voilà qu'il appelle Chicot, à présent.

— C'est tout simple, répondit Maugiron.

Et l'insolent se mit à mâchonner entre ses dents certain proverbe latin qui se traduit en français par l'axiome : *Dis-moi qui tu hantes, je te dirai qui tu es.*

Henri fronça le sourcil, un éclair de terrible courroux illumina ses grands yeux noirs, et, pour cette fois, certes, c'était bien un regard de roi que le prince lança sur ses indiscrets amis.

Mais, sans doute épuisé par cette velléité de colère, Henri retomba sur sa chaise et frotta les oreilles d'un des petits chiens de sa corbeille.

En ce moment un pas rapide retentit dans les antichambres, et d'Épernon apparut sans toquet, sans manteau, et son pourpoint tout déchiré.

Quélus et Maugiron se retournèrent, et Narcisse s'élança vers le nouveau venu en jappant, comme si, des courtisans du roi, il ne reconnaissait que les habits.

— Jésus-Dieu! s'écria Henri, que t'est-il donc arrivé?

— Sire, dit d'Épernon, regardez-moi; voici de quelle façon l'on traite les amis de Votre Majesté.

— Et qui t'a traité ainsi? demanda le roi.

— Mordieu! votre peuple, ou plutôt le peuple de M. le duc d'Anjou, qui criait : Vive la Ligue! vive la messe! vive Guise! vive François! vive tout le monde enfin! excepté : Vive le roi.

— Et que lui as-tu donc fait, à ce peuple, pour qu'il te traite ainsi?

— Moi? rien. Que voulez-vous qu'un homme fasse à un peuple? Il m'a reconnu pour ami de Votre Majesté, et cela lui a suffi.

— Mais Schomberg?

— Quoi! Schomberg?

— Schomberg n'est pas venu à ton secours? Schomberg ne t'a pas défendu?

— Corbœuf! Schomberg avait assez à faire pour son propre compte.

— Comment cela?

— Oui, je l'ai laissé aux mains d'un teinturier dont il avait décoiffé la femme, et qui, avec cinq ou six garçons, était en train de lui faire passer un mauvais quart d'heure.

— Par la mordieu! s'écria le roi, et où l'as-tu laissé, mon pauvre Schomberg? dit Henri en se levant; j'irai moi-même à son aide. Peut-être pourra-t-on dire, ajouta Henri en regardant Maugiron et Quélus, que mes amis m'ont abandonné, mais on ne dira pas au moins que j'ai abandonné mes amis.

— Merci, sire, dit une voix derrière Henri, merci, me voilà, *Gott verdamme mih;* je m'en suis tiré tout seul, mais ce n'est pas sans peine.

— Oh! Schomberg! c'est la voix de Schomberg! crièrent les trois mignons. Mais où diable es-tu?

— Pardieu, où je suis, vous me voyez bien, s'écria la même voix.

Et, en effet, des profondeurs obscures du cabinet on vit s'avancer, non pas un homme, mais une ombre.

— Schomberg! s'écria le roi, d'où viens-tu, d'où sors-tu, et pourquoi es-tu de cette couleur?

En effet, Schomberg, des pieds à la tête, sans exception d'aucune partie de ses vêtements ou de sa personne, Schomberg était du plus beau bleu de roi qu'il fût possible de voir.

— *Der Teufel!* s'écria-t-il; les misérables! Je ne m'étonne plus si tout ce peuple courait après moi.

— Mais qu'y a-t-il donc? demanda Henri. Si tu étais jaune, cela s'expliquerait par la peur; mais bleu!

— Il y a qu'ils m'ont trempé dans une cuve, les coquins; j'ai cru qu'ils me trempaient tout bonnement dans une cuve d'eau, et c'était dans une cuve d'indigo.

— Oh! mordieu, dit Quélus en éclatant de rire, ils sont punis par où ils ont péché. C'est très-cher l'indigo, et tu leur emportes au moins pour vingt écus de teinture.

— Je te conseille de plaisanter, toi; j'aurais voulu te voir à ma place.

— Et tu n'en as pas étripé quelqu'un? demanda Maugiron.

— J'ai laissé mon poignard quelque part, voilà tout ce que je sais, enfoncé jusqu'à la garde

dans un fourreau de chair; mais, en une seconde, tout a été dit : j'ai été pris, soulevé, emporté, trempé dans la cuve et presque noyé.

— Et comment t'es-tu tiré de leurs mains?

— J'ai eu le courage de commettre une lâcheté, sire.

— Et qu'as-tu fait?

— J'ai crié : Vive la Ligue!

— C'est comme moi, dit d'Épernon; seulement on m'a forcé d'ajouter : Vive le duc d'Anjou!

— Et moi aussi, dit Schomberg en mordant ses mains de rage; moi aussi je l'ai crié. Mais ce n'est pas tout.

— Comment! dit le roi, ils t'ont encore fait crier autre chose, mon pauvre Schomberg?

— Non, ils ne m'ont pas fait crier autre chose, et c'est bien assez comme cela, Dieu merci; mais au moment où je criais : Vive le duc d'Anjou!...

— Eh bien!

— Devinez qui passait?

Comment veux-tu que je devine?

— Bussy, son damné Bussy, lequel m'a entendu crier vive son maître.

— Le fait est qu'il n'a rien dû y comprendre, dit Quélus.

— Parbleu! comme il était difficile de voir ce qui se passait! j'avais le poignard sur la gorge, et j'étais dans une cuve.

— Comment, dit Maugiron, il ne t'a pas porté secours? Cela se devait cependant de gentilhomme à gentilhomme.

— Lui, il paraît qu'il avait à songer à bien autre chose; il ne lui manquait que des ailes pour s'envoler; à peine touchait-il encore la terre.

— Et puis, dit Maugiron, il ne t'aura peut-être pas reconnu.

— La belle raison!

— Étais-tu déjà passé au bleu?

— Ah! c'est juste, dit Schomberg.

— Dans ce cas, il serait excusable, reprit Henri, car, en vérité, mon pauvre Schomberg, je ne te reconnais pas moi-même.

— N'importe, répliqua le jeune homme, qui n'était pas pour rien d'origine allemande, nous nous retrouverons autre part qu'au coin de la rue Coquillière, et un jour que je ne serai pas dans une cuve.

— Oh! moi, dit d'Épernon, ce n'est pas au valet que j'en veux, c'est au maître; ce n'est pas à Bussy que je voudrais avoir affaire, c'est à monseigneur le duc d'Anjou.

— Oui, oui, s'écria Schomberg, monseigneur

le duc d'Anjou qui veut nous tuer par le ridicule, en attendant qu'il nous tue par le poignard.

— Au duc d'Anjou, dont on chantait les louanges par les rues, — vous les avez entendues, sire, dirent ensemble Quélus et Maugiron.

— Le fait est que c'est lui qui est duc et maître dans Paris à cette heure, et non plus le roi : essayez un peu de sortir, lui dit d'Épernon, et vous verrez si l'on vous respectera plus que nous.

— Ah! mon frère! mon frère! murmura Henri d'un ton menaçant.

— Ah! oui, sire, vous direz encore bien des fois, comme vous venez de le dire : « Ah! mon frère! mon frère! » sans prendre aucun parti contre ce frère, dit Schomberg; et cependant, je vous le déclare, et c'est clair pour moi, ce frère est à la tête de quelque complot.

— Eh! mordieu! s'écria Henri, c'est ce que je disais à ces messieurs quand tu es entré tout à l'heure, d'Épernon; mais ils m'ont répondu en haussant les épaules et en me tournant le dos.

— Sire, dit Maugiron, nous avons haussé les épaules et tourné le dos, non point parce que vous disiez qu'il y avait un complot, mais parce que nous ne vous voyions pas en humeur de le comprimer.

— Et maintenant, continua Quélus, nous nous retournons vers vous pour vous redire : « Sauvez-nous, sire, ou plutôt sauvez-vous, car, nous tombés, vous êtes mort; demain M. de Guise vient au Louvre, demain il demandera que vous nommiez un chef à la Ligue; demain vous nommerez le duc d'Anjou comme vous avez promis de le faire, et alors, une fois le duc d'Anjou chef de la Ligue, c'est-à-dire à la tête de cent mille Parisiens échauffés par les orgies de cette nuit, le duc d'Anjou fera de vous ce qu'il voudra. »

— Ah! ah! dit Henri, et en cas de résolution extrême, vous seriez donc disposés à me seconder?

— Oui, sire, répondirent les jeunes gens d'une seule voix.

— Pourvu cependant, sire, dit Épernon, que Votre Majesté me donne le temps de mettre un autre toquet, un autre manteau et un autre pourpoint.

— Passe dans ma garde-robe, d'Épernon, et mon valet de chambre te donnera tout cela; nous sommes de même taille.

— Et pourvu que vous me donniez le temps, à moi, de prendre un bain.

— Passe dans mon étuve, Schomberg, et mon baigneur aura soin de toi.

— Sire, dit Schomberg, nous pouvons donc espérer que l'insulte ne restera pas sans vengeance?

Henri étendit la main en signe de silence, et, baissant la tête sur sa poitrine, parut réfléchir profondément. Puis, au bout d'un instant :

— Quélus, dit-il, informez-vous si M. d'Anjou est rentré au Louvre.

Quélus sortit. D'Épernon et Schomberg attendaient avec les autres la réponse de Quélus, tant leur zèle s'était ranimé par l'imminence du danger. Ce n'est point pendant la tempête, c'est pendant le calme qu'on voit les matelots récalcitrants.

— Sire, demanda Maugiron, Votre Majesté prend donc un parti?

— Vous allez voir, répliqua le roi.

Quélus revint.

— M. le duc n'est pas encore rentré, dit-il.

— C'est bien, répondit le roi. D'Épernon, allez changer d'habit; Schomberg, allez changer de couleur; et vous, Quélus, et vous, Maugiron, descendez dans le préau et faites-moi bonne garde jusqu'à ce que mon frère rentre.

— Et quand il rentrera? demanda Quélus.

— Quand il rentrera, vous ferez fermer toutes les portes; allez.

— Bravo, sire! dit Quélus.

— Sire, dit d'Épernon, dans dix minutes je suis ici.

— Moi, sire, je ne puis dire quand j'y serai, ce sera selon la qualité de la teinture.

— Venez le plus tôt possible, répondit le roi, voilà tout ce que j'ai à vous dire.

— Mais Votre Majesté va donc rester seule? demanda Maugiron.

— Non, Maugiron, je reste avec Dieu, à qui je vais demander sa protection pour notre entreprise.

— Priez-le bien, sire, dit Quélus, car je commence à croire qu'il s'entend avec le diable pour nous damner tous ensemble dans ce monde et dans l'autre.

— Amen! dit Maugiron.

Les deux jeunes gens qui devaient faire la garde sortirent par une porte. Les deux qui devaient changer de costume sortirent par l'autre.

Le roi, resté seul, alla s'agenouiller à son prie-Dieu.

CHAPITRE XX

CHICOT EST DE PLUS EN PLUS ROI DE FRANCE.

inuit sonna; les portes du Louvre fermaient d'ordinaire à minuit. Mais Henri avait sagement calculé que le duc d'Anjou ne manquerait pas de coucher ce soir-là au Louvre, pour laisser moins de prise aux soupçons que le tumulte de Paris, pendant cette soirée, pouvait faire naître dans l'esprit du roi.

Le roi avait donc ordonné que les portes restassent ouvertes jusqu'à une heure.

A minuit un quart, Quélus remonta.

— Sire, le duc est rentré, dit-il.

— Que fait Maugiron?

— Il est resté en sentinelle pour voir si le duc ne sortira point.

— Il n'y a pas de danger.

— Alors... dit Quélus en faisant un mouvement pour indiquer au roi qu'il n'y avait plus qu'à agir.

— Alors... laissons-le se coucher tranquillement, dit Henri. Qui a-t-il près de lui?

— M. de Monsoreau et ses gentilshommes ordinaires.

— Et M. de Bussy?

— M. de Bussy n'y est pas.

— Bon, dit le roi, à qui c'était un grand soulagement que de sentir son frère privé de sa meilleure épée.

— Qu'ordonne le roi? demanda Quélus.

— Qu'on dise à d'Épernon et à Schomberg de se hâter, et qu'on prévienne M. de Monsoreau que je désire lui parler.

Quélus s'inclina, et s'acquitta de la commission avec toute la promptitude que peuvent donner à la volonté humaine le sentiment de la haine et le désir de la vengeance réunis dans le même cœur.

Cinq minutes après, d'Épernon et Schomberg entraient, l'un rhabillé à neuf, l'autre débarbouillé au vif; il n'y avait que les cavités du visage qui avaient conservé une teinte bleuâtre, qui, au dire de l'étuviste, ne s'en irait tout à fait qu'à la suite de plusieurs bains de vapeur.

Après les deux mignons, M. de Monsoreau parut.

— M. le capitaine des gardes de Votre Majesté vient de m'annoncer qu'elle me faisait l'honneur de m'appeler près d'elle, dit le grand veneur en s'inclinant.

— Oui, monsieur, dit Henri; oui, en me promenant ce soir j'ai vu les étoiles si brillantes et la lune si belle, que j'ai pensé que, par un si magnifique temps, nous pourrions faire demain une chasse superbe; il n'est que minuit, monsieur le comte, partez donc pour Vincennes à l'instant même; faites-moi détourner un daim, et demain nous le courrons.

— Mais, sire, dit Monsoreau, je croyais que demain Votre Majesté avait fait donner rendez-vous à monseigneur d'Anjou et à M. de Guise pour nommer un chef de la Ligue.

— Eh bien, monsieur, après? dit le roi avec cet accent hautain auquel il était si difficile de répondre.

— Après, sire... après, le temps manquera peut-être.

— Le temps ne manque jamais, monsieur le grand veneur, à celui qui sait l'employer, c'est pour cela que je vous dis : « Vous avez le temps de partir ce soir, pourvu que vous partiez à l'instant même. » Vous avez le temps de détourner un daim cette nuit, et vous aurez le temps de tenir les équipages prêts pour demain dix heures. Allez donc, et à l'instant même! Quélus, Schomberg, faites ouvrir à M. de Monsoreau la porte du Louvre de ma part, de la part du roi; et tou-

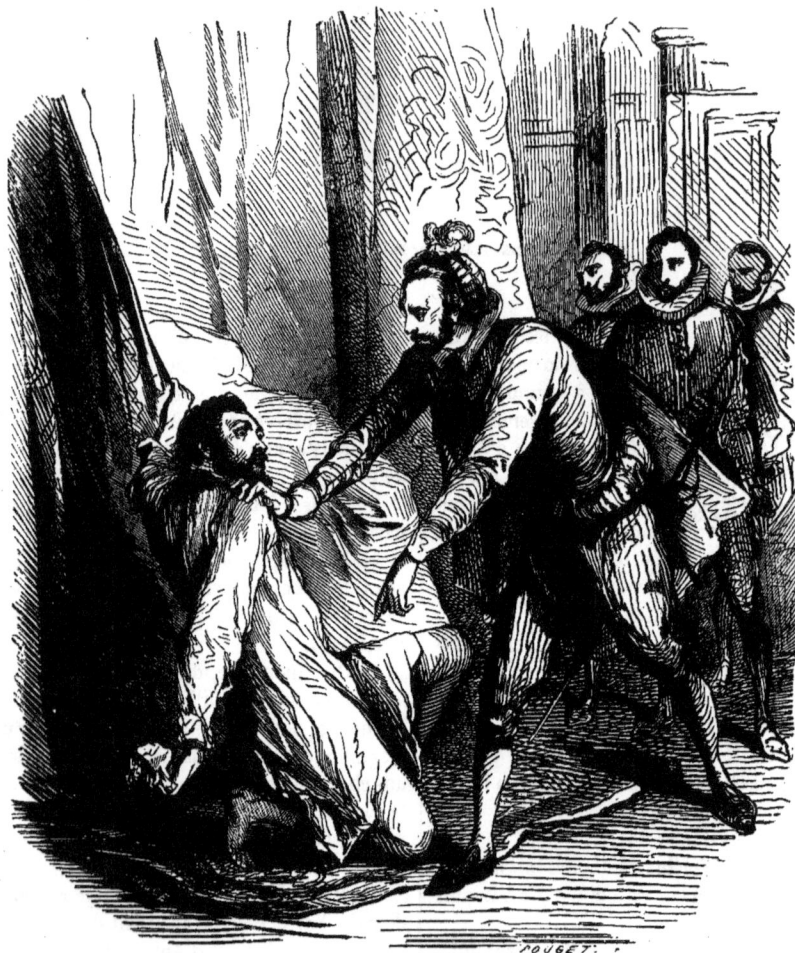

A moi! au secours! à l'aide! mon frère veut me tuer. — PAGE 99.

jours de la part du roi, faites-la fermer quand il sera sorti.

Le grand veneur se retira tout étonné.

— C'est donc une fantaisie du roi? demanda-t-il aux jeunes gens dans l'antichambre.

— Oui, répondirent laconiquement ceux-ci.

M. de Monsoreau vit qu'il n'y avait rien à tirer de ce côté-là et se tut.

— Oh! oh! murmura-t-il en lui-même en jetant un regard du côté des appartements du duc d'Anjou, il me semble que cela ne flaire pas bon pour Son Altesse Royale.

Mais il n'y avait pas moyen de donner l'éveil au prince: Quélus et Schomberg se tenaient, l'un à droite, l'autre à gauche du grand veneur. Un instant il crut que les deux mignons avaient des ordres particuliers et le tenaient prisonnier, et ce ne fut que lorsqu'il se trouva hors du Louvre et qu'il entendit la porte se refermer derrière lui, qu'il comprit que ses soupçons étaient mal fondés.

Au bout de dix minutes, Schomberg et Quélus étaient de retour près du roi.

— Maintenant, dit Henri, du silence, et suivez-moi tous quatre.

— Où allons-nous, sire? demanda d'Épernon toujours prudent.

— Ceux qui viendront le verront, répondit le roi.

Les mignons assurèrent leurs épées, agrafèrent leurs manteaux et suivirent le roi, qui, un falot à la main, les conduisit par le corridor secret que nous connaissons, et par lequel, plus d'une fois déjà, nous avons vu la reine mère et le roi Charles IX se rendre chez leur fille et chez leur sœur, cette bonne Margot dont le duc d'Anjou, nous l'avons déjà dit, avait repris les appartements.

Un valet de chambre veillait dans ce corridor; mais, avant qu'il eût eu le temps de se replier pour avertir son maître, Henri l'avait saisi de sa main en lui ordonnant de se taire, et l'avait passé à ses compagnons, lesquels l'avaient poussé et enfermé dans un cabinet.

Ce fut donc le roi qui tourna lui-même le bouton de la chambre où couchait monseigneur le duc d'Anjou.

Le duc venait de se mettre au lit, bercé par les rêves d'ambition qu'avaient fait naître en lui tous les événements de la soirée : il avait vu son nom exalté et le nom du roi flétri. Conduit par le duc de Guise, il avait vu le peuple parisien s'ouvrir devant lui et ses gentilshommes, tandis que les gentilshommes du roi étaient hués, bafoués, insultés. Jamais, depuis le commencement de cette longue carrière, si pleine de sourdes menées, de timides complots et de mines souterraines, il n'avait encore été si avant dans la popularité, et par conséquent dans l'espérance.

Il venait de déposer sur sa table une lettre que M. de Monsoreau lui avait remise de la part du duc de Guise, lequel lui faisait en même temps recommander de ne pas manquer de se trouver le lendemain au lever du roi.

Le duc d'Anjou n'avait pas besoin d'une pareille recommandation, et s'était bien promis de ne pas se manquer à lui-même à l'heure du triomphe.

Mais sa surprise fut grande quand il vit la porte du couloir secret s'ouvrir, et sa terreur fut au comble lorsqu'il reconnut que c'était sous la main du roi qu'elle s'était ouverte ainsi.

Henri fit signe à ses compagnons de demeurer sur le seuil de la porte, et s'avança vers le lit de François, grave, le sourcil froncé, et sans prononcer une parole.

— Sire, balbutia le duc, l'honneur que me fait Votre Majesté est si imprévu...

— Qu'il vous effraye, n'est-ce pas? dit le roi, je comprends cela; mais non, non, demeurez, mon frère, ne vous levez pas.

— Mais, sire, cependant... permettez, fit le duc tremblant et attirant à lui la lettre du duc de Guise qu'il venait d'achever de lire.

— Vous lisiez? demanda le roi.

— Oui, sire.

— Lecture intéressante, sans doute, puisqu'elle vous tenait éveillé à cette heure avancée de la nuit?

— Oh! sire, répondit le duc avec un sourire glacé, rien de bien important, le petit courrier du soir.

— Oui, fit Henri, je comprends cela, courrier du soir, courrier de Vénus; mais non, je me trompe, on ne cachette point avec des sceaux d'une pareille dimension les billets qu'on fait porter par Iris ou par Mercure.

Le duc cacha tout à fait la lettre.

— Il est discret, ce cher François, dit le roi avec un rire qui ressemblait trop à un grincement de dents pour que son frère n'en fût pas effrayé.

Cependant il fit un effort et essaya de reprendre quelque assurance.

— Votre Majesté veut-elle me dire quelque chose en particulier? demanda le duc à qui un mouvement des quatre gentilshommes demeurés à la porte venaient de révéler qu'ils écoutaient et se réjouissaient du commencement de la scène.

— Ce que j'ai de particulier à vous dire, monsieur, dit le roi en appuyant sur ce mot, qui était celui que le cérémonial de France accorde aux frères des rois, vous trouverez bon que pour aujourd'hui je vous le dise devant témoins. Çà, messieurs, continua-t-il en se retournant vers les quatre jeunes gens, écoutez bien, le roi vous le permet.

Le duc releva la tête.

— Sire, dit-il avec ce regard haineux et plein de venin que l'homme a emprunté au serpent, avant d'insulter un homme de mon rang, vous eussiez dû me refuser l'hospitalité du Louvre; dans l'hôtel d'Anjou, au moins, j'eusse été maître de vous répondre.

— En vérité, dit Henri avec une ironie terrible, vous oubliez donc que partout où vous êtes vous êtes mon sujet, et que mes sujets sont chez moi partout où ils sont; car, Dieu merci, je suis le roi!... le roi du sol!...

— Sire, s'écria François, je suis au Louvre... chez ma mère.

— Et votre mère est chez moi, répondit Henri.

Voyons, abrégeons, monsieur : donnez-moi ce papier.

— Lequel ?

— Celui que vous lisiez, parbleu ! celui qui était tout ouvert sur votre table de nuit et que vous avez caché quand vous m'avez vu.

— Sire, réfléchissez ! dit le duc.

— A quoi ? demanda le roi.

— A ceci : que vous faites une demande indigne d'un bon gentilhomme, mais, en revanche, digne d'un officier de votre police.

Le roi devint livide.

— Cette lettre, monsieur ! dit-il.

— Une lettre de femme, sire, réfléchissez, dit François.

— Il y a des lettres de femmes fort bonnes à voir, fort dangereuses à ne pas être vues, témoin celles qu'écrit notre mère.

— Mon frère ! dit François.

— Cette lettre, monsieur ! s'écria le roi en frappant du pied, ou je vous la fais arracher par quatre Suisses !

Le duc bondit hors de son lit, en tenant la lettre froissée dans ses mains, et avec l'intention manifeste de gagner la cheminée, afin de la jeter dans le feu.

— Vous feriez cela, dit-il, à votre frère ?

Henri devina son intention et se plaça entre lui et la cheminée.

— Non pas à mon frère, dit-il, mais à mon plus mortel ennemi ! Non pas à mon frère, mais au duc d'Anjou, qui a couru toute la soirée les rues de Paris à la queue du cheval de M. de Guise ! à mon frère, qui essaye de me cacher quelque lettre de l'un ou de l'autre de ses complices, MM. les princes lorrains.

— Pour cette fois, dit le duc, votre police est mal faite.

— Je vous dis que j'ai vu sur le cachet ces trois fameuses merlettes de Lorraine, qui ont la prétention d'avaler les fleurs de lis de France. Donnez donc, mordieu ! donnez, ou...

Henri fit un pas vers le duc et lui posa la main sur l'épaule.

François n'eut pas plutôt senti s'appesantir sur lui la main royale, il n'eut pas plutôt d'un regard oblique considéré l'attitude menaçante des quatre mignons, lesquels commençaient à dégainer, que, tombant à genoux, à demi renversé contre son lit, il s'écria :

— A moi ! au secours ! à l'aide ! mon frère veut me tuer.

Ces paroles, empreintes d'un accent de pro-

fonde terreur que leur donnait la conviction, firent impression sur le roi et éteignirent sa colère, par cela même qu'elles la supposaient plus grande qu'elle n'était. Il pensa qu'en effet François pouvait craindre un assassinat, et que ce meurtre eût été un fratricide. Alors il lui passa comme un vertige, à l'idée que sa famille, famille maudite comme toutes celles dans lesquelles doit s'éteindre une race, il lui passa un vertige en songeant que, dans sa famille, les frères assassinaient les frères par tradition.

— Non, dit-il, vous vous trompez, mon frère, et le roi ne vous veut aucun mal du genre de celui que vous redoutez; du moins vous avez lutté, avouez-vous vaincu. Vous savez que le roi est le maître, ou si vous l'ignoriez, vous le savez maintenant. Eh bien, dites-le, non-seulement tout bas, mais encore tout haut.

— Oh ! je le dis, mon frère, je le proclame, s'écria le duc.

— Fort bien. Cette lettre, alors... car le roi vous ordonne de lui rendre cette lettre.

Le duc d'Anjou laissa tomber le papier.

Le roi la ramassa, et, sans le lire, le plia et l'enferma dans son aumônière.

— Est-ce tout, sire ? dit le duc avec son regard louche.

— Non, monsieur, dit Henri, il vous faudra encore pour cette rébellion, qui heureusement n'a point eu de fâcheux résultats, il vous faudra, si vous le voulez bien, garder la chambre jusqu'à ce que mes soupçons à votre égard aient été complètement dissipés. Vous êtes ici, l'appartement vous est familier, commode, et n'a pas trop l'air d'une prison; restez-y. Vous aurez bonne compagnie, du moins de l'autre côté de la porte, car, pour cette nuit, ces quatre messieurs vous garderont; demain matin ils seront relevés par un poste de Suisses.

— Mais, mes amis, à moi, ne pourrai-je les voir ?

— Qui appelez-vous vos amis ?

— Mais M. de Monsoreau, par exemple, M. de Ribeirac, M. Antraguet, M. de Bussy.

— Ah, oui ! dit le roi, parlez de celui-là encore.

— Aurait-il eu le malheur de déplaire à Votre Majesté ?

— Oui, dit le roi.

— Quand cela ?

— Toujours, et cette nuit particulièrement.

— Cette nuit; qu'a-t-il donc fait, cette nuit ?

— Il m'a fait insulter dans les rues de Paris.

— Vous, sire ?

— Oui, moi, ou mes fidèles, ce qui est la même chose.

— Bussy a fait insulter quelqu'un dans les rues de Paris, cette nuit? On vous a trompé, sire.

— Je sais ce que je dis, monsieur.

— Sire, s'écria le duc avec un air de triomphe, M. de Bussy n'est pas sorti de son hôtel depuis deux jours! Il est chez lui, couché, malade, grelottant la fièvre.

Le roi se retourna vers Schomberg.

— S'il grelottait la fièvre, dit le jeune homme, ce n'était pas chez lui du moins, mais dans la rue Coquillière.

— Qui vous a dit cela, demanda le duc d'Anjou en se soulevant, que Bussy était dans la rue Coquillière?

— Je l'ai vu.

— Vous avez vu Bussy dehors?

— Bussy frais, dispos, joyeux, et qui paraissait le plus heureux homme du monde, et accompagné de son acolyte ordinaire, ce Remy, cet écuyer, ce médecin, que sais-je!

— Alors je n'y comprends plus rien, dit le duc avec stupeur : j'ai vu M. de Bussy dans la soirée; il était sous les couvertures. Il faut qu'il m'ait trompé moi-même.

— C'est bien, dit le roi, M. de Bussy sera puni comme les autres et avec les autres, lorsque l'affaire s'éclaircira.

Le duc, qui pensa que c'était un moyen de détourner de lui la colère du roi que de la laisser s'écouler sur Bussy, le duc n'essaya point de prendre davantage la défense de son gentilhomme.

— Si M. de Bussy a fait cela, dit-il; si, après avoir refusé de sortir avec moi, il est sorti seul, c'est qu'il avait effectivement, sans doute, des intentions qu'il ne pouvait m'avouer à moi dont il connaît le dévouement pour Votre Majesté.

— Vous entendez, messieurs, ce que prétend mon frère, dit le roi; il prétend qu'il n'a pas autorisé M. de Bussy.

— Tant mieux, dit Schomberg.

— Pourquoi tant mieux?

— Parce qu'alors Votre Majesté nous en laissera peut-être faire ce que nous voulons.

— C'est bien, c'est bien, on verra plus tard, dit Henri. Messieurs, je vous recommande mon frère : ayez pour lui, pendant toute cette nuit, où vous allez avoir l'honneur de lui servir de garde, tous les égards qu'on a pour un prince du sang, c'est-à-dire au premier du royaume, après moi.

— Oh! sire, dit Quélus avec un regard qui fit frissonner le duc, soyez donc tranquille, nous savons tout ce que nous devons à Son Altesse.

— C'est bien; adieu, messieurs, dit Henri.

— Sire! s'écria le duc plus épouvanté de l'absence du roi qu'il ne l'avait été de sa présence, quoi! je suis sérieusement prisonnier! quoi! mes amis ne pourront me visiter! quoi! il me sera défendu de sortir!

Et l'idée du lendemain lui passait par l'esprit, de ce lendemain où sa présence était si nécessaire près de M. de Guise.

— Sire, dit le duc qui voyait le roi prêt à se laisser fléchir, laissez-moi paraître au moins près de Votre Majesté; près de Votre Majesté est ma place; je suis prisonnier là aussi bien qu'ailleurs, et mieux gardé à vue même que dans toutes les places possibles. Sire, accordez-moi donc la faveur de rester près de Votre Majesté.

Le roi, sur le point d'accorder au duc d'Anjou sa demande, à laquelle il ne voyait pas, d'ailleurs, un grand inconvénient, allait répondre *oui*, quand son attention fut distraite de son frère et attirée vers la porte par un corps très-long et très-agile, qui, avec les bras, avec la tête, avec le cou, avec tout ce qu'il pouvait remuer, enfin, faisait les gestes les plus négatifs qu'on pût inventer et exécuter sans se disloquer les os.

— C'était Chicot qui faisait *non*.

— Non, dit Henri à son frère, vous êtes fort bien ici, monsieur; et il me convient que vous y restiez.

— Sire, balbutia le duc.

— Dès que cela est le bon plaisir du roi de France, il me semble que cela doit vous suffire, monsieur, ajouta Henri d'un air de hauteur qui acheva d'accabler le duc.

— Quand je disais que j'étais le véritable roi de France? murmura Chicot...

Schomberg.

CHAPITRE XXI

COMMENT CHICOT FIT UNE VISITE A BUSSY, ET DE CE QUI S'ENSUIVIT.

L e lendemain de ce jour, ou plutôt de cette nuit, Bussy, vers neuf heures du matin, déjeunait tranquillement avec Remy, qui, en sa qualité de médecin, lui ordonnait des confortants; ils causaient des événements de la veille, et Remy cherchait à se rappeler les légendes des fresques de la petite église de Sainte-Marie-l'Égyptienne.

— Dis donc, Remy, lui demanda tout à coup Bussy, ne t'a-t-il pas semblé reconnaître ce gentilhomme qu'on trempait dans une cuve, quand nous sommes passés au coin de la rue Coquillière?

— Sans doute, monsieur le comte : et même à ce point que, depuis ce moment, je cherche à me rappeler son nom.

— Tu ne l'as donc pas reconnu non plus?

— Non. Il était déjà bien bleu.

— J'aurais dû le délivrer, dit Bussy : c'est un devoir entre gens comme il faut de se porter secours contre les manans; mais, en vérité, Remy, j'étais trop occupé de mes affaires.

— Mais, si nous ne l'avons pas reconnu, lui, dit le Haudoin, il nous a, à coup sûr, reconnus, nous qui avions notre couleur naturelle, car il m'a semblé qu'il roulait des yeux effroyables, et qu'il nous montrait le poing en nous envoyant quelque menace.

— Tu es sûr de cela, Remy?

— Je réponds des yeux effroyables; mais je suis moins sûr du poing et des menaces, dit le Haudoin, qui connaissait le caractère irascible de Bussy.

— Alors il faudra savoir quel est ce gentilhomme, Remy : je ne puis pas laisser passer ainsi une pareille injure.

— Attendez donc, attendez donc, s'écria le Haudoin, comme s'il fût sorti de l'eau froide ou entré dans l'eau chaude. Oh! mon Dieu! j'y suis, je le connais.

— Comment cela?

— Je l'ai entendu jurer.

— Je le crois mordieu bien, tout le monde eût juré en pareille situation.

— Oui, mais lui, il a juré en allemand.

— Bah!

— Il a dit : *Gott verdamme.*

— C'est Schomberg, alors.

— Lui-même, monsieur le comte, lui-même.

— Alors, mon cher Remy, apprête tes onguents.

— Pourquoi cela?

— Parce qu'il y aura avant peu quelque raccommodage à faire à sa peau ou à la mienne.

— Vous ne serez pas si fou que de vous faire tuer, étant en si bonne santé et si heureux, dit Remy en clignant de l'œil; dame! voilà déjà une fois que sainte Marie l'Égyptienne vous ressuscite, elle pourrait bien se lasser de faire un miracle que le Christ lui-même n'a essayé que deux fois.

— Au contraire, Remy, dit le comte, tu ne te doutes pas du bonheur qu'il y a, quand on est heureux, à s'en aller jouer sa vie contre celle d'un autre homme. Je t'assure que jamais je ne me suis battu de bon cœur quand j'avais perdu au jeu de grosses sommes, quand j'avais surpris ma maîtresse en faute ou quand j'avais quelque chose à me reprocher; mais chaque fois, au contraire, que ma bourse est ronde, mon cœur léger et ma conscience nette, je m'en vais hardi et railleur sur le pré; là, je suis sûr de ma main. Je lis jusqu'au fond des yeux de mon adversaire; je l'écrase de ma chance. Je suis dans la position d'un homme qui joue au passe-dix avec la veine, et qui sent le vent de la fortune pousser à lui l'or de son antagoniste. Non, c'est alors que je suis brillant, sûr de moi; c'est alors que je me fends à fond. Je me battrais admirablement bien aujourd'hui, Remy, dit le jeune homme en tendant la main au docteur, car, grâce à toi, je suis bien heureux!

— Un moment, un moment, dit le Haudoin, vous vous priverez cependant, s'il vous plaît, de ce plaisir. Une belle dame de mes amies vous a recommandé à moi, et m'a fait jurer de vous garder sain et sauf, sous prétexte que vous lui deviez déjà la vie, et qu'on n'a pas la liberté de disposer de ce qu'on doit.

— Bon Remy, fit Bussy en se plongeant dans ce vague de la pensée qui permet à l'homme amoureux d'entendre et de voir tout ce qu'on dit et tout ce qu'on fait, comme derrière une gaze, au théâtre, on voit les objets sans leurs angles et sans les crudités de leurs tons : état délicieux qui est presque un rêve, car, tout en suivant de l'âme sa pensée douce et fidèle, on a les sens distraits par la parole ou le geste d'un ami.

— Vous m'appelez bon Remy, dit le Haudoin, parce que je vous ai fait revoir madame de Monsoreau; mais m'appellerez-vous encore bon Remy quand vous allez être séparé d'elle, et malheureusement le jour approche, s'il n'est pas arrivé.

— Plaît-il? s'écria énergiquement Bussy. Ne plaisantons pas là-dessus, maître le Haudoin.

— Eh! monsieur, je ne plaisante pas; ne savez-vous point qu'elle part pour l'Anjou, et que moi-même je vais avoir la douleur d'être séparé de mademoiselle Gertrude?... Ah!

Bussy ne put s'empêcher de sourire au prétendu désespoir de Remy.

— Tu l'aimes beaucoup? demanda-t-il.

— Je crois bien... et elle donc... Si vous saviez comme elle me bat.

— Et tu te laisses faire?

— Par amour pour la science : elle m'a forcé d'inventer une pommade souveraine pour faire disparaître les bleus.

— En ce cas, tu devrais bien en envoyer plusieurs pots à Schomberg.

— Ne parlons plus de Schomberg, il est convenu que nous le laissons se débarbouiller à sa guise.

— Oui, et revenons à madame de Monsoreau, ou plutôt à Diane de Méridor, car tu sais...

— Oh! mon Dieu, oui; je sais.

— Remy, quand partons-nous?

— Ah! voilà ce dont je me doutais; le plus tard possible, monsieur le comte.

— Pourquoi cela?

— D'abord parce que nous avons à Paris ce cher M. d'Anjou, le chef de la communauté, qui s'est mis, hier soir, à ce qu'il m'a semblé, dans de telles affaires, qu'il va évidemment avoir besoin de vous.

— Ensuite.

— Ensuite parce que M. de Monsoreau, par une bénédiction toute particulière, ne se doute de rien, à votre endroit du moins, et qu'il se douterait peut-être de quelque chose s'il vous voyait disparaître de Paris en même temps que sa femme qui n'est point sa femme.

— Eh bien, que m'importe qu'il s'en doute?

— Oh! oui, mais cela m'importe beaucoup, à moi, mon cher seigneur. Je me charge de raccommoder les coups d'épée reçus en duel, parce que, comme vous tirez de première force, vous ne recevez jamais de coups d'épée bien sérieux, mais je récuse les coups de poignard poussés dans les guet-apens et surtout par les maris jaloux; ce sont des animaux qui, en pareil cas, tapent fort dur; voyez plutôt ce pauvre M. de Saint-Mégrin, si méchamment mis à mort par notre ami M. de Guise.

— Que veux-tu, cher ami, s'il est dans ma destinée d'être tué par le Monsoreau!

— Eh bien?

— Eh bien, il me tuera.

— Et puis, huit jours, un mois, un an après, madame de Monsoreau épousera son mari, ce qui fera énormément enrager votre pauvre âme, qui verra cela d'en haut ou d'en bas, et qui ne pourra pas s'y opposer, vu qu'elle n'aura plus de corps.

— Tu as raison, Remy, je veux vivre.

— A la bonne heure! Mais ce n'est pas le tout que de vivre, croyez-moi, il faut encore suivre mes conseils, être charmant pour le Monsoreau; il est, pour le moment, d'une affreuse jalousie contre M. le duc d'Anjou, qui, tandis que vous grelottiez la fièvre dans votre lit, se promenait sous les fenêtres de la dame, comme un Espagnol à bonnes fortunes, et qui a été reconnu à

son Aurilly. Faites-lui toutes sortes d'avances, à ce bon mari, qui ne l'est pas; n'ayez pas même l'air de lui demander ce qu'est devenue sa femme; c'est inutile, puisque vous le savez, et il répandra partout que vous êtes le seul gentilhomme qui possédiez les vertus de Scipion : sobriété et chasteté.

— Je crois que tu as raison, dit Bussy. A présent que je ne suis plus jaloux de l'ours, je veux l'apprivoiser, ce sera d'un suprême comique! Ah! maintenant, Remy, demande-moi tout ce que tu voudras, tout m'est facile, je suis heureux.

En ce moment quelqu'un frappa à la porte, les deux convives firent silence.

— Qui va là? demanda Bussy.

— Monseigneur, répondit un page, il y a en bas un gentilhomme qui veut vous parler.

— Me parler, à moi, si matin! qui est-ce?

— Un grand monsieur, vêtu de velours vert, avec des bas roses, une figure un peu risible, mais l'air d'un honnête homme.

— Eh! pensa tout haut Bussy, serait-ce Schomberg?

— Il a dit : un grand monsieur.

— C'est vrai; ou le Monsoreau?

— Il a dit : l'air d'un honnête homme.

— Tu as raison, Remy, ce ne peut être ni l'un ni l'autre; fais entrer.

L'homme annoncé parut au bout d'un instant sur le seuil.

— Ah! mon Dieu, s'écria Bussy en se levant précipitamment à la vue du visiteur, tandis que Remy, en ami discret, se retirait par la porte d'un cabinet.

— Monsieur Chicot! exclama Bussy.

— Lui-même, monsieur le comte, répondit le Gascon.

Le regard de Bussy s'était fixé sur lui avec cet étonnement qui veut dire en toutes lettres, sans que la bouche ait besoin de prendre le moins du monde part à la conversation : « Monsieur, que venez-vous faire ici? »

Aussi, sans être autrement interrogé, Chicot répondit d'un ton fort sérieux :

— Monsieur, je viens vous proposer un petit marché.

— Parlez, monsieur, répliqua Bussy avec surprise.

— Que me promettez-vous si je vous rendais un grand service?

— Cela dépend du service, monsieur, répondit assez dédaigneusement Bussy.

Monsieur, dit Chicot, je remarque que vous ne me faites pas l'honneur de m'inviter
à m'asseoir.

Le Gascon feignit de ne point remarquer cet air de dédain.

— Monsieur, dit Chicot en s'asseyant et en croisant ses longues jambes l'une sur l'autre, je remarque que vous ne me faites pas l'honneur de m'inviter à m'asseoir.

Le rouge monta au visage de Bussy

— C'est autant à ajouter encore, dit Chicot, à la récompense qui me reviendra quand je vous aurai rendu le service en question.

Bussy ne répondit point.

— Monsieur, continua Chicot sans se démonter, connaissez-vous la Ligue?

— J'en ai fort entendu parler, répondit Bussy, commençant à prêter une certaine attention à ce que lui disait le Gascon.

— Eh bien, monsieur, dit Chicot, vous devez savoir en ce cas que c'est une association d'honnêtes chrétiens, réunis dans le but de massacrer religieusement leurs voisins, les huguenots. — En êtes-vous, monsieur, de la Ligue? — Moi, j'en suis.

— Mais, monsieur?

— Dites seulement oui ou non.

— Permettez-moi de m'étonner, dit Bussy.

— Je me faisais l'honneur de vous demander si vous étiez de la Ligue; m'avez-vous entendu?

— Monsieur Chicot, dit Bussy, comme je n'aime pas les questions dont je ne comprends pas le sens, je vous prie de changer la conversation, et j'attendrai encore quelques minutes accordées à la bienséance pour vous répéter que, n'aimant point les questions, je n'aime naturellement pas les questionneurs.

— Fort bien : la bienséance est bienséante, comme dit ce cher M. de Monsoreau lorsqu'il est en belle humeur.

A ce nom de Monsoreau, que le Gascon prononça sans apparente allusion, Bussy recommença de prêter attention.

— Hein, se dit-il tout bas, se douterait-il de quelque chose, et m'aurait-il envoyé ce Chicot pour m'espionner?...

Puis tout haut :

— Voyons, monsieur Chicot, au fait, vous savez que nous n'avons plus que quelques minutes.

— Optime, dit Chicot; quelques minutes, c'est beaucoup : en quelques minutes on se dit bien des choses. Je vous dirai donc qu'en effet j'aurais pu me dispenser de vous questionner, attendu que, si vous n'êtes pas de la sainte Ligue, vous en serez bientôt, indubitablement, attendu que M. d'Anjou en est.

— M. d'Anjou! qui vous a dit cela?

— Lui-même parlant à ma personne, comme disent ou plutôt comme écrivent messieurs les gens de loi, comme écrivait par exemple ce bon et cher M. Nicolas David, ce flambeau du forum parisiense, lequel flambeau s'est éteint sans qu'on sache qui a soufflé dessus; or vous comprenez bien que si M. le duc d'Anjou est de la Ligue, vous ne pouvez vous dispenser d'en être, vous qui êtes son bras droit, que diable! La Ligue sait trop bien ce qu'elle fait pour accepter un chef manchot.

— Eh bien, monsieur Chicot, après! dit Bussy d'un ton évidemment plus courtois qu'il n'avait été jusque-là.

— Après, reprit Chicot. Eh bien, après, si vous en êtes, ou si l'on croit seulement que vous devez en être, et on le croira certainement, il vous arrivera, à vous, ce qui est arrivé à Son Altesse Royale.

— Qu'est-il donc arrivé à Son Altesse Royale? s'écria Bussy.

— Monsieur, dit Chicot en se relevant et en imitant la pose qu'avait prise Bussy un instant auparavant, monsieur, je n'aime pas les questions, et, si vous me permettez de le dire tout de suite, je n'aime pas les questionneurs; j'ai donc grande envie de vous laisser faire, à vous, ce qu'on a fait cette nuit à votre maître.

— Monsieur Chicot, dit Bussy avec un sourire qui contenait toutes les excuses qu'un gentilhomme peut faire, parlez, je vous en supplie; où est le duc?

— Il est en prison.

— Où cela?

— Dans sa chambre. Quatre de mes bons amis l'y gardent même à vue. M. de Schomberg, qui fut teint en bleu hier au soir, comme vous savez, puisque vous passiez là au moment de l'opération; M. d'Épernon, qui est jaune de la peur qu'il a eue; M. de Quélus, qui est rouge de colère, et M. de Maugiron, qui est blanc d'ennui; c'est fort beau à voir, attendu que, comme M. le duc commence à verdir de peur, nous allons jouir d'un arc-en-ciel complet, nous autres privilégiés du Louvre.

— Ainsi, monsieur, dit Bussy, vous croyez qu'il y a danger pour ma liberté?

— Danger! un instant, monsieur : je suppose même qu'en ce moment, on est... on doit... ou l'on devrait être en chemin pour vous arrêter.

Bussy tressaillit.

— Aimez-vous la Bastille, monsieur de Bussy? C'est un endroit fort propre aux méditations, et Laurent Testu, qui en est le gouverneur, fait une cuisine assez agréable à ses pigeonneaux.

— On me mettrait à la Bastille? s'écria Bussy.

— Ma foi! je dois avoir dans ma poche quelque chose comme un ordre de vous y conduire, monsieur de Bussy. Le voulez-vous voir?

Et Chicot tira effectivement des poches de ses chausses, dans lesquelles eussent tenu trois cuisses comme la sienne, un ordre du roi en bonne forme, commandant d'appréhender au corps, partout où il serait, M. Louis de Clermont, seigneur de Bussy-d'Amboise.

— Rédaction de M. de Quélus, dit Chicot, c'est fort bien écrit.

— Alors, monsieur, s'écria Bussy touché de l'action de Chicot, vous me rendez donc véritablement un service.

— Mais je crois que oui, dit le Gascon; êtes-vous de mon avis, monsieur?

— Monsieur, dit Bussy, je vous en conjure, traitez-moi comme un galant homme; est-ce pour me nuire en quelque autre rencontre que vous me sauvez aujourd'hui? car vous aimez le roi, et le roi ne m'aime pas.

— Monsieur le comte, dit Chicot en se soulevant sur sa chaise et en saluant, je vous sauve pour vous sauver; maintenant pensez ce qu'il vous plaira de mon action.

— Mais, de grâce, à quoi dois-je attribuer une pareille bienveillance?

— Oubliez-vous que je vous ai demandé une récompense?

— C'est vrai.

— Eh bien?

— Ah! monsieur, de grand cœur!

— Vous ferez donc à votre tour ce que je vous demanderai, un jour ou l'autre?

— Foi de Bussy! en tant que la chose sera faisable.

— Eh bien, voilà qui me suffit, dit Chicot en se levant. Maintenant montez à cheval et disparaissez; moi, je porte l'ordre de vous arrêter à qui de droit.

— Vous ne deviez donc pas m'arrêter vous-même?

— Allons donc, pour qui me prenez-vous? Je suis gentilhomme, monsieur.

— Mais j'abandonne mon maître.

— N'en ayez pas remords, car il vous a déjà abandonné.

— Vous êtes un brave gentilhomme, monsieur Chicot, dit Bussy au Gascon.

— Parbleu, je le sais bien, répliqua celui-ci.

Bussy appela le Haudoin. Le Haudoin, il faut lui rendre justice, écoutait à la porte; il entra aussitôt.

— Remy, s'écria Bussy, Remy, Remy, nos chevaux!

— Ils sont sellés, monseigneur, répondit tranquillement Remy.

— Monsieur, dit Chicot, voilà un jeune homme qui a beaucoup d'esprit.

— Parbleu, dit Remy, je le sais bien.

Et, Chicot le saluant, il salua Chicot comme l'eussent fait, quelque cinquante ans plus tard, Guillaume Gorin et Gauthier Garguille.

Bussy rassembla quelques piles d'écus, qu'il fourra dans ses poches et dans celles du Handoin.

Après quoi, saluant Chicot et le remerciant une dernière fois, il s'apprêta à descendre.

— Pardon, monsieur, dit Chicot; mais permettez-moi d'assister à votre départ.

Et Chicot suivit Bussy et le Haudoin jusqu'à la petite cour des écuries, où effectivement deux chevaux attendaient tout sellés aux mains du page.

— Et où allons-nous? fit Remy en rassemblant négligemment les rênes de son cheval.

— Mais... fit Bussy en hésitant ou en paraissant hésiter.

— Que dites-vous de la Normandie, monsieur? dit Chicot, qui regardait faire et examinait les chevaux en connaisseur.

— Non, répondit Bussy, c'est trop près.

— Que pensez-vous des Flandres? continua Chicot.

— C'est trop loin.

— Je crois, dit Remy, que vous vous décideriez pour l'Anjou, qui est à une distance raisonnable, n'est-ce pas, monsieur le comte?

— Oui, va pour l'Anjou, dit Bussy en rougissant.

— Monsieur, dit Chicot, puisque vous avez fait votre choix et que vous allez partir...

— A l'instant même.

— J'ai bien l'honneur de vous saluer; pensez à moi dans vos prières.

Et le digne gentilhomme s'en alla toujours aussi grave et aussi majestueux, en écornant les angles des maisons avec son immense rapière.

— Ce que c'est que le destin, cependant, monsieur! dit Remy.

— Allons, vite! s'écria Bussy, et peut-être la rattraperons-nous.

— Ah! monsieur, dit le Haudoin, si vous aidez le destin, vous lui ôtez de son mérite.

Et ils partirent.

CHAPITRE XXII

LES ÉCHECS DE CHICOT, LE BILBOQUET DE QUÉLUS ET LA SARBACANE DE SCHOMBERG.

O n peut dire que Chicot, malgré son apparente froideur, s'en retournait au Louvre avec la joie la plus complète.

C'était pour lui une triple satisfaction d'avoir rendu service à un brave comme l'était Bussy, d'avoir travaillé à quelque intrigue et d'avoir rendu possible, pour le roi, un coup d'État que réclamaient les circonstances.

En effet, avec la tête et surtout le cœur que l'on connaissait à M. de Bussy, avec l'esprit d'association que l'on connaissait à MM. de Guise, on risquait fort de voir se lever un jour orageux sur la bonne ville de Paris.

Tout ce que le roi avait craint, tout ce que Chicot avait prévu, arriva comme on pouvait s'y attendre.

M. de Guise, après avoir reçu, le matin, chez lui, les principaux ligueurs, qui, chacun de son côté, étaient venus lui apporter les registres couverts de signatures que nous avons vus ouverts dans les carrefours, aux portes des principales auberges et jusque sur les autels des églises; M. de Guise, après avoir promis un chef à la Ligue, et après avoir fait jurer à chacun de reconnaître le chef que le roi nommerait; M. de Guise, après avoir enfin conféré avec le cardinal et avec M. de Mayenne, était sorti pour se rendre chez M. le duc d'Anjou, qu'il avait perdu de vue la veille, vers les dix heures du soir.

Chicot se doutait de la visite; aussi, en sortant de chez Bussy, avait-il été incontinent flâner aux environs de l'hôtel d'Alençon, situé au coin de la rue Hautefeuille et de la rue Saint-André. Il y était depuis un quart d'heure à peine, quand il vit déboucher celui qu'il attendait par la rue de la Huchette.

Chicot s'effaça à l'angle de la rue du Cimetière, et le duc de Guise entra à l'hôtel sans l'avoir aperçu.

Le duc trouva le premier valet de chambre du prince assez inquiet de n'avoir pas vu revenir son maître; mais il s'était douté de ce qui était arrivé, c'est-à-dire que le duc avait été coucher au Louvre.

Le duc demanda si, en l'absence du prince, il ne pourrait point parler à Aurilly : le valet de chambre répondit au duc qu'Aurilly était dans le cabinet de son maître, et qu'il avait toute liberté de l'interroger.

Le duc passa. Aurilly, en effet, on se le rappelle, joueur de luth et confident du prince, était de tous les secrets de M. le duc d'Anjou, et devait savoir mieux que personne où se trouvait Son Altesse.

Aurilly était, pour le moins, aussi inquiet que le valet de chambre, et, de temps en temps, il quittait son luth, sur lequel ses doigts couraient avec distraction, pour se rapprocher de la fenêtre et regarder, à travers les vitres, si le duc ne revenait pas.

Trois fois on avait envoyé au Louvre, et, à chaque fois, on avait fait répondre que monseigneur, rentré fort tard au palais, dormait encore.

M. de Guise s'informa à Aurilly du duc d'Anjou.

Aurilly avait été séparé de son maître la veille, au coin de la rue de l'Abre-Sec, par un groupe qui venait augmenter le rassemblement qui se faisait à la porte de l'hôtellerie de la Belle-Étoile, de sorte qu'il était revenu attendre le duc à l'hôtel d'Alençon, ignorant la résolution qu'avait prise Son Altesse Royale de coucher au Louvre.

Le joueur de luth raconta alors au prince lorrain la triple ambassade qu'il avait envoyée au

Louvre, et lui transmit la réponse identique qui avait été faite à chacun des trois messagers.

— Il dort à onze heures, dit le duc; ce n'est guère probable; le roi est debout d'ordinaire à cette heure. Vous devriez aller au Louvre, Aurilly.

— J'y ai songé, monseigneur, dit Aurilly, mais je crains que ce prétendu sommeil ne soit une recommandation qu'il ait faite au concierge du Louvre, et qu'il ne soit en galanterie par la ville; or, s'il en était ainsi, monseigneur serait peut-être contrarié qu'on le cherchât.

— Aurilly, reprit le duc, croyez-moi, monseigneur est un homme trop raisonnable pour être en galanterie un jour comme aujourd'hui. Allez donc au Louvre sans crainte, et vous y trouverez monseigneur.

— J'irai donc, monsieur, puisque vous le désirez; mais que lui dirai-je?

— Vous lui direz que la convocation au Louvre était pour deux heures, et qu'il sait bien que nous devions conférer ensemble avant de nous trouver chez le roi. Vous comprenez, Aurilly, ajouta le duc avec un mouvement de mauvaise humeur assez irrespectueux, que ce n'est point au moment où le roi va nommer un chef à la Ligue qu'il s'agit de dormir.

— Fort bien, monseigneur, et je prierai Son Altesse de venir ici.

— Où je l'attends bien impatiemment, lui direz-vous; car, convoqués pour deux heures, beaucoup sont déjà au Louvre, et il n'y a pas un instant à perdre. Moi, pendant ce temps, j'enverrai querir M. de Bussy.

— C'est entendu, monseigneur. Mais, au cas où je ne trouverais point Son Altesse, que ferais-je?

— Si vous ne trouvez point Son Altesse, Aurilly, n'affectez point de la chercher; il suffira que vous lui disiez plus tard avec quel zèle j'ai tenté de la rencontrer. Dans tous les cas, à deux heures moins un quart je serai au Louvre.

Aurilly salua le duc, et partit.

Chicot le vit sortir et devina la cause de sa sortie. Si M. le duc de Guise apprenait l'arrestation de M. d'Anjou, tout était perdu, ou, du moins, tout s'embrouillait fort. Chicot vit qu'Aurilly remontait la rue de la Huchette pour prendre le pont Saint-Michel; lui, au contraire alors, descendit la rue Saint-André-des-Arts de toute la vitesse de ses longues jambes, et passa la Seine au bas de Nesle, au moment où Aurilly arrivait à peine en vue du grand Châtelet.

Nous suivrons Aurilly, qui nous conduit au théâtre même des événements importants de la journée.

Il descendit les quais garnis de bourgeois, ayant tout l'aspect de triomphateurs, et gagna le Louvre, qui lui apparut, au milieu de toute cette joie parisienne, avec sa plus tranquille et sa plus benoîte apparence.

Aurilly savait son monde et connaissait sa cour; il causa d'abord avec l'officier de la porte, qui était toujours un personnage considérable pour les chercheurs de nouvelles et les flaireurs de scandale.

L'officier de la porte était tout miel; le roi s'était réveillé de la meilleure humeur du monde.

Aurilly passa de l'officier de la porte au concierge.

Le concierge passait une revue de serviteurs habillés à neuf, et leur distribuait des hallebardes d'un nouveau modèle.

Il sourit au joueur de luth, répondit à ses commentaires sur la pluie et le beau temps, ce qui donna à Aurilly la meilleure opinion de l'atmosphère politique.

En conséquence, Aurilly passa outre et prit le grand escalier qui conduisait chez le duc, en distribuant force saluts aux courtisans déjà disséminés par les montées et les antichambres.

A la porte de l'appartement de Son Altesse, il trouva Chicot assis sur un pliant.

Chicot jouait aux échecs tout seul, et paraissait absorbé dans une profonde combinaison.

Aurilly essaya de passer, mais Chicot, avec ses longues jambes, tenait toute la longueur du palier.

Il fut forcé de frapper sur l'épaule du Gascon.

— Ah! c'est vous, dit Chicot; pardon, monsieur Aurilly.

— Que faites-vous donc, monsieur Chicot?

— Je joue aux échecs, comme vous voyez.

— Tout seul?

— Oui... j'étudie un coup... savez-vous jouer aux échecs, monsieur?

— A peine.

— Oui, je sais, vous êtes musicien, et la musique est un art si difficile, que les privilégiés qui se livrent à cet art sont forcés de lui donner tout leur temps et toute leur intelligence.

— Il paraît que le coup est sérieux, demanda en riant Aurilly.

— Oui, c'est mon roi qui m'inquiète; vous saurez, monsieur Aurilly, qu'aux échecs le roi est un personnage très-niais, très-insignifiant, qui n'a pas de volonté, qui ne peut faire qu'un pas à droite, un pas à gauche, un pas en avant, un pas en arrière, tandis qu'il est entouré d'ennemis très-alertes, de cavaliers qui sautent trois cases d'un coup, et d'une foule de pions qui l'entourent, qui le pressent, qui le harcèlent; de sorte que, s'il est mal conseillé, ah! dame! en peu de temps, c'est un monarque perdu; il est vrai qu'il a son fou qui va, qui vient, qui trotte d'un bout de l'échiquier à l'autre, qui a le droit de se mettre devant lui, derrière lui et à côté de lui; mais il n'en est pas moins certain que plus le fou est dévoué à son roi, plus il s'aventure lui-même, monsieur Aurilly; et, dans ce moment, je vous avouerai que mon roi et son fou sont dans une situation des plus périlleuses.

— Mais, demanda Aurilly, par quel hasard, monsieur Chicot, êtes-vous venu étudier toutes ces combinaisons à la porte de Son Altesse Royale?

— Parce que j'attends M. de Quélus, qui est là.

— Où là? demanda Aurilly.

— Mais chez Son Altesse.

— Chez Son Altesse, M. de Quélus? fit avec surprise Aurilly.

Pendant tout ce dialogue, Chicot avait livré passage au joueur de luth; mais de telle façon qu'il avait transporté son établissement dans le corridor, et que le messager de M. de Guise se trouvait placé maintenant entre lui et la porte d'entrée.

Cependant il hésitait à ouvrir cette porte.

— Mais, dit-il, que fait donc M. de Quélus chez M. le duc d'Anjou? je ne les savais pas si grands amis.

— Chut! dit Chicot avec un air de mystère.

Puis, tenant toujours son échiquier entre ses deux mains, il décrivit une courbe avec sa longue personne, de sorte que, sans que ses pieds quittassent leur place, ses lèvres arrivèrent à l'oreille d'Aurilly.

— Il vient demander pardon à Son Altesse Royale, dit-il, pour une petite querelle qu'ils eurent hier.

— En vérité? dit Aurilly.

— C'est le roi qui a exigé cela; vous savez dans quels excellents termes les deux frères sont en ce moment. Le roi n'a pas voulu souffrir une impertinence de Quélus, et Quélus a reçu l'ordre de s'humilier.

— Vraiment?

— Ah! monsieur Aurilly, dit Chicot, je crois que véritablement nous entrons dans l'âge d'or;

le Louvre va devenir l'Arcadie, et les deux frères *Arcades ambo*. Ah! pardon, monsieur Aurilly, j'oublie toujours que vous êtes musicien.

Aurilly sourit et passa dans l'antichambre, en ouvrant la porte assez grande pour que Chicot pût échanger un coup d'œil des plus significatifs avec Quélus, qui d'ailleurs était probablement prévenu à l'avance.

Chicot reprit alors ses combinaisons palamédiques, en gourmandant son roi, non pas plus durement peut-être que ne l'eût mérité un souverain en chair et en os, mais plus durement certes que ne le méritait un innocent morceau d'ivoire.

Aurilly, une fois entré dans l'antichambre, fut salué très-courtoisement par Quélus, entre les mains de qui un superbe bilboquet d'ébène, enjolivé d'incrustations d'ivoire, faisait de rapides évolutions.

— Bravo! monsieur de Quélus, dit Aurilly en voyant le jeune homme accomplir un coup difficile, bravo!

— Ah! mon cher monsieur Aurilly, dit Quélus, quand jouerai-je du bilboquet comme vous jouez du luth!

— Quand vous aurez étudié autant de jours votre joujou, dit Aurilly un peu piqué, que j'ai mis, moi, d'années à étudier mon instrument. Mais où est donc monseigneur? ne lui parliez-vous pas ce matin, monsieur?

— J'ai en effet audience de lui, mon cher Aurilly, mais Schomberg a le pas sur moi.

— Ah! M. de Schomberg aussi! dit le joueur de luth avec une nouvelle surprise.

— Oh! mon Dieu! oui. C'est le roi qui règle cela ainsi; il est là dans la salle à manger. Entrez donc, monsieur d'Aurilly, et faites-moi le plaisir de rappeler au prince que nous attendons.

Aurilly ouvrit la seconde porte, et aperçut Schomberg couché plutôt qu'assis sur un large escabeau tout rembourré de plumes.

Schomberg, ainsi renversé, visait, avec une sarbacane, à faire passer dans un anneau d'or, suspendu au plafond par un fil de soie, de petites boules de terre parfumée, dont il avait ample provision dans sa gibecière, et qu'un chien favori lui rapportait toutes les fois qu'elles ne s'étaient pas brisées contre la muraille.

— Quoi! s'écria Aurilly, chez monseigneur un pareil exercice!... Ah! monsieur Schomberg!

— Ah! *guten Morgen!* monsieur Aurilly, dit Schomberg en interrompant le cours de son jeu d'adresse, vous voyez, je tue le temps en attendant mon audience.

— Mais où est donc monseigneur? demanda Aurilly.

— Chut! monseigneur est occupé dans ce moment à pardonner à d'Épernon et à Maugiron. Mais ne voulez-vous point entrer, vous qui jouissez de toutes familiarités près du prince?

— Peut-être y a-t-il indiscrétion? demanda le musicien.

— Pas le moins du monde, au contraire; vous le trouverez dans son cabinet de peinture; entrez, monsieur Aurilly, entrez.

Et il poussa Aurilly par les épaules dans la pièce voisine, où le musicien ébahi aperçut tout d'abord d'Épernon occupé devant un miroir à se roidir les moustaches avec de la gomme, tandis que Maugiron, assis près de la fenêtre, découpait des gravures près desquelles les bas-reliefs du temple de Vénus Aphrodite, à Gnide, et les peintures de la piscine de Tibère, à Caprée, pouvaient passer pour des images de sainteté.

Le duc, sans épée, se tenait dans son fauteuil entre ces deux hommes, qui ne le regardaient que pour surveiller ses mouvements, et qui ne lui parlaient que pour lui faire entendre des paroles désagréables.

En voyant Aurilly, il voulut s'élancer au-devant de lui.

— Tout doux, monseigneur, dit Maugiron, vous marchez sur mes images.

— Mon Dieu! s'écria le musicien, que vois-je là? on insulte mon maître!

— Ce cher monsieur Aurilly, dit d'Épernon tout en continuant de cambrer ses moustaches, comment va-t-il? Très-bien, car il me paraît un peu rouge.

— Faites-moi donc l'amitié, monsieur le musicien, de m'apporter votre petite dague, s'il vous plaît, dit Maugiron.

— Messieurs, messieurs, dit Aurilly, ne vous rappelez-vous donc plus où vous êtes?

— Si fait, si fait, mon cher Orphée, dit d'É-

pernon, voilà pourquoi mon ami vous demande votre poignard. Vous voyez bien que M. le duc n'en a pas.

— Aurilly, dit le duc avec une voix pleine de douleur et de rage, ne devines-tu donc pas que je suis prisonnier?

— Prisonnier de qui?

— De mon frère. N'aurais-tu donc pas dû le comprendre, en voyant quels sont mes geôliers?

Aurilly poussa un cri de surprise.

— Oh! si je m'en étais douté! dit-il.

— Vous eussiez pris votre luth pour distraire Son Altesse, cher monsieur Aurilly, dit une voix railleuse; mais j'y ai songé: je l'ai envoyé prendre, et le voici.

Et Chicot tendit effectivement son luth au pauvre musicien; derrière Chicot, on pouvait voir Quélus et Schomberg qui bâillaient à se démonter la mâchoire.

— Et cette partie d'échecs, Chicot? demanda d'Épernon.

— Ah! oui, c'est vrai, dit Quélus.

— Messieurs, je crois que mon fou sauvera son roi; mais, morbleu! ce ne sera pas sans peine. Allons, monsieur Aurilly, donnez-moi votre poignard en échange de ce luth, troc pour troc.

Le musicien, consterné, obéit et alla s'asseoir sur un coussin, aux pieds de son maître.

— En voilà déjà un dans la ratière, dit Quélus; passons aux autres.

Et sur ces mots, qui donnaient à Aurilly l'explication des scènes précédentes, Quélus retourna prendre son poste dans l'antichambre, en priant seulement Schomberg de changer sa sarbacane contre son bilboquet.

— C'est juste, dit Chicot, il faut varier ses plaisirs; moi, pour varier les miens, je vais signer la Ligue.

Et il referma la porte, laissant la société de Son Altesse Royale augmentée du pauvre joueur de luth.

CHAPITRE XXIII

COMMENT LE ROI NOMMA UN CHEF A LA LIGUE, ET COMMENT CE NE FUT NI SON ALTESSE
LE DUC D'ANJOU NI MONSEIGNEUR LE DUC DE GUISE.

'heure de la grande réception était arrivée ou plutôt allait arriver; car, depuis midi, le Louvre recevait déjà les principaux chefs, les intéressés et même les curieux. Paris, tumultueux comme la veille, mais avec cette différence que les Suisses, qui n'étaient pas de la fête la veille, en étaient, le lendemain, les acteurs principaux; Paris, tumultueux comme la veille, disons-nous, avait envoyé vers le Louvre ses députations de ligueurs, ses corporations d'ouvriers, ses échevins, ses milices et ses flots toujours renaissants de spectateurs, qui, dans les jours où le peuple tout entier est occupé à quelque chose, apparaissent autour du peuple pour le regarder, aussi nombreux, aussi actifs, aussi curieux que s'il y avait à Paris deux peuples, et comme si, dans cette grande ville, en petit l'image du monde, chaque individu se dédoublait à volonté en deux parties, l'une agissant, l'autre qui regarde agir.

Il y avait donc autour du Louvre une masse considérable de populaire; mais qu'on ne tremble pas pour le Louvre. Ce n'est pas encore le temps où le murmure des peuples, changé en tonnerre, renverse les murailles avec le souffle de ses canons et renverse le château sur ses maîtres; les Suisses, ce jour-là, ces ancêtres du 10 août et du 27 juillet, les Suisses souriaient aux masses de Parisiens, tout armées que fussent ces masses, et les Parisiens souriaient aux Suisses : le temps n'était pas encore venu pour le peuple d'ensanglanter le vestibule de ses rois.

Qu'on n'aille pas croire toutefois que, pour être moins sombre, le drame fût dénué d'inté-

rêt; c'était, au contraire, une des scènes les plus curieuses que nous ayons encore esquissées, que celle que présentait le Louvre. Le roi, dans sa grande salle, dans la salle du trône, était entouré de ses officiers, de ses amis, de ses serviteurs, de sa famille, attendant que toutes les corporations eussent défilé devant lui, pour aller ensuite, en laissant leurs chefs dans ce palais, prendre les places qui leur étaient assignées sous les fenêtres et dans les cours du Louvre.

Il pouvait ainsi, d'un seul coup, d'un seul bloc, en masse, embrasser d'un coup d'œil et presque compter ses ennemis, renseigné de temps en temps par Chicot, caché derrière son fauteuil royal; averti par un signe de la reine mère, ou réveillé par quelques frémissements des infimes ligueurs, plus impatients que leurs chefs, parce qu'ils étaient moins avant qu'eux dans le secret.

Tout à coup M. de Monsoreau entra.

— Tiens, dit Chicot, regarde donc, Henriquet.

— Que veux-tu que je regarde?

— Regarde ton grand veneur, pardieu! il en vaut bien la peine; il est assez pâle et assez crotté pour mériter d'être vu.

— En effet, dit le roi, c'est lui-même.

Henri fit un signe à M. de Monsoreau; le grand veneur s'approcha.

— Comment êtes-vous au Louvre, monsieur? demanda Henri. Je vous croyais à Vincennes, occupé à nous détourner un cerf.

— Le cerf était, en effet, détourné à sept heures du matin, sire; mais, voyant que midi était prêt à sonner et que je n'avais aucune nouvelle, j'ai craint qu'il ne vous fût arrivé malheur, et je suis accouru.

— En vérité? fit le roi.

— Sire, dit le comte, si j'ai manqué à mon devoir, n'attribuez cette faute qu'à un excès de dévouement.

— Oui, monsieur, dit Henri, et croyez bien que je l'apprécie.

— Maintenant, reprit le comte avec hésitation, si Votre Majesté exige que je retourne à Vincennes, comme je suis rassuré...

— Non, non, restez, notre grand veneur; cette chasse était une fantaisie qui nous était passée par la tête, et qui s'en est allée comme elle était venue; restez, et ne vous éloignez pas; j'ai besoin d'avoir autour de moi des gens qui me sont dévoués, et vous venez de vous ranger vous-même parmi ceux sur le dévouement desquels je puis compter.

Monsoreau s'inclina.

— Où Votre Majesté veut-elle que je me tienne? demanda le comte.

— Veux-tu me le donner pour une demi-heure? demanda tout bas Chicot à l'oreille du roi.

— Pourquoi faire?

— Pour le tourmenter un peu. Qu'est-ce que cela te fait? Tu me dois bien un dédommagement pour m'obliger d'assister à une cérémonie aussi fastidieuse que celle que tu nous promets.

— Eh bien, prends-le.

— J'ai eu l'honneur de demander à Votre Majesté où elle désirait que je prisse place? demanda une seconde fois le comte.

— Je croyais vous avoir répondu : « Où vous voudrez. » Derrière mon fauteuil, par exemple. C'est là que je mets mes amis.

— Venez çà, notre grand veneur, dit Chicot en livrant à M. de Monsoreau une portion du terrain qu'il s'était réservé pour lui tout seul, et flairez-moi un peu ces gaillards-là. Voilà un gibier qui se peut détourner sans limier. Ventre de biche! monsieur le comte, quel fumet! Ce sont les cordonniers qui passent, ou plutôt qui sont passés; puis, voici les tanneurs. Mort de ma vie! notre grand veneur, si vous perdez la trace de ceux-ci, je vous déclare que je vous ôte le brevet de votre charge!

M. de Monsoreau faisait semblant d'écouter, ou plutôt il écoutait sans entendre. Il était fort affairé et regardait tout autour de lui avec une préoccupation qui échappa d'autant moins au roi, que Chicot eut le soin de la lui faire remarquer.

— Eh! dit-il tout bas au roi, sais-tu ce que chasse en ce moment ton grand veneur?

— Non; que chasse-t-il?

— Il chasse ton frère d'Anjou.

— Ce n'est pas à vue, en tout cas, dit Henri en riant.

— Non, c'est au juger. Tiens-tu à ce qu'il ignore où il est?

— Mais je ne serais pas fâché, je l'avoue, qu'il fît fausse route.

— Attends, attends, dit Chicot, je vais le lancer sur une piste, moi. On dit que le loup a le fumet du renard; il s'y trompera. Demande-lui seulement où est la comtesse.

— Pour quoi faire?

— Demande toujours, tu verras.

— Monsieur le comte, dit Henri, qu'avez-vous donc fait de madame de Monsoreau? Je ne l'aperçois pas parmi ces dames?

Le comte tressaillit comme si un serpent l'eût mordu au pied.

Chicot se grattait le bout du nez en clignant des yeux à l'adresse du roi.

— Sire, répondit le grand veneur, madame la comtesse était malade, l'air de Paris lui est mauvais, et elle est partie cette nuit, après avoir sollicité et obtenu congé de la reine, avec le baron de Méridor, son père.

— Et vers quelle partie de la France s'achemine-t-elle? demanda le roi, enchanté d'avoir une occasion de détourner la tête tandis que les tanneurs passaient.

— Vers l'Anjou, son pays, sire.

— Le fait est, dit Chicot gravement, que l'air de Paris ne sied point aux femmes enceintes : *Gravidis uxoribus Lutetia inclemens.* Je te conseille d'imiter l'exemple du comte, Henri, et d'envoyer aussi la reine quelque part quand elle le sera...

Monsoreau pâlit et regarda furieusement Chicot, qui, le coude appuyé sur le fauteuil royal et le menton dans sa main, paraissait fort attentif à considérer les passementiers qui suivaient immédiatement les tanneurs.

— Et qui vous a dit, monsieur l'impertinent, que madame la comtesse fût enceinte? murmura Monsoreau.

— Ne l'est-elle point? dit Chicot; voilà ce qui serait plus impertinent, ce me semble, à supposer.

— Elle ne l'est pas, monsieur.

— Tiens, tiens, tiens, dit Chicot, as-tu entendu, Henri? il paraît que ton grand veneur a commis la même faute que toi : il a oublié de rapprocher les chemises de Notre-Dame.

Monsoreau ferma ses poings et dévora sa colère, après avoir lancé à Chicot un regard de haine et de menace auquel Chicot répondit en enfonçant son chapeau sur ses yeux et en faisant jouer, comme un serpent, la mince et longue plume qui ombrageait son feutre.

Le comte vit que le moment était mal choisi, et secoua la tête, comme pour faire tomber de son front les nuages dont il était chargé.

Chicot se désassombrit à son tour, et, passant de l'air matamore au plus gracieux sourire :

— Cette pauvre comtesse, ajouta-t-il, elle est dans le cas de périr d'ennui par les chemins !

— J'ai dit au roi, répondit Monsoreau, qu'elle voyageait avec son père.

— Soit, c'est respectable, un père, je ne dis pas non ; mais ce n'est pas amusant ; et, si elle n'avait que ce digne baron pour la distraire par les chemins... mais heureusement...

— Quoi ? demanda vivement le comte.

— Quoi, quoi ? répondit Chicot.

— Que veut dire : heureusement ?

— Ah ! ah ! c'était une ellipse que vous faisiez, monsieur le comte.

Le comte haussa les épaules.

— Je vous demande bien pardon, notre grand veneur. La forme interrogatoire dont vous venez de vous servir s'appelle une ellipse. Demandez plutôt à Henri, qui est un philologue ?

— Oui, dit Henri, mais que signifiait ton adverbe ?

— Quel adverbe ?

— *Heureusement.*

— Heureusement signifiait heureusement. Heureusement, disais-je, et, en cela, j'admirais la bonté de Dieu. Heureusement donc qu'il existe à l'heure qu'il est, par les chemins, quelques-uns de nos amis, et des plus facétieux même, qui, s'ils rencontrent la comtesse, la distrairont à coup sûr ; et, ajouta négligemment Chicot, comme ils suivent la même route, il est probable qu'ils la rencontreront. Oh ! je les vois d'ici. Les vois-tu, Henri, toi qui es un homme d'imagination ? Les vois-tu sur un beau chemin vert, caracolant avec leurs chevaux, et contant à madame la comtesse cinquante gaillardises dont elle pâme, la chère dame ?

Second poignard, plus acéré que le premier, planté dans la poitrine du grand veneur.

Cependant il n'y avait pas moyen d'éclater ; le roi était là, et Chicot avait, momentanément du moins, un allié dans le roi ; aussi, avec une affabilité qui témoignait des efforts qu'il avait dû faire pour dompter sa méchante humeur :

— Quoi ! vous avez des amis qui voyagent vers l'Anjou ? dit-il en caressant Chicot du regard et de la voix.

— Vous pourriez même dire nous avons, monsieur le comte, car ces amis-là sont encore plus vos amis que les miens.

— Vous m'étonnez, monsieur Chicot, dit le comte ; je ne connais personne qui...

— Bon ! faites le mystérieux.

— Je vous jure.

— Vous en avez si bien, monsieur le comte, et même ce vous sont des amis si chers, que tout à l'heure, par habitude, car vous savez parfaitement qu'ils sont sur la route de l'Anjou, que tout à l'heure, par habitude, je vous les ai vu chercher dans la foule, inutilement, bien entendu.

— Moi, fit le comte, vous m'avez vu ?

— Oui, vous, le grand veneur, le plus pâle de tous les grands veneurs passés, présents et futurs, depuis Nemrod jusqu'à M. d'Autefort, votre prédécesseur.

— Monsieur Chicot !

— Le plus pâle, je le répète : *Veritas veritatum.* — Ceci est un barbarisme, attendu qu'il n'y a jamais qu'une vérité, vu que, s'il y en avait deux, il y en aurait au moins une qui ne serait pas vraie ; mais vous n'êtes pas philologue, cher monsieur Esaü.

— Non, monsieur, je ne le suis pas ; voilà donc pourquoi je vous prierai de revenir tout directement à ces amis dont vous me parliez, et de vouloir bien, si cependant cette surabondance d'imagination qu'on remarque en vous vous le permet, et de vouloir bien nommer ces amis par leurs véritables noms.

— Eh ! vous répétez toujours la même chose. Cherchez, monsieur le grand veneur. Morbleu ! cherchez, c'est votre métier de détourner les bêtes, témoin ce malheureux cerf que vous avez dérangé ce matin, et qui ne devait point s'attendre à cela de votre part. Si l'on venait vous empêcher de dormir, vous, est-ce que vous seriez content ?

Les yeux de Monsoreau erraient avec effroi sur l'entourage de Henri.

— Quoi ! s'écria-t-il en voyant une place vide près du roi.

— Allons donc ! dit Chicot.

— M. le duc d'Anjou, s'écria le grand veneur.

— Taïaut, taïaut ! dit le Gascon, voilà la bête lancée.

— Il est parti aujourd'hui ! exclama le comte.

— Il *est* parti aujourd'hui, répondit Chicot,

mais il est possible qu'il *ait* parti hier au soir. Vous n'êtes pas philologue, monsieur; mais demandez au roi, qui l'est. Quand, c'est-à-dire à quel moment a disparu ton frère, Henriquet?

— Cette nuit, répondit le roi.

— Le duc, le duc est parti, murmura Monsoreau blême et tremblant. Ah! mon Dieu! mon Dieu! que me dites-vous là, sire?

— Je ne dis pas, reprit le roi, que mon frère soit parti; je dis seulement que, cette nuit, il a disparu, et que ses meilleurs amis ne savent point où il est.

— Oh! fit le comte avec colère, si je croyais cela!...

— Eh bien, eh bien, que feriez-vous? d'ailleurs, voyez un peu le grand malheur, quand il conterait quelque douceur à madame de Monsoreau? C'est le galant de la famille que notre ami François; il l'était pour le roi Charles IX, du temps que le roi Charles IX vivait, et il l'est pour le roi Henri III, qui a autre chose à faire que d'être galant. Que diable! c'est bien le moins qu'il y ait à la cour un prince qui représente l'esprit français!

— Le duc, le duc parti! répéta Monsoreau, en êtes-vous bien sûr, monsieur?

— Et vous? demanda Chicot.

Le grand veneur se tourna encore une fois vers la place occupée ordinairement par le duc près de son frère, place qui continuait de demeurer vide.

— Je suis perdu, murmura-t-il avec un mouvement si marqué pour fuir, que Chicot le retint.

— Tenez-vous donc tranquille, mordieu! vous ne faites que bouger, et cela fait mal au cœur au roi. Mort de ma vie! je voudrais bien être à la place de votre femme, ne fût-ce que pour voir tout le jour un prince à deux nez, et pour entendre M. Aurilly, qui joue du luth comme feu Orphée. Quelle chance elle a, votre femme! quelle chance!

Monsoreau frissonna de colère.

— Tout doux, monsieur le grand veneur, dit Chicot, cachez donc votre joie! voici la séance qui s'ouvre; c'est indécent de manifester ainsi ses passions; écoutez le discours du roi.

Force fut au grand veneur de se tenir à sa place; car, en effet, petit à petit la salle du Louvre s'était remplie: il demeura donc immobile et dans l'attitude du cérémonial. Toute l'assemblée avait pris séance; M. de Guise venait d'entrer et de plier le genou devant le roi, non sans jeter, lui aussi, un regard de surprise inquiète sur le siège laissé vacant par M. le duc d'Anjou.

Le roi se leva. Les hérauts commandèrent le silence.

CHAPITRE XXIV

COMMENT LE ROI NOMMA UN CHEF QUI N'ÉTAIT NI SON ALTESSE LE DUC D'ANJOU NI MONSEIGNEUR
LE DUC DE GUISE.

essieurs, dit le roi au milieu du plus profond silence, et après s'être assuré que d'Épernon, Schomberg, Maugiron et Quélus, remplacés dans leur garde par un poste de dix Suisses, étaient venus le rejoindre et se tenaient derrière lui; Messieurs, un roi entend également, placé qu'il est, pour ainsi dire, entre le ciel et la terre, les voix qui viennent d'en haut et les voix qui viennent d'en bas, c'est-à-dire ce que commande Dieu et ce que demande son peuple. C'est une garantie pour tous mes sujets, et je comprends aussi parfaitement cela, que l'association de tous les pouvoirs réunis en un seul faisceau pour défendre la foi catholique. Aussi ai-je pour agréable le conseil que nous a donné mon cousin de Guise. Je déclare donc la sainte Ligue bien et dûment autorisée et instituée, et, comme il faut qu'un si grand corps ait une bonne et puissante tête, comme il importe que le chef appelé à soutenir l'Église soit un des fils les plus zélés de l'Église, et que ce zèle lui soit imposé par sa nature même et sa charge, je prends un prince chrétien pour le mettre à la tête de la Ligue, et je déclare que désormais ce chef s'appellera...

Henri fit à dessein une pause.

Le vol d'un moucheron eût fait événement au milieu de l'immobilité générale.

Henri répéta :

— Et je déclare que ce chef s'appellera Henri de Valois, roi de France et de Pologne.

Henri, en prononçant ces paroles, avait haussé la voix avec une sorte d'affectation, en signe de triomphe et pour échauffer l'enthousiasme de ses amis prêts à éclater, comme aussi pour achever d'écraser les ligueurs dont les sourds murmures décelaient le mécontentement, la surprise et l'épouvante.

Quant au duc de Guise, il était demeuré anéanti : de larges gouttes de sueur coulaient de son front; il échangea un regard avec le duc de Mayenne et le cardinal son frère, qui se tenaient au milieu des deux groupes de chefs, l'un à sa droite, l'autre à sa gauche.

Monsoreau, plus étonné que jamais de l'absence du duc d'Anjou, commença à se rassurer en se rappelant les paroles de Henri III.

En effet, le duc pouvait être disparu sans être parti.

Le cardinal quitta sans affectation le groupe dans lequel il se trouvait et se glissa jusqu'à son frère.

— François, lui dit-il à l'oreille, ou je me trompe fort, ou nous ne sommes plus en sûreté ici. Hâtons-nous de prendre congé, car la populace est étrange, et le roi qu'elle exécrait hier va devenir son idole pour quelques jours.

— Soit, dit Mayenne, partons. Attendez notre frère ici : moi, je vais préparer la retraite.

— Allez.

Pendant ce temps, le roi avait signé l'acte préparé sur la table et dressé d'avance par M. de Morvilliers, la seule personne qui fût, avec la reine mère, dans la connaissance du secret; puis il avait, de ce ton goguenard qu'il savait si bien prendre dans l'occasion, dit en nasillant à M. de Guise :

— Signez donc, mon beau cousin.

Et il lui avait passé la plume.

Puis, lui désignant la place du bout du doigt :

— Là, là, avait-il dit, au-dessous de moi. Maintenant passez à M. le cardinal et à M. le duc de Mayenne.

Mais le duc de Mayenne était déjà au bas des degrés et le cardinal dans l'autre chambre.

Le roi remarqua leur absence.

— Alors, passez à M. le grand veneur, dit-il.

Le duc signa, passa la plume au grand veneur, et fit un mouvement pour se retirer.

— Attendez, dit le roi.

Et, pendant que Quélus reprenait d'un air narquois la plume des mains de M. de Monsoreau, et que non-seulement toute la noblesse présente, mais encore tous les chefs de corporations convoqués pour ce grand événement s'apprêtaient à signer au-dessous du roi, et sur des feuilles volantes auxquelles devaient faire suite les différents registres où, la veille, chacun avait pu, qu'il fût petit ou grand, noble ou vilain, inscrire son nom en toutes lettres, pendant ce temps, le roi disait au duc de Guise :

— Mon cousin, c'était votre avis, je crois : faire, pour garde de notre capitale, une bonne armée avec toutes les forces de la Ligue? L'armée est faite et convenablement faite, puisque le général naturel des Parisiens, c'est le roi.

— Assurément, sire, répondit le duc sans trop savoir ce qu'il disait.

— Mais je n'oublie pas, continua le roi, que j'ai une autre armée à commander, et que ce commandement appartient de droit au premier homme de guerre du royaume. Tandis que moi je commanderai à la Ligue, allez donc commander l'armée, mon cousin.

— Et quand dois-je partir? demanda le duc.

— Sur-le-champ, répondit le roi.

— Henri! Henri! fit Chicot que l'étiquette empêcha de courir sus au roi pour l'arrêter en pleine harangue, comme il en avait bonne envie.

Mais, comme le roi ne l'avait pas entendu, ou, s'il l'avait entendu, ne l'avait pas compris, il s'avança révérencieusement, tenant à la main une énorme plume, et, se faisant jour jusqu'à ce qu'il fût près du roi :

— Tu te tairas, j'espère, double niais, lui dit-il tout bas.

Mais il était déjà trop tard. Le roi, comme nous l'avons vu, avait déjà annoncé au duc de Guise sa nomination, et lui remettait son brevet signé à l'avance, et cela malgré tous les gestes et toutes les grimaces du Gascon.

Le duc de Guise prit son brevet et sortit.

Le cardinal l'attendait à la porte de la salle, et le duc de Mayenne les attendait tous deux à la porte du Louvre.

Ils montèrent à cheval à l'instant même, et

dix minutes ne s'étaient pas écoulées, que tous trois étaient hors de Paris.

Le reste de l'assemblée se retira peu à peu. Les uns criaient : Vive le roi! les autres : Vive la Ligue!

— Au moins, dit Henri en riant, j'ai résolu un grand problème.

— Oh! oui, murmura Chicot, tu es un fier mathématicien, va!

— Sans doute, reprit le roi, en faisant pousser à tous ces coquins les deux cris opposés, je suis parvenu à leur faire crier la même chose.

— *Sta bene!* dit la reine mère à Henri en lui serrant la main.

— Crois cela et bois du lait, dit le Gascon; elle enrage : ses Guises sont presque aplatis du coup.

— Oh! sire, sire, s'écrièrent les favoris en s'approchant tumultueusement du roi, la sublime imagination que vous avez eue là!

— Ils croient que l'argent va leur pleuvoir comme manne, dit Chicot à l'autre oreille du roi.

Henri fut reconduit en triomphe à son appartement; au milieu du cortège qui accompagnait et suivait le roi, Chicot jouait le rôle du détracteur antique en poursuivant son maître de ses lamentations.

Cette persistance de Chicot à rappeler au demi-dieu du jour qu'il n'était qu'un homme frappa le roi au point qu'il congédia tout le monde et demeura seul avec Chicot.

— Ah çà! dit Henri en se retournant vers le Gascon, savez-vous que vous n'êtes jamais content, maître Chicot, et que cela devient assommant? Que diable! ce n'est pas de la complaisance que je vous demande, c'est du bon sens.

— Tu as raison, Henri, dit Chicot, car c'est ce dont tu as le plus besoin.

— Conviens, au moins, que le coup est bien joué?

— C'est justement de cela que je ne veux pas convenir.

— Ah! tu es jaloux, monsieur le roi de France!

— Moi, Dieu m'en garde! je choisirais mieux mes sujets de jalousie.

— Corbleu! monsieur l'épilogueur!...

— Oh! quel amour-propre féroce!

— Voyons, suis-je, ou non, roi de la Ligue?

— Certainement, et c'est incontestable, tu l'es. Mais...

— Mais quoi?

— Mais tu n'es plus roi de France.

— Et qui donc est roi de France?

— Tout le monde, excepté toi, Henri; ton frère d'abord.

— Mon frère! de qui veux-tu parler?

— De M. d'Anjou, parbleu!

— Que je tiens prisonnier?

— Oui, car, tout prisonnier qu'il est, il est sacré, et toi, tu ne l'es pas.

— Par qui est-il sacré?

— Par le cardinal de Guise; en vérité, Henri, je te conseille de parler encore de ta police; on sacre un roi à Paris devant trente-trois personnes, en pleine église Sainte-Geneviève, et tu ne le sais pas.

— Ouais; et tu le sais, toi?

— Certainement que je le sais.

— Et comment peux-tu savoir ce que je ne sais pas?

— Ah! parce que tu fais faire ta police par M. de Morvilliers, et que moi je fais ma police moi-même.

Le roi fronça le sourcil.

— Nous avons donc déjà, comme roi de France, sans compter Henri de Valois, nous avons François d'Anjou, puis nous avons encore, voyons, dit Chicot en ayant l'air de chercher, nous avons encore le duc de Guise.

— Le duc de Guise?

— Le duc de Guise, Henri de Guise, Henri le Balafré. Je répète donc : nous avons encore le duc de Guise.

— Beau roi, en vérité, que j'exile, que j'envoie à l'armée!

— Bon! comme si on ne t'avait pas exilé en Pologne, toi; comme s'il n'y avait pas plus près de La Charité au Louvre que de Cracovie à Paris! Ah! il est vrai que tu l'envoies à l'armée; voilà où est la finesse du coup, l'habileté de la botte; tu l'envoies à l'armée, c'est-à-dire que tu mets trente mille hommes sous ses ordres; ventre de biche! et quelle armée! une vraie armée... ce n'est pas comme ton armée de la Ligue...Non... une armée de bourgeois, c'est bon pour Henri de Valois, roi des mignons; à Henri de Guise, il faut une armée de soldats, et de quels soldats! durs, aguerris, roussis par le canon, capables de dévorer vingt armées de la Ligue; de sorte que si, étant roi de fait, Henri de Guise avait un jour la sotte fantaisie de le devenir de nom, il n'aurait qu'à tourner ses trompettes du côté de la capitale, et dire : « En avant! avalons Paris d'une bouchée, et Henri de Valois et le Louvre avec. » Ils le feraient, les drôles, je les connais.

— Vous oubliez une chose seulement dans votre argumentation, illustre politique que vous êtes, dit Henri.

— Ah! dame, cela c'est possible, surtout si ce que j'oublie est un quatrième roi.

— Non; vous oubliez, dit Henri avec un suprême dédain, que, pour songer à régner sur la France, quand c'est un Valois qui porte la couronne, il faut un peu regarder en arrière et compter ses ancêtres. Que pareille idée vienne à M. d'Anjou, passe encore; il est de race à y prétendre, lui, ses aïeux sont les miens; il peut y avoir lutte et balance entre nous, car, entre nous, c'est une question de primogéniture, et voilà tout. Mais M. de Guise... allons donc, maître Chicot! allez étudier le blason, notre ami, et dites-nous si les fleurs de lis de France ne sont pas de meilleure maison que les merlettes de Lorraine.

— Eh! eh! fit Chicot, voilà justement où est l'erreur, Henri.

— Comment, où est l'erreur?

— Sans doute. M. de Guise est de bien meilleure maison que tu ne crois, va.

— De meilleure maison que moi peut-être? dit Henri en souriant.

— Il n'y a pas de peut-être, mon petit Henriquet.

— Vous êtes fou, monsieur Chicot.

— Dame! c'est mon titre.

— Mais je dis véritablement fou, mais je dis fou à lier. Allez apprendre à lire, mon ami.

— Eh bien, Henri, dit Chicot, toi qui sais lire, toi qui n'as pas besoin de retourner comme moi à l'école, lis un peu ceci.

Et Chicot tira de sa poitrine le parchemin sur lequel Nicolas David avait écrit la généalogie que nous connaissons, celle-là même qui était revenue d'Avignon, approuvée par le pape, et qui faisait descendre Henri de Guise de Charlemagne.

Henri pâlit dès qu'il eut jeté les yeux sur le parchemin, et reconnut, près de la signature du légat, le sceau de saint Pierre.

— Qu'en dis-tu, Henri? demanda Chicot, les fleurs de lis sont un peu distancées, hein? Ventre de biche! les merlettes me paraissent vouloir voler aussi haut que l'aigle de César; prends-y garde, mon fils!

— Mais par quels moyens t'es-tu procuré cette généalogie?

— Moi, est-ce que je m'occupe de ces choses-là? elle est venue me trouver toute seule.

— Mais où était-elle avant de venir te trouver?

— Sous le traversin d'un avocat?

— Et comment s'appelait cet avocat?

— Maître Nicolas David.

— Où était-il?

— A Lyon.

— Et qui l'a été prendre à Lyon, sous le traversin de cet avocat?

— Un de mes bons amis.

— Que fait, cet ami?

— Il prêche.

— C'est donc un moine?

Juste.

— Et qui se nomme?

— Gorenflot.

—Comment! s'écria Henri; cet abominable ligueur qui a fait ce discours incendiaire à Sainte-Geneviève, et qui, hier, dans les rues de Paris, m'insultait?

— Te rappelles-tu l'histoire de Brutus qui faisait le fou...

— Mais c'est donc un profond politique que ton génovéfain?

— Avez-vous entendu parler de M. Machiavelli, secrétaire de la république de Florence? votre grand' mère est son élève.

— Alors il a soustrait cette pièce à l'avocat.

— Ah! bien oui, soustrait, il la lui a prise de force.

— A Nicolas David, à ce spadassin?

— A Nicolas David, à ce spadassin.

— Mais il est donc brave, ton moine?

— Comme Bayard!

— Et, ayant fait ce beau coup, il ne s'est pas encore présenté devant moi pour recevoir sa récompense?

— Il est rentré humblement dans son couvent, et il ne demande qu'une chose, c'est qu'on oublie qu'il en est sorti.

— Mais il est donc modeste!

— Comme saint Crépin.

— Chicot, foi de gentilhomme, ton ami aura la première abbaye vacante, dit le roi.

— Merci pour lui, Henri.

Puis à lui-même :

— Ma foi, se dit Chicot, le voilà entre Mayenne et Valois, entre une corde et une prébende; sera-t-il pendu? sera-t-il abbé? Bien fin qui pourrait le dire. En tous cas, s'il dort encore, il doit faire en ce moment-ci de drôles de rêves.

———⚬———

CHAPITRE XXV

ÉTÉOCLE ET POLYNICE.

Cette journée de la Ligue finissait tumultueuse et brillante comme elle avait commencé.

Les amis du roi se réjouissaient; les prédicateurs de la Ligue se préparaient à canoniser frère Henri, et s'entretenaient, comme on avait fait autrefois pour saint Maurice, des grandes actions guerrières de Valois, dont la jeunesse avait été si éclatante.

Les favoris disaient : « Enfin le renard a deviné le piége. »

Et, comme le caractère de la nation française est principalement l'amour-propre, et que les Français n'aiment pas les chefs d'une intelligence inférieure, les conspirateurs eux-mêmes se réjouissaient d'être joués par leur roi.

Il est vrai que les principaux d'entre eux s'étaient mis à l'abri.

Les trois princes lorrains, comme on l'a vu, avaient quitté Paris à franc étrier, et leur agent principal, M. de Monsoreau, allait sortir du Louvre pour faire ses préparatifs de départ, dans le but de rattraper le duc d'Anjou.

Mais, au moment où il allait mettre le pied sur le seuil, Chicot l'aborda. Le palais était vide de ligueurs, le Gascon ne craignait plus rien pour son roi.

— Où allez-vous donc en si grande hâte, monsieur le grand veneur? demanda-t-il.

— Auprès de Son Altesse, répondit laconiquement le comte.

— Auprès de Son Altesse?

— Oui! je suis inquiet de monseigneur. Nous ne vivons pas dans un temps où les princes puissent se mettre en route sans une bonne suite.

— Oh! celui-là est si brave, dit Chicot, qu'il en est téméraire.

Le grand veneur regarda le Gascon.

— En tout cas, lui dit-il, si vous êtes inquiet, je le suis bien plus encore, moi!

— De qui?

— Toujours de la même Altesse.

— Pourquoi?

— Vous ne savez pas ce que l'on dit?

— Ne dit-on pas qu'il est parti? demanda le comte.

— On dit qu'il est mort, souffla tout bas le Gascon à l'oreille de son interlocuteur.

— Bah! fit Monsoreau avec une intonation de surprise qui n'était pas exempte d'une certaine joie; vous disiez qu'il était en route.

— Dame! on me l'avait persuadé. Je suis de si bonne foi, moi, que je crois toutes les bourdes qu'on me conte; mais maintenant, voyez-vous, j'ai tout lieu de croire, pauvre prince! que, s'il est en route, c'est pour l'autre monde.

— Voyons, qui vous donne ces funèbres idées?

— Il est entré au Louvre hier, n'est-ce pas?

— Sans doute, puisque j'y suis entré avec lui.

— Eh bien, on ne l'en a pas vu sortir.

— Du Louvre?

— Non.

— Mais Aurilly?

— Disparu!

— Mais ses gens?

— Disparus! disparus! disparus!

— C'est une raillerie, n'est-ce pas, monsieur Chicot?

— Demandez!

— A qui?

— Au roi.

— On n'interroge point Sa Majesté?

— Bah! il n'y a que manière de s'y prendre.

— Voyons, dit le comte, je ne puis rester dans un pareil doute.

Et, quittant Chicot, ou plutôt marchant devant lui, il s'achemina vers le cabinet du roi.

Sa Majesté venait de sortir.

— Où est allé le roi? demanda le grand veneur; je dois lui rendre compte de certains ordres qu'il m'a donnés.

— Chez M. le duc d'Anjou, lui répondit celui auquel il s'adressait.

— Chez M. le duc d'Anjou! dit le comte à Chicot; le prince n'est donc pas mort?

— Heu! fit le Gascon, m'est avis qu'il n'en vaut guère mieux.

Pour le coup, les idées du grand veneur s'embrouillèrent tout à fait : il devenait certain que M. d'Anjou n'avait pas quitté le Louvre. Certains bruits qu'il recueillit, certains mouvements de gens d'office, lui confirmèrent la vérité.

Or, comme il ignorait les véritables causes de l'absence du prince, cette absence l'étonnait au delà de toute mesure dans un moment si décisif.

Le roi, en effet, était allé chez le duc d'Anjou; mais, comme le grand veneur, malgré le grand désir où il était de savoir ce qui se passait chez le prince, ne pouvait y pénétrer, force lui fut d'attendre les nouvelles dans le corridor.

Nous avons dit que, pour assister à la séance, les quatre mignons s'étaient fait remplacer par des Suisses; mais, aussitôt la séance finie, malgré l'ennui que leur causait la garde qu'ils montaient près du prince, le désir d'être désagréables à Son Altesse en lui apprenant le triomphe du roi l'avait emporté sur l'ennui, et ils étaient venus reprendre leur poste, Schomberg et d'Épernon dans le salon, Maugiron et Quélus dans la chambre même de Son Altesse.

François, de son côté, s'ennuyait mortellement, de cet ennui terrible doublé d'inquiétudes, et, il faut le dire, la conversation de ces messieurs n'était pas faite pour le distraire.

— Vois-tu, disait Quélus à Maugiron d'un bout de la chambre à l'autre, et comme si le prince n'eût point été là, vois-tu, Maugiron, je commence, depuis une heure seulement, à apprécier notre ami Valois; en vérité, c'est un grand politique.

— Explique ton dire, répondit Maugiron en se carrant dans une chaise longue.

— Le roi a parlé tout haut de la conspiration, donc il la dissimulait; s'il la dissimulait, c'est qu'il la craignait; s'il en a parlé tout haut, c'est qu'il ne la craint plus.

— Voilà qui est logique, répondit Maugiron.

— S'il ne la craint plus, il va la punir; tu connais Valois : il brille certainement par un grand nombre de qualités, mais sa resplendissante personne est assez obscure à l'endroit de la clémence.

— Accordé.

— Or, s'il punit la susdite conspiration, ce sera par un procès; s'il y a procès, nous allons jouir, sans nous déranger, d'une seconde représentation de l'affaire d'Amboise.

— Beau spectacle, morbleu !

— Oui, et dans lequel nos places sont marquées d'avance, à moins que...

— A moins que... c'est possible encore... à moins qu'on ne laisse de côté les formes judiciaires, à cause de la position des accusés, et qu'on arrange cela sous le manteau de la cheminée, comme on dit.

— Je suis pour ce dernier avis, dit Maugiron; c'est assez comme cela que se traitent d'habitude les affaires de famille, et cette dernière conspiration est une véritable affaire de famille.

Aurilly lança un coup d'œil inquiet au prince.

— Ma foi, dit Maugiron, je sais une chose, moi : c'est qu'à la place du roi je n'épargnerais pas les grosses têtes, en vérité, parce qu'ils sont deux fois plus coupables que les autres en se permettant de conspirer; ces messieurs se croient toute conspiration permise. Je dis donc que j'en sanglerais un ou deux, un surtout, mais là, carément; puis je nouerais tout le fretin. La Seine est profonde au devant de Nesle, et à la place du roi, parole d'honneur, je ne résisterais pas à la tentation.

— En ce cas, dit Quélus, je crois qu'il ne serait point mal de faire revivre la fameuse invention des sacs.

— Et quelle était cette invention? demanda Maugiron.

— Une fantaisie royale qui date de 1350 à peu près; voici la chose : on enfermait un homme dans un sac en compagnie de trois ou quatre chats, puis on jetait le tout à l'eau. Les chats, qui ne peuvent pas souffrir l'humidité, ne se sentaient pas plutôt dans la Seine qu'ils s'en prenaient à l'homme de l'accident qui leur arrivait; alors il se passait dans ce sac des choses que malheureusement on ne pouvait pas voir.

— En vérité, dit Maugiron, tu es un puits de science, Quélus, et ta conversation est des plus intéressantes.

— On pourrait ne pas appliquer cette inven-

tion aux chefs : les chefs ont toujours droit de réclamer le bénéfice de décapitation en place publique ou de l'assassinat dans quelque coin; mais comme tu le disais, au fretin, et par le fretin j'entends les favoris, les écuyers, les maîtres d'hôtel, les joueurs de luth...

— Messieurs! balbutia Aurilly pâle de terreur.

— Ne réponds donc pas, Aurilly, dit François, cela ne peut s'adresser à moi ni par conséquent à ma maison : on ne raille pas les princes du sang en France.

— Non, on les traite plus sérieusement, dit Quélus, on leur coupe le cou; Louis XI ne s'en privait pas, lui, le grand roi! témoin M. de Nemours.

Les mignons en étaient là de leur dialogue, lorsqu'on entendit du bruit dans le salon; puis la porte de la chambre s'ouvrit, et le roi parut sur le seuil.

François se leva.

— Sire, s'écria-t-il, j'en appelle à votre justice du traitement indigne que me font subir vos gens.

Mais Henri ne parut ni avoir vu ni avoir entendu son frère.

— Bonjour, Quélus, dit Henri en baisant son favori sur les deux joues; bonjour, mon enfant, la vue me réjouit l'âme; et toi, mon pauvre Maugiron, comment allons-nous?

— Je m'ennuie à périr, dit Maugiron; j'avais cru, quand je me suis chargé de garder votre frère, sire, qu'il était plus divertissant que cela. Fi ! l'ennuyeux prince ! est-ce bien le fils de votre père et de votre mère?

— Sire, vous l'entendez, dit François, est-il donc dans vos intentions royales que l'on insulte ainsi votre frère?

— Silence, monsieur, dit Henri sans se retourner, je n'aime pas que mes prisonniers se plaignent.

— Prisonnier tant qu'il vous plaira, mais ce prisonnier n'en est pas moins votre...

— Le titre que vous invoquez est justement celui qui vous perd dans mon esprit. Mon frère, coupable, est coupable deux fois.

— Mais s'il ne l'est pas?

— Il l'est !

— De quel crime ?

— De m'avoir déplu, monsieur.

— Sire, dit François humilié, nos querelles de famille ont-elles besoin d'avoir des témoins?

— Vous avez raison, monsieur. Mais amis,

François: te voilà tombé sous ma justice. — Page 122.

laissez-moi donc causer un instant avec monsieur mon frère.

— Sire, dit tout bas Quélus, ce n'est pas prudent à Votre Majesté de rester entre deux ennemis.

— J'emmène Aurilly, dit Maugiron à l'autre oreille du roi.

Les deux gentilshommes emmenèrent Aurilly, à la fois brûlant de curiosité et mourant d'inquiétude.

— Nous voici donc seuls, dit le roi.

— J'attendais ce moment avec impatience, sire.

— Et moi aussi, Ah! vous en voulez à ma couronne, mon digne Étéocle; ah! vous vous faisiez de la Ligue un moyen et du trône un but. Ah! l'on vous sacrait dans un coin de Paris, dans une église perdue, pour vous montrer tout à coup aux Parisiens tout reluisant d'huile sainte?

— Hélas! dit François, qui sentait peu à peu la colère du roi, Votre Majesté ne me laisse pas parler.

— Pourquoi faire? dit Henri, pour mentir, ou pour me dire du moins des choses que je sais aussi bien que vous? Mais non, vous mentiriez, mon frère; car l'aveu de ce que vous avez fait, ce serait l'aveu que vous méritez la mort. Vous mentiriez, et c'est une honte que je vous épargne.

— Mon frère, mon frère, dit François éperdu, est-ce bien votre intention de m'abreuver de pareils outrages?

— Alors, si ce que je vous dis peut être tenu pour outrageant, c'est moi qui mens, et je ne demande pas mieux que de mentir. Voyons, parlez, parlez, j'écoute; apprenez-nous comment vous n'êtes pas un déloyal, et, qui pis est, un maladroit.

— Je ne sais ce que Votre Majesté veut dire, et elle semble avoir pris à tâche de me parler par énigmes.

— Alors je vais vous expliquer mes paroles, moi, s'écria Henri d'une voix pleine de menaces et qui vibrait à la portée des oreilles de François: oui, vous avez conspiré contre moi, comme vous avez autrefois conspiré contre mon frère Charles; seulement autrefois c'était à l'aide du roi de Navarre, aujourd'hui c'est à l'aide du duc de Guise. Beau projet, que j'admire et qui vous eût fait une riche place dans l'histoire des usurpateurs. Il est vrai qu'autrefois vous rampiez comme un serpent, et qu'aujourd'hui vous voulez mordre comme un lion; après la perfidie, la force ouverte; après le poison, l'épée.

— Le poison! Que voulez-vous dire, monsieur? s'écria François, pâle de rage et cherchant, comme cet Étéocle à qui Henri l'avait comparé, une place où frapper Polynice avec ses regards de flamme, à défaut de glaive et de poignard. Quel poison?

— Le poison avec lequel tu as assassiné notre frère Charles; le poison que tu destinais à Henri de Navarre, ton associé. Il est connu, va, ce poison fatal; notre mère en a déjà usé tant de fois! Voilà sans doute pourquoi tu y as renoncé à mon égard; voilà pourquoi tu as voulu prendre des airs de capitaine, en commandant les milices de la Ligue. Mais regarde-moi bien en face, François, continua Henri en faisant vers son frère un pas menaçant, et demeure bien convaincu qu'un homme de ta trempe ne tuera jamais un homme de la mienne.

François chancela sous le poids de cette terrible attaque; mais, sans égards, sans miséricorde pour son prisonnier, le roi reprit:

— L'épée! l'épée! je voudrais bien te voir dans cette chambre seul à seul avec moi, tenant une épée. Je t'ai déjà vaincu en fourberie, François, car, moi aussi, j'ai pris les chemins tortueux pour arriver au trône de France; mais ces chemins, il fallait les franchir en passant sur le ventre d'un million de Polonais; à la bonne heure! Si vous voulez être fourbe, soyez-le, mais de cette façon; si vous voulez m'imiter, imitez-moi, mais pas en me rapetissant. Voilà des intrigues royales, voilà de la fourberie digne d'un capitaine; donc, je le répète, en ruses tu es vaincu, et dans un combat loyal tu serais tué; ne songe donc plus à lutter d'une façon ni de l'autre; car, dès à présent, j'agis en roi, en maître, en despote; dès à présent, je te surveille dans tes oscillations, je te poursuis dans tes ténèbres, et à la moindre hésitation, à la moindre obscurité, au moindre doute, j'étends ma large main sur toi, chétif, et je te jette pantelant à la hache de mon bourreau.

Voilà ce que j'avais à te dire relativement à nos affaires de famille, mon frère; voilà pourquoi je voulais te parler tête à tête, François; voilà pourquoi je vais ordonner à mes amis de te laisser seul cette nuit, afin que, dans la solitude, tu puisses méditer mes paroles. Si la nuit porte véritablement conseil, comme on dit, ce doit être surtout aux prisonniers.

— Ainsi, murmura le duc, par un caprice de Votre Majesté, sur un soupçon qui ressemble à un mauvais rêve que vous auriez fait, me voilà tombé dans votre disgrâce?

— Mieux que cela François: te voilà tombé sous ma justice.

— Mais au moins, sire, fixez un terme à ma captivité, que je sache à quoi m'en tenir.

— Quand on vous lira votre jugement, vous le saurez.

— Ma mère! ne pourrais-je pas voir ma mère?

— Pour quoi faire? Il n'y avait que trois exemplaires au monde du fameux livre de chasse que mon pauvre frère Charles a dévoré, c'est le mot, et les deux autres sont: l'un à Florence et l'autre à Londres. D'ailleurs, je ne suis pas un Nemrod, moi, comme mon pauvre frère. Adieu! François.

Le prince tomba atterré sur un fauteuil.

— Messieurs, dit le roi en rouvrant la porte, messieurs, M. le duc d'Anjou m'a demandé la liberté de réfléchir cette nuit à une réponse qu'il doit me faire demain matin. Vous le laisserez donc seul dans sa chambre, sauf les visites de précaution que, de temps en temps, vous croirez devoir faire. Vous trouverez peut-être votre prisonnier un peu exalté par la conversation que nous venons d'avoir ensemble ; mais souvenez-vous qu'en conspirant contre moi M. le duc d'Anjou a renoncé au titre de mon frère ; il n'y a par conséquent ici qu'un captif et des gardes ; pas de cérémonies : si le captif vous désoblige, avertissez-moi ; j'ai la Bastille sous ma main, et dans la Bastille, maître Laurent Testu, le premier homme du monde pour dompter les rebelles humeurs.

— Sire ! sire ! murmura François tentant un dernier effort, souvenez-vous que je suis votre...

— Vous étiez aussi le frère du roi Charles IX, je crois, dit Henri.

— Mais, au moins, qu'on me rende mes serviteurs, mes amis.

— Plaignez-vous ! je me prive des miens pour vous les donner.

Et Henri referma la porte sur la face de son frère, qui recula pâle et chancelant jusqu'à son fauteuil, dans lequel il tomba.

CHAPITRE XXVI

COMMENT ON NE PERD PAS TOUJOURS SON TEMPS EN FOUILLANT DANS LES ARMOIRES VIDES.

La scène que venait d'avoir le duc d'Anjou avec le roi lui avait fait considérer sa position comme tout à fait désespérée. Les mignons ne lui avaient rien laissé ignorer de ce qui s'était passé au Louvre : ils lui avaient montré la défaite de MM. de Guise et le triomphe de Henri plus grands encore qu'ils n'étaient en réalité, il avait entendu la voix du peuple criant, chose qui lui avait paru incompréhensible d'abord, Vive le roi et Vive la Ligue ! Il se sentait abandonné des principaux chefs, qui, eux aussi, avaient à défendre leurs personnes. Abandonné de sa famille, décimée par les empoisonnements et par les assassinats, divisée par les ressentiments et les discordes, il soupirait en tournant les yeux vers ce passé que lui avait rappelé le roi, et en songeant que, dans sa lutte contre Charles IX, il avait au moins pour confidents, ou plutôt pour dupes, ces deux âmes dévouées, ces deux épées flamboyantes qu'on appelait Coconnas et la Mole.

Le regret de certains avantages perdus est le remords pour beaucoup de consciences.

Pour la première fois de sa vie, en se sentant seul et isolé, M. d'Anjou éprouva comme une espèce de remords d'avoir sacrifié la Mole et Coconnas.

Dans ce temps-là, sa sœur Marguerite l'aimait, le consolait. Comment avait-il récompensé sa sœur Marguerite ?

Restait sa mère, la reine Catherine. Mais sa mère ne l'avait jamais aimé. Elle ne s'était jamais servie de lui que comme il se serait servi des autres, c'est-à-dire à titre d'instrument ; et François se rendait justice. Une fois aux mains de sa mère, il sentait qu'il ne s'appartenait pas plus que le vaisseau ne s'appartient au milieu de l'Océan lorsque souffle la tempête.

Il songea que, récemment encore, il avait près de lui un cœur qui valait tous les cœurs, une épée qui valait toutes les épées.

Bussy, le brave Bussy, lui revint tout entier à la mémoire.

Ah ! pour le coup, ce fut alors que le sentiment qu'éprouva François ressembla à du remords, car il avait désobligé Bussy pour plaire à Monsoreau ; il avait voulu plaire à Monsoreau, parce que Monsoreau savait son secret, et voilà tout à coup que ce secret, dont menaçait toujours Monsoreau, était parvenu à la connaissance du roi, de sorte que Monsoreau n'était plus à craindre.

Il s'était donc brouillé avec Bussy inutilement et surtout gratuitement, action qui, comme l'a dit depuis un grand politique, était bien plus qu'un crime : c'était une faute.

Or quel avantage c'eût été pour le prince, dans la situation où il se trouvait, que de savoir que Bussy, Bussy reconnaissant, et par conséquent fidèle, veillait sur lui ; Bussy l'invincible ; Bussy le cœur loyal ; Bussy le favori de tout le monde, tant un cœur loyal et une lourde main font d'amis à quiconque a reçu l'un de Dieu et l'autre du hasard !

Bussy veillant sur lui, c'était la liberté probable, c'était la vengeance certaine.

Mais, comme nous l'avons dit, Bussy, blessé au cœur, boudait le prince et s'était retiré sous sa tente, et le prisonnier restait avec cinquante pieds de hauteur à franchir pour descendre dans les fossés, et quatre mignons à mettre hors de combat pour pénétrer jusqu'au corridor.

Sans compter que les cours étaient pleines de Suisses et de soldats.

Aussi, de temps en temps, il revenait à la fenêtre et plongeait son regard jusqu'au fond des fossés : mais une pareille hauteur était capable de donner le vertige aux plus braves, et M. d'Anjou était loin d'être à l'épreuve des vertiges.

Outre cela, d'heure en heure, un des gardiens du prince, soit Schomberg, soit Maugiron, tantôt d'Epernon, tantôt Quélus, entrait, et sans s'inquiéter de la présence du prince, quelquefois même sans le saluer, faisait sa tournée, ouvrant les portes et les fenêtres, fouillant les armoires et les bahuts, regardant sous les lits et sous les tables, s'assurant même que les rideaux étaient à leur place, et que les draps n'étaient point découpés en lanières.

De temps en temps, ils se penchaient en dehors du balcon, et les quarante-cinq pieds de hauteur les rassuraient.

— Ma foi, dit Maugiron en rentrant de faire sa perquisition, moi j'y renonce ; je demande à ne plus bouger du salon, où, le jour, nos amis viennent nous voir, et à ne plus me réveiller, la nuit, de quatre heures en quatre heures, pour aller faire visite à M. le duc d'Anjou.

— C'est qu'aussi, dit d'Epernon, on voit bien que nous sommes de grands enfants, et que nous avons toujours été capitaines, et jamais soldats : nous ne savons pas, en vérité, interpréter une consigne.

— Comment cela ? demanda Quélus.

— Sans doute ; que veut le roi ? c'est que nous gardions M. d'Anjou, et non pas que nous le regardions.

— D'autant mieux, dit Maugiron, qu'il est bon à garder, mais qu'il n'est pas beau à regarder.

— Fort bien, dit Schomberg ; mais songeons à ne point nous relâcher de notre surveillance, car le diable est fin.

— Soit, dit d'Epernon, mais il ne suffit pas d'être fin, ce me semble, pour passer sur le corps à quatre gaillards comme nous.

Et d'Epernon, se redressant, frisa superbement sa moustache.

— Il a raison, dit Quélus.

— Bon ! répondit Schomberg, crois-tu donc M. le duc d'Anjou assez niais pour essayer de s'enfuir précisément par notre galerie ? S'il tient absolument à se sauver, il fera un trou dans le mur.

— Avec quoi ? il n'a pas d'armes.

— Il a les fenêtres, dit assez timidement Schomberg, qui se rappelait avoir lui-même mesuré la profondeur des fossés.

— Ah ! les fenêtres ! il est charmant, sur ma parole, s'écria d'Epernon ; bravo, Schomberg, les fenêtres ! c'est-à-dire que tu sauterais quarante-cinq pieds de hauteur ?

— J'avoue que quarante-cinq pieds...

— Eh bien, lui qui boite, lui qui est lourd, lui qui est peureux comme...

— Toi, dit Schomberg.

— Mon cher, dit d'Epernon, tu sais bien que je n'ai peur que des fantômes, ça, c'est une affaire de nerfs.

— C'est, dit gravement Quélus, que tous ceux qu'il a tués en duel lui sont apparus la même nuit.

— Ne rions pas, dit Maugiron ; j'ai lu une foule d'évasions miraculeuses... avec les draps, par exemple.

— Ah ! pour ceci, l'observation de Maugiron est des plus sensées, dit d'Epernon. Moi, j'ai vu, à Bordeaux, un prisonnier qui s'était sauvé avec ses draps.

— Tu vois ! dit Schomberg.

— Oui, reprit d'Epernon ; mais il avait les reins cassés et la tête fendue ; son drap s'était trouvé d'une trentaine de pieds trop court, il avait été forcé de sauter, de sorte que l'évasion était complète : son corps s'était sauvé de sa prison, et son âme s'était sauvée de son corps.

— Eh bien, d'ailleurs, s'il s'échappe, dit Quélus, cela nous fera une chasse au prince du sang ; nous le poursuivrons, nous le traquerons, et, en le traquant, sans faire semblant de rien,

Le duc s'approcha de la lumière. — Page 126.

et nous tâcherons de lui casser quelque chose.

— Et alors, mordieu ! nous rentrerons dans notre rôle, s'écria Maugiron : nous sommes des chasseurs et non des geôliers.

La péroraison parut .... sante, et l'on parla d'autre chose, tout en dé........nt néanmoins que, d'heure en heure, on continuerait de faire une visite dans la chambre de M. d'Anjou.

Les mignons avaient parfaitement raison en ceci : que le duc d'Anjou ne tenterait jamais de fuir de vive force, et que, d'un autre côté, il ne se déciderait jamais à une évasion périlleuse ou difficile.

Ce n'est pas qu'il manquât d'imagination, le digne prince, et, nous devons même le dire, son imagination se livrait à un furieux travail, tout en se promenant de son lit au fameux cabinet occupé, pendant deux ou trois nuits, par la Mole, quand Marguerite l'avait recueilli pendant la soirée de la Saint-Barthélemy.

De temps en temps, la figure pâle du prince allait se coller aux carreaux de la fenêtre donnant dans les fossés du Louvre. Au delà des fossés s'é-tendait une grève d'une quinzaine de pieds de large, et, au delà de cette grève, on voyait, au milieu de l'obscurité, se dérouler la Seine, calme comme un miroir.

De l'autre côté, au milieu des ténèbres, se dressait comme un géant immobile : c'était la tour de Nesle.

Le duc d'Anjou avait suivi le coucher du soleil dans toutes ses phases ; il avait suivi, avec l'intérêt qu'accorde le prisonnier à ces sortes de spectacles, la dégradation de la lumière et les progrès de l'obscurité. Il avait contemplé cet admirable spectacle du vieux Paris, avec ses toits dorés, à une heure de distance, par les derniers feux du soleil, et argentés par les premiers rayons de la lune ; puis, peu à peu, il s'était senti saisi d'une grande terreur en voyant d'immenses nuages rouler au ciel et annoncer, en s'accumulant au-dessus du Louvre, un orage pour la nuit.

Entre autres faiblesses, le duc d'Anjou avait celle de trembler au bruit de la foudre.

Alors il eût donné bien des choses pour que les mignons le gardassent encore à vue, dussent-ils l'insulter en le gardant.

Cependant il n'y avait pas moyen de les rappeler : c'était donner trop beau jeu à leurs railleries.

Il essaya de se jeter sur son lit, impossible de dormir ; il voulut lire, les caractères tourbillonnaient devant ses yeux comme des diables noirs ; il tenta de boire, le vin lui parut amer ; il frôla du bout des doigts le luth d'Aurilly resté suspendu à la muraille, mais il sentit que la vibration des cordes agissait sur ses nerfs de telle façon qu'il avait envie de pleurer.

Alors il se mit à jurer comme un païen et à briser tout ce qu'il trouva à la portée de sa main. C'était un défaut de famille, et l'on y était habitué dans le Louvre.

Les mignons entr'ouvrirent la porte pour voir d'où venait cet horrible sabbat ; puis, ayant reconnu que c'était le prince qui se distrayait, ils avaient refermé la porte, ce qui avait doublé la colère du prisonnier.

Il venait justement de briser une chaise, quand un cliquetis au son duquel on ne se méprend jamais, un cliquetis cristallin retentit du côté de la fenêtre, et en même temps M. d'Anjou ressentit une douleur assez aiguë à la hanche.

Sa première idée fut qu'il était blessé d'un coup d'arquebuse, et que ce coup lui était tiré par un émissaire du roi.

— Ah ! traître ! ah ! lâche ! s'écria le prisonnier, tu me fais arquebuser comme tu me l'avais promis. Ah ! je suis mort !

Et il se laissa aller sur le tapis.

Mais, en tombant, il posa la main sur un objet assez dur, plus inégal et surtout plus gros que ne l'est la balle d'une arquebuse.

— Oh ! une pierre, dit-il, c'est donc un coup de fauconneau ? mais encore, j'eusse entendu l'explosion.

Et, en même temps, il retira et allongea la jambe ; quoique la douleur eût été assez vive, le prince n'avait évidemment rien de cassé.

Il ramassa la pierre et examina le carreau.

La pierre avait été lancée si rudement, qu'elle avait plutôt troué que brisé la vitre.

La pierre paraissait enveloppée dans un papier.

Alors les idées du duc commencèrent à changer de direction. Cette pierre, au lieu de lui être lancée par quelque ennemi, ne lui venait-elle pas, au contraire, de quelque ami ?

La sueur lui monta au front ; l'espérance, comme l'effroi, à ses angoisses.

Le duc s'approcha de la lumière.

En effet, autour de la pierre, un papier était roulé et maintenu avec une soie nouée de plusieurs nœuds. Le papier avait naturellement amorti la dureté du silex, qui, sans cette enveloppe, eût certes causé au prince une douleur plus vive que celle qu'il avait ressentie.

Briser la soie, dérouler le papier et le lire, fut pour le duc l'affaire d'une seconde : il était complètement ressuscité.

Une lettre ! murmura-t-il en jetant autour de lui un regard furtif.

Et il lut :

« Êtes-vous las de garder la chambre ? aimez-vous le grand air et la liberté ? Entrez dans le cabinet où la reine de Navarre avait caché votre pauvre ami, M. de la Mole ; ouvrez l'armoire, et, en déplaçant le tasseau du bas, vous trouverez un double fond : dans ce double fond, il y a une échelle de soie, attachez-la vous-même au balcon, deux bras vigoureux vous roidiront l'échelle au bas du fossé. Un cheval, vite comme la pensée, vous mènera en lieu sûr.

« UN AMI. »

— Un ami ! s'écria le prince ; un ami ! oh ! je ne savais pas avoir un ami. Quel est donc cet ami qui songe à moi ?

Et le duc réfléchit un moment ; mais, ne sachant sur qui arrêter sa pensée, il courut regarder à la fenêtre ; il ne vit personne.

— Serait-ce un piége? murmura le prince, chez lequel la peur s'éveillait, le premier de tous les sentiments.

— Mais d'abord, ajouta-t-il, on peut savoir si cette armoire a un double fond, et si, dans ce double fond, il y a une échelle.

Le duc alors, sans changer la lumière de place, et résolu, pour plus de précaution, au simple témoignage de ses mains, se dirigea vers ce cabinet dont tant de fois jadis il avait poussé la porte avec un cœur palpitant, alors qu'il s'attendait à y trouver madame la reine de Navarre, éblouissante de cette beauté que François appréciait plus qu'il ne convenait peut-être à un frère.

Cette fois encore, il faut l'avouer, le cœur battait au duc avec violence.

Il ouvrit l'armoire à tâtons, explora toutes les planches, et, arrivé à celle d'en bas, après avoir pesé au fond et pesé sur le devant, il pesa sur un des côtés, et sentit la planche qui faisait la bascule.

Aussitôt il introduisit sa main dans la cavité et sentit au bout de ses doigts le contact d'une échelle de soie.

Comme un voleur qui s'enfuit avec sa proie, le duc se sauva dans sa chambre emportant son trésor.

Dix heures sonnèrent, le duc songea aussitôt à la visite qui avait lieu toutes les heures ; il se hâta de cacher son échelle sous le coussin d'un fauteuil et s'assit dessus.

Elle était si artistement faite, qu'elle tenait parfaitement cachée dans l'étroit espace où le duc l'avait enfouie.

En effet, cinq minutes ne s'étaient pas écoulées, que Maugiron parut en robe de chambre,

tenant une épée nue sous son bras gauche et un bougeoir de la main droite.

Tout en entrant chez le duc, il continuait de parler à ses amis.

— L'ours est en fureur, dit une voix, il cassait tout il n'y a qu'un instant : prends garde qu'il ne te dévore, Maugiron.

— Insolent ! murmura le duc.

— Je crois que Votre Altesse m'a fait l'honneur de m'adresser la parole, dit Maugiron de son air le plus impertinent.

Le duc, prêt à éclater, se contint en réfléchissant qu'une querelle entraînerait une perte de temps et ferait peut-être manquer son évasion.

Il dévora son ressentiment et fit pivoter son fauteuil de manière à tourner le dos au jeune homme.

Maugiron, suivant les données traditionnelles, s'approcha du lit pour examiner les draps, et de la fenêtre pour reconnaître la présence des rideaux ; il vit bien une vitre cassée, mais il songea que c'était le duc qui, dans sa colère, l'avait brisée ainsi.

— Ouais, Maugiron, cria Schomberg, es-tu déjà mangé, que tu ne dis mot? Dans ce cas, soupire au moins, qu'on sache au moins à quoi s'en tenir et qu'on te venge.

Le duc faisait craquer ses doigts d'impatience.

— Non pas, dit Maugiron. Au contraire, mon ours est fort doux et tout à fait dompté.

Le duc sourit silencieusement au milieu des ténèbres.

Quant à Maugiron, sans même saluer le prince, ce qui était la moindre politesse qu'il dût à un si haut seigneur, il sortit, et, en sortant, il ferma la porte à double tour.

Le prince le laissa faire, puis, lorsque la clef eut cessé de grincer dans la serrure :

— Messieurs, murmura-t-il, prenez garde à vous, c'est un animal très-fin qu'un ours.

Puis il enjamba la balustrade et posa le pied sur le premier échelon. — Page 130.

CHAPITRE XXVII

VENTRE SAINT-GRIS.

Resté seul, le duc d'Anjou, sachant qu'il avait au moins une heure de tranquillité devant lui, tira son échelle de cordes de dessous son coussin, la déroula, en examina chaque nœud, en sonda chaque échelon, tout cela avec la plus minutieuse prudence.

— L'échelle est bonne, dit-il, et, en ce qui dépend d'elle, on ne me l'offre point comme un moyen de me briser les côtes.

Alors il la déploya toute, compta trente-huit échelons distants de quinze pouces chacun.

— Allons, la longueur est suffisante, pensa-t-il ; rien à craindre encore de ce côté.

Il resta un instant pensif.

— Ah ! j'y songe, dit-il, ce sont ces damnés mignons qui m'envoient cette échelle : je l'attacherai au balcon, ils me laisseront faire, et tandis que je descendrai, ils viendront couper les liens, voilà le piége.

Puis, réfléchissant encore :

— Eh ! non, dit-il, ce n'est pas possible ; ils ne sont point assez niais pour croire que je m'exposerai à descendre sans barricader la porte, et, la porte barricadée, ils ont dû calculer que j'aurai le temps de fuir avant qu'ils l'aient enfoncée. — Ainsi ferai-je, dit-il en regardant autour de lui, ainsi ferais-je certainement si je me décidais à fuir. — Cependant, comment supposer que je croirai à l'innocence de cette échelle trouvée dans une armoire de la reine de Navarre? Car, enfin, quelle personne au monde, excepté ma sœur Marguerite, pourrait connaître l'existence de cette échelle? — Voyons, répéta-t-il, quel est l'ami? Le billet est signé : *Un ami*. Quel est l'ami du duc d'Anjou qui connaît si bien le fond des armoires de mon appartement ou de celui de ma sœur?

Le duc achevait à peine de formuler cet argument, qui lui semblait victorieux, que, relisant le billet pour en reconnaître l'écriture, si la chose était possible, il fut pris d'une idée soudaine.

— Bussy! s'écria-t-il.

En effet, Bussy, que tant de dames adoraient, Bussy qui semblait un héros à la reine de Navarre, laquelle poussait, elle l'avoue elle-même dans ses *Mémoires*, des cris d'effroi chaque fois qu'il se battait en duel; Bussy discret, Bussy versé dans la science des armoires, n'était-ce pas, selon toute probabilité, Bussy, le seul de tous ses amis sur lequel le duc pouvait véritablement compter, n'était-ce pas Bussy qui avait envoyé le billet?

Et la perplexité du prince s'augmenta encore.

Tout se réunissait cependant pour persuader au duc d'Anjou que l'auteur du billet était Bussy. Le duc ne connaissait pas tous les motifs que le gentilhomme avait de lui en vouloir, puisqu'il ignorait son amour pour Diane de Méridor; il est vrai qu'il s'en doutait quelque peu; comme le duc avait aimé Diane, il devait comprendre la difficulté qu'il y avait pour Bussy à voir cette belle jeune femme sans l'aimer, mais ce léger soupçon ne s'effaçait pas moins devant les probabilités. La loyauté de Bussy ne lui avait pas permis de demeurer oisif tandis qu'on enchaînait son maître; Bussy avait été séduit par les dehors aventureux de cette expédition; il avait voulu se venger du duc à sa façon, c'est-à-dire en lui rendant la liberté. Plus de doute, c'était

Bussy qui avait écrit, c'était Bussy qui attendait.

Pour achever de s'éclaircir, le prince s'approcha de la fenêtre, il vit, dans le brouillard qui montait de la rivière, trois silhouettes oblongues qui devaient être des chevaux, et deux espèces de pieux qui semblaient plantés sur la grève : ce devait être deux hommes.

Deux hommes, c'était bien cela : Bussy et son fidèle le Haudoin.

— La tentation est dévorante, murmura le duc, et le piége, si piége il y a, est tendu trop artistement pour qu'il y ait honte à moi de m'y laisser prendre.

François alla regarder au trou de la serrure du salon; il vit ses quatre gardiens; deux dormaient, deux autres avaient hérité de l'échiquier de Chicot et jouaient aux échecs.

Il éteignit sa lumière.

Puis il alla ouvrir sa fenêtre et se pencha en dehors de son balcon.

Le gouffre, qu'il essayait de sonder du regard, était rendu plus effrayant encore par l'obscurité. Il recula.

Mais c'est un attrait si irrésistible que l'air et l'espace pour un prisonnier, que François, en rentrant dans sa chambre, se figura qu'il étouffait. Ce sentiment fut tellement ressenti par lui, que quelque chose comme le dégoût de la vie et l'indifférence de la mort passa dans son esprit.

Le prince, étonné, se figura que le courage lui venait.

Alors, profitant de ce moment d'exaltation, il saisit l'échelle de soie, la fixa à son balcon par les crochets de fer qu'elle présentait à l'une de ses extrémités, puis il retourna à la porte qu'il barricada de son mieux, et, bien persuadé que, pour vaincre l'obstacle qu'il venait de créer, on serait forcé de perdre dix minutes, c'est-à-dire plus de temps qu'il ne lui en fallait pour atteindre le bas de son échelle, il revint à la fenêtre.

Il chercha alors à revoir au loin les chevaux et les hommes, mais il n'aperçut plus rien.

— J'aimerais mieux cela, murmura-t-il, fuir seul vaut mieux que fuir avec l'ami le mieux connu; à plus forte raison avec un ami inconnu.

En ce moment, l'obscurité était complète, et les premiers grondements de l'orage, qui menaçait depuis une heure, commençaient à faire retentir le ciel, un gros nuage aux franges argentées s'étendait comme un éléphant couché d'un côté à l'autre de la rivière; sa croupe s'appuyant au palais; sa trompe, indéfiniment recourbée, dépassant la tour de Nesle, et se perdant à l'extrémité sud de la ville.

Un éclair lézarda pour un instant le nuage immense, et il sembla au prince apercevoir dans le fossé, au-dessous de lui, ceux qu'il avait cherchés inutilement sur la grève.

Un cheval hennit; il n'y avait pas de doute, il était attendu.

Le duc secoua l'échelle pour s'assurer qu'elle était solidement attachée, puis il enjamba la balustrade et posa le pied sur le premier échelon.

Nul ne pourrait rendre l'angoisse terrible qui étreignait en ce moment le cœur du prisonnier, placé entre un frêle cordonnet de soie pour tout appui, et les menaces mortelles de son frère.

Mais à peine eut-il posé le pied sur la première traverse de bois, qu'il lui sembla que l'échelle, au lieu de vaciller comme il s'y était attendu, se roidissait, au contraire, et que le second échelon se présentait à son second pied sans que l'échelle eût fait ou paru faire le mouvement de rotation bien naturel en pareil cas.

Était-ce un ami ou un ennemi qui tenait le bas de l'échelle; étaient-ce des bras ouverts ou des bras armés qui l'attendaient au dernier échelon?

Une terreur irrésistible s'empara de François; il tenait encore le balcon de la main gauche, il fit un mouvement pour remonter.

On eût dit que la personne invisible qui attendait le prince au pied de la muraille devinait tout ce qui se passait dans son cœur, car, au moment même, un petit tiraillement, bien doux et bien égal, une sorte de sollicitation de la soie, arriva jusqu'au pied du prince.

— Voilà qu'on tient l'échelle par en bas, dit-il, on ne veut donc pas que je tombe. Allons, du courage.

Et il continua de descendre; les deux montants de l'échelle étaient tendus comme des bâtons. François remarqua que l'on avait soin d'écarter les échelons du mur pour faciliter l'appui de son pied. Dès lors il se laissa glisser comme une flèche, coulant sur les mains plutôt que sur les échelons, et sacrifiant à cette rapide descente le pan doublé de son manteau.

Tout à coup, au lieu de toucher la terre, qu'il sentait instinctivement être proche de ses pieds, il se sentit enlevé dans les bras d'un homme qui lui glissa à l'oreille ces trois mots :

— Vous êtes sauvé.

Alors on le porta jusqu'au revers du fossé, et là on le poussa le long d'un chemin pratiqué entre des éboulements de terre et de pierre; il par-

vint enfin à la crête; à la crête, un autre homme attendait, qui le saisit par le collet et le tira à lui; puis, ayant aidé de même son compagnon, courut, courbé comme un vieillard, jusqu'à la rivière. Les chevaux étaient bien où François les avait vus d'abord.

Le prince comprit qu'il n'y avait plus à reculer; il était complètement à la merci de ses sauveurs. Il courut à l'un des trois chevaux, sauta dessus; ses deux compagnons en firent autant. La même voix qui lui avait déjà parlé tout bas à l'oreille lui dit avec le même laconisme et le même mystère :

— Piquez.

Et tous trois partirent au galop.

— Cela va bien jusqu'à présent, pensait tout bas le prince, espérons que la suite de l'aventure ne démentira point le commencement.

— Merci, merci, mon brave Bussy, murmurait tout bas le prince à son camarade de droite, enveloppé jusqu'au nez dans un grand manteau brun.

— Piquez, répondait celui-ci du fond de son manteau.

Et, lui-même donnant l'exemple, les trois chevaux et les trois cavaliers passaient comme des ombres.

On arriva ainsi au grand fossé de la Bastille, que l'on traversa sur un pont improvisé la veille par les ligueurs, qui, ne voulant pas que leurs communications fussent interrompues avec leurs amis, avaient avisé à ce moyen, qui facilitait, comme on le voit, les relations.

Les trois cavaliers se dirigèrent vers Charenton. Le cheval du prince semblait avoir des ailes.

Tout à coup le compagnon de droite sauta le fossé, et se lança dans la forêt de Vincennes, en disant avec son laconisme ordinaire ce seul mot au prince :

— Venez.

Le compagnon de gauche en fit autant, mais sans parler. Depuis le moment du départ, pas une parole n'était sortie de la bouche de celui-ci.

Le prince n'eut pas même besoin de faire sentir la bride ou les genoux à sa monture, le noble animal sauta le fossé avec la même ardeur qu'avaient montré les deux autres chevaux; et, au hennissement avec lequel il franchit l'obstacle, plusieurs hennissements répondirent des profondeurs de la forêt.

Le prince voulut arrêter son cheval, car il craignait qu'on ne le conduisît à quelque embuscade. Mais il était trop tard; l'animal était lancé de façon à ne plus sentir le mors; cependant, en voyant ses deux compagnons relentir sa course, il ralentit aussi la sienne, et François se trouva dans une sorte de clairière où huit ou dix hommes à cheval, rangés militairement, se révélaient aux yeux par le reflet de la lune qui argentait leur cuirasse.

— Oh! oh! fit le prince, que veut dire ceci, monsieur?

— Ventre Saint-Gris! s'écria celui auquel s'adressait la question, cela veut dire que nous sommes saufs.

— Vous, Henri, s'écria le duc d'Anjou stupéfait, vous, mon libérateur?

— Eh! dit le Béarnais, en quoi cela peut-il vous étonner, ne sommes-nous point alliés?

Puis, jetant les yeux autour de lui pour chercher un second compagnon.

— Agrippa, dit-il, où diable es-tu?

— Me voilà? dit d'Aubigné qui n'avait pas encore desserré les dents; bon! si c'est comme cela que vous arrangez vos chevaux... Avec cela que vous en avez tant!

— Bon! bon! dit le roi de Navarre. Ne gronde pas, pourvu qu'il en reste deux, reposés et frais, avec lesquels nous puissions faire une douzaine de lieues d'une seule traite, c'est tout ce qu'il me faut.

— Mais où me menez-vous donc, mon cousin? demanda François avec inquiétude.

— Où vous voudrez, dit Henri; seulement allons-y vite, car d'Aubigné a raison; le roi de France a des écuries mieux montées que les miennes, et il est assez riche pour crever une vingtaine de chevaux, s'il a mis dans sa tête de nous rejoindre.

— En vérité, je suis libre d'aller où je veux? demanda François.

— Certainement, et j'attends vos ordres, dit Henri.

— Eh bien, alors, à Angers.

— Vous voulez aller à Angers? A Angers, soit: c'est vrai, là vous êtes chez vous.

— Mais vous, mon cousin?

— Moi, en vue d'Angers, je vous quitte, et je pique vers la Navarre, où ma bonne Margot m'attend; elle doit même fort s'ennuyer de moi!

— Mais personne ne vous savait ici? dit François.

— J'y suis venu vendre trois diamants de ma femme.

— Ah! fort bien.

— Et puis savoir un peu, en même temps, si décidément la Ligue m'allait ruiner.

— Vous voyez qu'il n'en est rien.

— Grâce à vous, oui.

— Comment! grâce à moi?

— Eh! oui, sans doute: si au lieu de refuser d'être chef de la Ligue, quand vous avez su qu'elle était dirigée contre moi, vous eussiez accepté et fait cause commune avec mes ennemis, j'étais perdu. Aussi, quand j'ai appris que le roi avait puni votre refus de la prison, j'ai juré que je vous en tirerais, et je vous en ai tiré.

— Toujours aussi simple, se dit en lui-même le duc d'Anjou; en vérité, c'est conscience que de le tromper.

— Va, mon cousin, dit en souriant le Béarnais, va dans l'Anjou. Ah! monsieur de Guise, vous croyez avoir ville gagnée! mais je vous envoie là un compagnon un peu bien gênant; gare à vous!

Et, comme on leur amenait les chevaux frais que Henri avait demandés, tous deux sautèrent en selle et partirent au galop, accompagnés d'Agrippa d'Aubigné, qui les suivait en grondant.

CHAPITRE XXVIII

LES AMIS.

endant que Paris bouillonnait comme l'intérieur d'une fournaise, madame de Monsoreau, escortée par son père et deux de ces serviteurs qu'on recrutait alors comme des troupes auxiliaires pour une expédition, s'acheminait vers le château de Méridor, par étapes de dix lieues à la journée.

Elle aussi commençait à goûter cette liberté précieuse aux gens qui ont souffert. L'azur du ciel et de la campagne, comparé à ce ciel toujours menaçant, suspendu comme un crêpe sur les tours noires de la Bastille, les feuillages déjà verts, les belles routes se perdant comme de longs rubans onduleux dans le fond des bois; tout cela lui paraissait frais et jeune, riche et nouveau, comme si réellement elle fût sortie du cercueil où la croyait plongée son père.

Lui, le vieux baron, était rajeuni de vingt ans. A le voir d'aplomb sur ses étriers, et talonnant le vieux Jarnac, on eût pris le noble seigneur pour un de ces époux barbons qui accompagnent leur jeune fiancée en veillant amoureusement sur elle.

Nous n'entreprendrons pas de décrire ce long voyage. Il n'eut d'autres incidents que le lever et le coucher du soleil. Quelquefois impatiente, Diane se jetait à bas de son lit, lorsque la lune argentait les vitres de sa chambre d'hôtellerie, réveillait le baron, secouait le lourd sommeil de ses gens, et l'on partait, par un beau clair de lune, pour gagner quelques lieues sur le long chemin que la jeune femme trouvait infini.

Il fallait, d'autres fois, la voir, en pleine marche, laisser passer devant Jarnac, tout fier de devancer les autres, puis les serviteurs, et demeurer seule en arrière sur un tertre, afin de regarder dans la profondeur de la vallée si quel-

qu'un ne suivait pas... Et, lorsque la vallée était déserte, lorsque Diane n'avait aperçu que les troupeaux épars dans le pâturage, ou le clocher silencieux de quelque bourg dressé au bout de la route, elle revenait plus impatiente que jamais.

Alors son père, qui l'avait suivie du coin de l'œil, lui disait :

— Ne crains rien, Diane.

— Craindre quoi, mon père?

— Ne regardes-tu pas si M. de Monsoreau te suit?

— Ah! c'est vrai... Oui, je regardais cela, disait la jeune femme avec un nouveau regard en arrière.

Ainsi, de crainte en crainte, d'espoir en déception, Diane arriva, vers la fin du huitième jour, au château de Méridor, et fut reçue au pont-levis par madame de Saint-Luc et son mari, devenus châtelains en l'absence du baron.

Alors commença pour ces quatre personnes une de ces existences comme tout homme en a rêvé en lisant Virgile, Longus et Théocrite.

Le baron et Saint-Luc chassaient du soir au matin. Sur les traces de leurs chevaux s'élançaient les piqueurs. On voyait des avalanches de chiens rouler du haut des collines à la poursuite d'un lièvre ou d'un renard, et quand le tonnerre de cette cavalcade furieuse passait dans les bois, Diane et Jeanne, assises l'une auprès de l'autre sur la mousse, à l'ombre de quelque hallier, tressaillaient un moment, et reprenaient bientôt leur tendre et mystérieuse conversation.

— Raconte-moi, disait Jeanne, raconte-moi tout ce qui t'est arrivé dans la tombe, car tu étais bien morte pour nous... Vois, l'aubépine en fleurs nous jette ses dernières miettes de neige, et les sureaux envoient leurs parfums enivrants. Un doux soleil se joue aux grandes branches des chênes. Pas un souffle dans l'air, pas un être vivant dans le parc, car les daims se sont enfuis tout à l'heure en sentant trembler la terre, et les renards ont bien vite gagné le terrier... Raconte, petite sœur, raconte.

— Que te disais-je?

— Tu ne me disais rien. Tu es donc heureuse?... Oh! cependant ce bel œil noyé dans une ombre bleuâtre, cette pâleur nacrée de tes joues, ce vague élan de paupière, tandis que la bouche essaye un sourire jamais achevé... Diane, tu dois avoir bien des choses à me dire!

— Rien, rien.

— Tu es donc heureuse... avec M. de Monsoreau?

Diane tressaillit.

— Tu vois bien! fit Jeanne avec un tendre reproche.

— Avec M. de Monsoreau! répéta Diane; pourquoi as-tu prononcé ce nom? pourquoi viens-tu d'évoquer ce fantôme au milieu de nos bois, au milieu de nos fleurs, au milieu de notre bonheur...

— Bien, je sais maintenant pourquoi tes beaux yeux sont cerclés de bistre, et pourquoi ils se lèvent si souvent vers le ciel; mais je ne sais pas encore pourquoi ta bouche essaye de sourire.

Diane secoua tristement la tête.

— Tu m'as dit, je crois, continua Jeanne en entourant de son bras blanc et rond les épaules de Diane, tu m'as dit que M. de Bussy t'avait montré beaucoup d'intérêt...

Diane rougit si fort, que son oreille, si délicate et si ronde, parut tout à coup enflammée.

— C'est un charmant cavalier que M. de Bussy, dit Jeanne, et elle chanta:

Un beau chercheur de noise,
C'est le seigneur d'Amboise.

Diane appuya sa tête sur le sein de son amie, et murmura d'une voix plus douce que celle des fauvettes qui chantaient sous la feuillée:

Tendre, fidèle aussi,
C'est le brave...

— Bussy!... dis-le donc, acheva Jeanne en appuyant un joyeux baiser sur les yeux de son amie.

— Assez de folies, dit Diane tout à coup; M. de Bussy ne pense plus à Diane de Méridor.

— C'est possible, dit Jeanne; mais je croirais assez qu'il plaît beaucoup à Diane de Monsoreau.

— Ne me dis pas cela.

— Pourquoi? est-ce que cela te déplaît?

Diane ne répondit pas.

— Je te dis que M. de Bussy ne songe pas à moi... et il fait bien... Oh! j'ai été lâche... murmura la jeune femme...

— Que dis-tu là?

— Rien, rien.

— Voyons, Diane, tu vas recommencer à pleurer, à t'accuser... Toi, lâche! toi, mon héroïne; tu as été contrainte.

— Je le croyais... je voyais des dangers, des gouffres sous mes pas... A présent, Jeanne, ces dangers me semblent chimériques, ces gouffres, un enfant pouvait les franchir d'une enjambée. J'ai été lâche, te dis-je, oh! que n'ai-je eu le temps de réfléchir!...

— Tu me parles par énigmes.

— Non, ce n'est pas encore cela, s'écria Diane en se levant dans un désordre extrême. Non, ce n'est pas ma faute, c'est lui, Jeanne, c'est lui qui n'a pas voulu. Je me rappelle la situation qui me semblait terrible; j'hésitais, je flottais... mon père m'offrait son appui et j'avais peur... *lui, lui* m'offrait sa protection... mais il ne l'a pas offerte de façon à me convaincre; le duc d'Anjou était contre lui. Le duc d'Anjou s'était ligué avec M. de Monsoreau, diras-tu. Eh bien, qu'importe le duc d'Anjou et le comte de Monsoreau! Quand on veut bien une chose, quand on aime bien quelqu'un, oh! il n'y aurait ni prince ni maître qui me retiendrait. Vois-tu, Jeanne, si une fois j'aimais...

Et Diane, en proie à son exaltation, s'était adossée à un chêne, comme si, l'âme ayant brisé le corps, celui-ci n'eût plus renfermé assez de force pour se soutenir.

— Voyons, calme-toi, chère amie, raisonne...

— Je te dis que *nous* avons été *lâches.*

— *Nous...* Oh! Diane, de qui parles-tu là? Ce *nous* est éloquent, ma Diane chérie...

— Je veux dire mon père et moi; j'espère que tu n'entends pas autre chose... Mon père est un bon gentilhomme, et pouvait parler au roi; moi, je suis fière et ne crains pas un homme quand je le hais... Mais, vois-tu! le secret de cette lâcheté, le voici: j'ai compris qu'*il* ne m'aimait pas.

— Tu te mens à toi-même; s'écria Jeanne;... si tu croyais cela, au point où je te vois, tu irais le lui reprocher à lui-même... Mais tu ne le crois pas, tu sais le contraire, hypocrite, ajouta-t-elle avec une tendre caresse pour son amie.

— Tu es payée pour croire à l'amour, toi, répliqua Diane en reprenant sa place auprès de Jeanne; toi, que M. de Saint-Luc a épousée malgré un roi! toi, qu'il a enlevée du milieu de Paris;

toi, qu'on a poursuivie peut-être et qui le payes, par tes caresses, de la proscription et de l'exil!

— Et il se trouve richement payé, dit l'espiègle jeune femme.

— Mais moi, — réfléchis un peu, et ne sois pas égoïste; — moi, que ce fougueux jeune homme prétend aimer; moi, qui ai fixé les regards de l'indomptable Bussy, cet homme qui ne connaît pas d'obstacles, je me suis mariée publiquement, je me suis offerte aux yeux de toute la cour, et il ne m'a pas regardée; je me suis confiée à lui dans le cloître de la Gypecienne : nous étions seuls, il avait Gertrude, le Haudoin, ses deux complices, et moi, plus complice encore!... Oh! j'y songe, par l'église même, un cheval à la porte, il pouvait m'enlever dans un pan de son manteau! A ce moment, vois-tu, je le sentais souffrant, désolé à cause de moi; je voyais ses yeux languissants, sa lèvre pâlie et brûlée par la fièvre. S'il m'avait demandé de mourir pour rendre l'éclat à ses yeux, la fraîcheur à ses lèvres, je serais morte... Eh bien, je suis partie, et il n'a pas songé à me retenir par un coin de mon voile. — Attends, attends encore... Oh! tu ne sais pas ce que je souffre... Il savait que je quittais Paris, que je revenais à Méridor; il savait que M. de Monsoreau... tiens, j'en rougis... que M. de Monsoreau n'est pas mon époux; il savait que je venais seule, et, tout le long de la route, chère

Jeanne, je me suis retournée, croyant à chaque instant que j'entendais le galop de son cheval derrière nous. Rien! c'était l'écho du chemin qui parlait! Je te dis qu'il ne pense pas à moi, et que je ne vaux pas un voyage en Anjou... quand il y a tant de femmes belles et courtoises à la cour du roi de France, dont un sourire vaut cent aveux de la provinciale enterrée dans les halliers de Méridor. Comprends-tu maintenant? Es-tu convaincue? ai-je raison? suis-je oubliée, méprisée, ma pauvre Jeanne?

Elle n'avait pas achevé ces mots que le feuillage du chêne craqua violemment; une poussière de mousse et de plâtre brisé roula le long du vieux mur, et un homme, bondissant du milieu des lierres et des mûriers sauvages, vint tomber aux pieds de Diane, qui poussa un cri terrible.

Jeanne s'était écartée; elle avait vu et reconnu cet homme.

— Vous voyez bien que me voici, murmura Bussy agenouillé en baisant le bas de la robe de Diane, qu'il tenait respectueusement dans sa main tremblante.

Diane reconnut, à son tour, la voix, le sourire du comte, et, saisie au cœur, hors d'elle-même, suffoquée par ce bonheur inespéré, elle ouvrit ses bras et se laissa tomber, privée de sentiment, sur la poitrine de celui qu'elle venait d'accuser d'indifférence.

CHAPITRE XXIX

LES AMANTS.

L es pâmoisons de joie ne sont jamais bien longues ni bien dangereuses. On en a vu de mortelles, mais l'exemple est excessivement rare.

Diane ne tarda donc point à ouvrir les yeux, et se trouva dans les bras de Bussy; car Bussy n'avait pas voulu céder à madame de Saint-Luc le privilége de recueillir le premier regard de Diane.

— Oh! murmura-t-elle en se réveillant, oh! c'est affreux, comte, de nous surprendre ainsi.

Bussy attendait d'autres paroles. Eh, qui sait? les hommes sont si exigeants! qui sait, disons-nous, s'il n'attendait pas autre chose que des paroles, lui qui avait expérimenté plus d'une fois les retours à la vie après les pâmoisons et les évanouissements?

Non-seulement Diane en demeura là, mais en-

core elle s'arracha doucement des bras qui la tenaient captive et revint à son amie, qui, discrète
d'abord, avait fait plusieurs pas sous les arbres:
puis, curieuse comme l'est toute femme de ce
charmant spectacle d'une réconciliation entre
gens qui s'aiment, était revenue tout doucement,
non pas pour prendre sa part de la conversation,
mais assez près des interlocuteurs pour n'en rien
perdre.

— Eh bien, demanda Bussy, est-ce donc ainsi
que vous me recevez, madame?

— Non, dit Diane; car, en vérité, monsieur
de Bussy, c'est tendre, c'est affectueux, ce que
vous venez de faire là... Mais...

— Oh! de grâce, pas de mais... soupira Bussy
en reprenant sa place aux genoux de Diane.

— Non, non, pas ainsi, pas à genoux, monsieur de Bussy.

— Oh! laissez-moi un instant vous prier
comme je le fais, dit le comte en joignant les
mains, j'ai si longtemps envié cette place.

— Oui; mais, pour la venir prendre, vous avez
passé par-dessus le mur. Non-seulement ce n'est
pas convenable à un seigneur de votre rang, mais
c'est bien imprudent pour quelqu'un qui aurait
soin de mon honneur.

— Comment cela?

— Si l'on vous avait vu, par hasard?

— Qui donc m'aurait vu?

— Mais nos chasseurs, qui, il y a un quart
d'heure à peine, passaient dans le fourré, derrière le mur.

— Oh! tranquillisez-vous, madame, je me
cache avec trop de soin pour être vu.

— Caché! Oh! vraiment, dit Jeanne, c'est du
suprême romanesque; racontez-nous cela, monsieur de Bussy.

— D'abord, si je ne vous ai pas rejointe en
route, ce n'est pas ma faute; j'ai pris un chemin
et vous l'autre. Vous êtes venue par Rambouillet,
moi, par Chartres. Puis, écoutez, et jugez si
votre pauvre Bussy est amoureux; je n'ai point
osé vous rejoindre, et je ne doutais pas cependant
que je ne le pusse. Je sentais bien que Jarnac
n'était point amoureux, et que le digne animal
ne s'exalterait que médiocrement à revenir à
Méridor; votre père aussi n'avait aucun motif
de se hâter, puisqu'il vous avait près de lui. Mais
ce n'était pas en présence de votre père, ce n'é-
tait pas dans la compagnie de vos gens, que je
voulais vous revoir; car j'ai plus souci que vous
ne le croyez de vous compromettre; j'ai fait le
chemin étape par étape, en mangeant le manche

de ma houssine; le manche de ma houssine fut
ma plus habituelle nourriture pendant ces jours.

— Pauvre garçon! dit Jeanne; aussi, vois
comme il est maigri.

— Vous arrivâtes enfin, continua Bussy; j'a-
vais pris logement au faubourg de la ville; je
vous vis passer, caché derrière une jalousie.

— Oh! mon Dieu, demanda Diane, êtes-vous
donc à Angers sous votre nom?

— Pour qui me prenez-vous? dit en souriant Bussy; non pas, je suis un marchand qui
voyage; voyez mon costume couleur cannelle; il
ne me trahit pas trop, c'est une couleur qui se
porte beaucoup parmi les drapiers et les orfévres,
et, puis encore, j'ai un certain air inquiet et affairé qui ne messied pas à un botaniste qui cherche des simples. Bref, on ne m'a pas encore remarqué.

— Bussy, le beau Bussy, deux jours de suite
dans une ville de province, sans avoir encore été
remarqué? On ne croira jamais cela à la cour.

— Continuez, comte, dit Diane en rougissant.
Comment venez-vous de la ville ici, par exemple?

— J'ai deux chevaux d'une race choisie; je
monte l'un d'eux, je sors au pas de la ville, m'arrêtant à regarder les écriteaux et les enseignes;
mais, quand une fois je suis loin des regards, mon
cheval prend un galop qui lui permet de franchir
en vingt minutes les trois lieues et demie qu'il y
a d'ici à la ville. Une fois dans le bois de Méridor,
je m'oriente et je trouve le mur du parc; mais
il est long, fort long, le parc est grand. Hier j'ai
exploré ce mur pendant plus de quatre heures,
grimpant çà et là, espérant vous apercevoir toujours. Enfin, je désespérais presque, quand je
vous ai aperçue le soir, au moment où vous ren-
triez à la maison; les deux grands chiens du
baron sautaient après vous, et madame de Saint-
Luc leur tenait en l'air un perdreau qu'ils essayaient d'atteindre; puis vous disparûtes. —
Je sautai là; j'accourus ici, où vous étiez tout
à l'heure; je vis l'herbe et la mousse assidûment
foulées, j'en conclus que vous pourriez bien avoir
adopté cet endroit, qui est charmant pendant le
soleil; pour me reconnaître alors, j'ai fait des
brisées comme à la chasse; et, tout en soupirant,
ce qui me fait un mal affreux...

— Par défaut d'habitude, interrompit Jeanne
en souriant.

— Je ne dis pas non, madame; en soupirant
donc, ce qui me fait un mal affreux, je le répète,
j'ai repris la route de la ville; j'étais bien fatigué;
j'avais en outre déchiré mon pourpoint cannelle

en montant aux arbres, et, cependant, malgré les accrocs de mon pourpoint, malgré l'oppression de ma poitrine, j'avais la joie au cœur : je vous avais vue.

— Il me semble que voilà un admirable récit, dit Jeanne, et que vous avez surmonté là de terribles obstacles : c'est beau et c'est héroïque ; mais moi, qui crains de monter aux arbres, j'aurais, à votre place, conservé mon pourpoint et surtout ménagé mes belles mains blanches. Voyez dans quel affreux état sont les vôtres, tout égratignées par les ronces.

— Oui. Mais je n'aurais pas vu celle que je venais voir.

— Au contraire ; j'aurais vu, et beaucoup mieux que vous ne l'aviez fait, Diane de Méridor, et même madame de Saint-Luc.

— Qu'eussiez-vous donc fait ? demanda Bussy avec empressement.

— Je fusse venu droit au pont du château de Méridor, et j'y fusse entré. M. le baron me serrait dans ses bras, madame de Monsoreau me plaçait près d'elle à table, M. de Saint-Luc me comblait de caresses, madame de Saint-Luc faisait avec moi des anagrammes. C'était la chose du monde la plus simple : il est vrai que la chose du monde la plus simple est celle dont les amoureux ne s'avisent jamais.

Bussy secoua la tête avec un sourire et un regard à l'adresse de Diane.

— Oh ! non ! dit-il, non. Ce que vous eussiez fait là, c'était bon pour tout le monde, et non pour moi.

Diane rougit comme un enfant, et le même sourire et le même regard se reflétèrent dans ses yeux et sur ses lèvres.

— Allons ! dit Jeanne, voilà, à ce qu'il paraît, que je ne comprends plus rien aux belles manières !

— Non ! dit Bussy en secouant la tête. Non ! je ne pouvais aller au château. Madame est mariée, M. le baron doit au mari de sa fille, quel qu'il soit, une surveillance sévère.

— Bien, dit Jeanne, voilà une leçon de civilité que je reçois ; merci, monsieur de Bussy, car je mérite de la recevoir ; cela m'apprendra à me mêler aux propos des fous.

— Des fous ? répéta Diane.

— Des fous ou des amoureux, répondit madame de Saint-Luc, et en conséquence...

Elle embrassa Diane au front, fit une révérence à Bussy et s'enfuit.

Diane la voulut retenir d'une main, mais Bussy

saisit l'autre, et il fallut bien que Diane, si bien retenue par son amant, se décidât à lâcher son amie.

Bussy et Diane restèrent donc seuls.

Diane regarda madame de Saint-Luc, qui s'éloignait en cueillant des fleurs, puis elle s'assit en rougissant.

Bussy se coucha à ses pieds.

— N'est-ce pas, dit-il, que j'ai bien fait, madame, que vous m'approuvez ?

— Je ne vais pas feindre, répondit Diane, et, d'ailleurs, vous savez le fond de ma pensée ; oui, je vous approuve, mais ici s'arrêtera mon indulgence ; en vous désirant, en vous appelant comme je faisais tout à l'heure, j'étais insensée, j'étais coupable.

— Mon Dieu ! que dites-vous donc là, Diane ?

— Hélas ! comte, je dis la vérité ! j'ai le droit de rendre malheureux M. de Monsoreau, qui m'a poussée à cette extrémité ; mais je n'ai ce droit qu'en m'abstenant de rendre un autre heureux. Je puis lui refuser ma présence, mon sourire, mon amour ; mais, si je donnais ces faveurs à un autre, je volerais celui-là, qui, malgré moi, est mon maître.

Bussy écouta patiemment toute cette morale, fort adoucie, il est vrai, par la grâce et la mansuétude de Diane.

— A mon tour de parler, n'est-ce pas ? dit-il.

— Parlez, répondit Diane.

— Avec franchise ?

— Parlez !

— Eh bien, de tout ce que vous venez de dire, madame, vous n'avez pas trouvé un mot au fond de votre cœur.

— Comment ?

— Écoutez-moi sans impatience, madame, vous voyez que je vous ai écoutée patiemment ; vous m'avez accablé de sophismes.

Diane fit un mouvement.

— Les lieux communs de morale, continua Bussy, ne sont que cela quand ils manquent d'application. En échange de ces sophismes, moi, madame, je vais vous rendre des vérités. Un homme est votre maître, dites-vous ; mais avez-vous choisi cet homme ? Non, une fatalité vous l'a imposé, et vous l'avez subi. Maintenant, avez-vous dessein de souffrir toute votre vie des suites d'une contrainte si odieuse ? Alors c'est à moi de vous en délivrer.

Diane ouvrit la bouche pour parler, Bussy l'arrêta d'un signe.

— Oh ! je sais ce que vous m'allez répondre,

N'est-ce pas que jai bien fait, madame, que vous m'approuvez? — Page 136.

dit le jeune homme. Vous me répondrez que, si je provoque M. de Monsoreau et si je le tue, vous ne me reverrez jamais. — Soit, je mourrai de douleur de ne pas vous revoir; mais vous vivrez libre, mais vous vivrez heureuse, mais vous pourrez rendre heureux un galant homme, qui, dans sa joie, bénira quelquefois mon nom, et dira : « Merci! Bussy, merci! de nous avoir délivrés de cet affreux Monsoreau; » et vous-même, Diane, vous qui n'oseriez me remercier vivant, vous me remercierez mort.

La jeune femme saisit la main du comte et la serra tendrement.

— Vous n'avez pas encore imploré, Bussy, dit-elle, et voilà que vous menacez déjà.

— Vous menacer? Oh! Dieu m'entend, et il sait quelle est mon intention; je vous aime si ardemment, Diane, que je n'agirai point comme ferait un autre homme. Je sais que vous m'aimez. Mon Dieu! n'allez pas vous en défendre, vous rentreriez dans la classe de ces esprits vulgaires dont les paroles démentent les actions le le sais, car vous l'avez avoué. Puis, un amour comme le mien, voyez-vous, rayonne comme le soleil, et vivifie tous les cœurs qu'il touche; ainsi je ne vous supplierai pas, je ne me consumerai

pas en désespoir. Non, je me mettrai à vos genoux, que je baise, et je vous dirai, la main droite
sur mon cœur, sur ce cœur qui n'a jamais menti
ni par intérêt ni par crainte, je vous dirai :
« Diane, je vous aime, et ce sera pour toute ma
vie! Diane, je vous jure à la face du ciel que je
mourrai pour vous, que je mourrai en vous ado-
rant. » Si vous me dites encore : « Partez, ne volez
pas le bonheur d'un autre, » je me relèverai sans
soupir, sans un signe, de cette place, où je suis
si heureux cependant, et je vous saluerai profondément en me disant : « Cette femme ne m'aime
pas; cette femme ne m'aimera jamais. » Alors je
partirai et vous ne me reverrez plus jamais.
Mais, comme mon dévouement pour vous est encore plus grand que mon amour, comme mon
désir de vous voir heureuse survivra à la certitude que je ne puis pas être heureux moi-même,
comme je n'aurai pas volé le bonheur d'un autre, j'aurai le droit de lui voler sa vie en y sacrifiant la mienne : voilà ce que je ferai, madame, et cela de peur que vous ne soyez esclave
éternellement, et que ce ne vous soit un prétexte à rendre malheureux les braves gens qui
vous aiment.

Bussy s'était ému en prononçant ces paroles.
Diane lut dans son regard si brillant et si loyal
toute la vigueur de sa résolution : elle comprit
que ce qu'il disait, il allait le faire; que ces paroles se traduiraient indubitablement en action,
et, comme la neige d'avril fond aux rayons du soleil, sa rigueur se fondit à la flamme de ce regard.

— Eh bien! dit-elle, merci de cette violence
que vous me faites, ami. C'est encore une délicatesse de votre part, de m'ôter ainsi jusqu'au remords de vous avoir cédé. Maintenant, m'aime-
rez-vous jusqu'à la mort, comme vous dites?
maintenant, ne serai-je pas le jeu de votre fantaisie, et ne me laisserez-vous pas un jour l'o-
dieux regret de ne pas avoir écouté l'amour de
M. de Monsoreau? Mais non, je n'ai pas de conditions à vous faire; je suis vaincue, je suis livrée;
je suis à vous, Bussy, d'amour, du moins. Restez
donc, ami, et maintenant que ma vie est la vôtre,
veillez sur nous.

En disant ces mots, Diane posa une de ses
mains si blanches et si effilées sur l'épaule de
Bussy, et lui tendit l'autre, qu'il tint amoureusement collée à ses lèvres; Diane frissonna sous
ce baiser.

On entendit alors les pas légers de Jeanne,
accompagnés d'une petite toux indicatrice : elle
rapportait une gerbe de fleurs nouvelles et le

premier papillon qui se fût encore hasardé peut-
être hors de sa coque de soie : c'était une ata-
lante aux ailes rouges et noires.

Instinctivement, les mains entrelacées se dés-
unirent.

Jeanne remarqua ce mouvement.

— Pardon, mes bons amis, de vous déranger,
dit-elle, mais il nous faut rentrer sous peine que
l'on vienne nous chercher ici. Monsieur le comte,
regagnez, s'il vous plaît, votre excellent cheval
qui fait quatre lieues en une demi-heure, et lais-
sez-nous faire le plus lentement possible, car je
présume que nous aurons fort à causer, les quinze
cents pas qui nous séparent de la maison. Dame!
voici ce que vous perdez à votre entêtement,
monsieur de Bussy : le dîner du château, qui est
excellent surtout pour un homme qui vient de
monter à cheval et de grimper par-dessus les
murailles, et cent bonnes plaisanteries que nous
eussions faites, sans compter certains coups
d'œil échangés qui chatouillent mortellement le
cœur. — Allons, Diane, rentrons.

Et Jeanne prit le bras de son amie et fit un
léger effort pour l'entraîner avec elle.

Bussy regarda les deux amies avec un sourire.
Diane, encore à demi retournée de son côté, lui
tendit la main.

Il se rapprocha d'elles.

— Eh bien! demanda-t-il, c'est tout ce que
vous me dites?

— A demain, répliqua Diane, n'est-ce pas
convenu?

— A demain seulement?

— A demain et à toujours!

Bussy ne put retenir un petit cri de joie; il
inclina ses lèvres sur la main de Diane; puis,
jetant un dernier adieu aux deux femmes, il s'é-
loigna ou plutôt s'enfuit.

Il sentait qu'il lui fallait un effort de volonté
pour consentir à se séparer de celle à laquelle il
avait si longtemps désespéré d'être réuni.

Diane le suivit du regard jusqu'au fond du
taillis, et, retenant son amie par le bras, écouta
jusqu'au son le plus lointain de ses pas dans les
broussailles.

— Ah! maintenant, dit Jeanne, lorsque Bussy
fut disparu tout à fait, veux-tu causer un peu
avec moi, Diane?

— Oh! oui, dit la jeune femme tressaillant
comme si la voix de son amie la tirait d'un rêve.
Je t'écoute.

— Eh bien! vois-tu, demain j'irai à la chasse
avec Saint-Luc et ton père.

— Comment! tu me laisseras seule au château?

— Écoute, chère amie, dit Jeanne; moi aussi, j'ai mes principes de morale, et il y a certaines choses que je ne puis consentir à faire.

— Oh! Jeanne, s'écria madame de Monsoreau en pâlissant, peux-tu bien me dire de ses duretés-là, à moi, à ton amie?

— Il n'y a pas d'amie qui tienne, continua mademoiselle de Brissac avec la même tranquillité. Je ne puis continuer ainsi.

— Je croyais que tu m'aimais, Jeanne, et voilà que tu me perces le cœur, dit la jeune femme avec des larmes dans les yeux; tu ne veux pas continuer, dis-tu, eh! quoi donc ne veux-tu pas continuer?

— Continuer, murmura Jeanne à l'oreille de son amie, continuer de vous empêcher, pauvres amants que vous êtes, de vous aimer tout à votre aise.

Diane saisit dans ses bras la rieuse jeune femme, et couvrit de baisers son visage épanoui. Comme elle la tenait embrassée, les trompes de la chasse firent entendre leurs bruyantes fanfares.

— Allons, on nous appelle, dit Jeanne; le pauvre Saint-Luc s'impatiente. Ne sois donc pas plus dure envers lui que je ne veux l'être envers l'amoureux en pourpoint cannelle.

━━━◦○◦━━━

CHAPITRE XXX

COMMENT BUSSY TROUVA TROIS CENTS PISTOLES DE SON CHEVAL ET LE DONNA POUR RIEN.

Le lendemain Bussy partit d'Angers avant que les plus matineux bourgeois de la ville eussent pris leur repas du matin.

Il ne courait pas, il volait sur la route. Diane était montée sur une terrasse du château, d'où l'on voyait le chemin sinueux et blanchâtre qui ondulait dans les prés verts. Elle vit ce point noir qui avançait comme un météore et laissait plus long derrière lui le ruban tordu de la route.

Aussitôt elle redescendit pour ne pas laisser à Bussy le temps d'attendre, et pour se faire un mérite d'avoir attendu.

Le soleil atteignait à peine les cimes des grands chênes, l'herbe était perlée et rosée; on entendait au loin, sur la montagne, le cor de Saint-Luc que Jeanne excitait à sonner pour rappeler à son amie le service qu'elle lui rendait en la laissant seule.

Il y avait une joie si grande, si poignante dans le cœur de Diane, elle se sentait si enivrée de sa jeunesse, de sa beauté, de son amour, que parfois, en courant, il lui semblait que son âme enlevait son corps sur des ailes comme pour le rapprocher de Dieu.

Mais le chemin de la maison au hallier était long, les petits pieds de la jeune femme se lassèrent de fouler l'herbe épaisse, et la respiration lui manqua plusieurs fois en route; elle ne put donc arriver au rendez-vous qu'au moment où Bussy paraissait sur la crête du mur et s'élançait en bas.

Il la vit courir; elle poussa un petit cri de joie; il arriva vers elle les bras étendus; elle se précipita vers lui en appuyant ses deux mains sur son cœur : leur salut du matin fut une longue, une ardente étreinte. Qu'avaient-ils à se dire? ils s'aimaient. Qu'avaient-ils à penser? ils se voyaient. Qu'avaient-ils à souhaiter? ils étaient assis côte à côte et se tenaient la main.

La journée passa comme une heure. Bussy, lorsque Diane, la première, sortit de cette torpeur veloutée qui est le sommeil d'une âme lasse de félicité, Bussy serra la jeune femme rêveuse sur son cœur, et lui dit :

— Diane, il me semble qu'aujourd'hui a commencé ma vie; il me semble que d'aujourd'hui je vois clair sur le chemin qui mène à l'éternité. Vous êtes, n'en doutez pas, la lumière qui me révèle tant de bonheur; je ne savais rien de ce monde ni de la condition des hommes en ce monde; aussi, je puis vous répéter ce que, hier, je vous disais : ayant commencé par vous à vivre, c'est avec vous que je mourrai.

— Et moi, lui répondit-elle, moi qui, un jour,

me suis jetée sans regret dans les bras de la mort, je tremble aujourd'hui de ne pas vivre assez longtemps pour épuiser tous les trésors que me promet votre amour. Mais pourquoi ne venez-vous pas au château, Louis? mon père serait heureux de vous voir; M. de Saint-Luc est votre ami, et il est discret... Songez qu'une heure de plus à nous voir, c'est inappréciable.

— Hélas! Diane, si je vais une heure au château, j'irai toujours; si j'y vais, toute la province le saura; si le bruit en vient aux oreilles de cet ogre, votre époux, il accourra... Vous m'avez défendu de vous en délivrer...

— A quoi bon? dit-elle avec cette expression qu'on ne trouve jamais que dans la voix de la femme qu'on aime.

— Eh bien! pour notre sûreté, c'est-à-dire pour la sécurité de notre bonheur, il importe que nous cachions notre secret à tout le monde : madame de Saint-Luc le sait déjà... Saint-Luc le saura aussi.

— Oh! pourquoi...

— Me cacheriez-vous quelque chose, dit Bussy, à moi, à présent?

— Non... c'est vrai.

— J'ai écrit ce matin un mot à Saint-Luc pour lui demander une entrevue à Angers. Il viendra; j'aurai sa parole de gentilhomme que jamais un mot de cette aventure ne lui échappera. C'est d'autant plus important, chère Diane, que partout, certainement, on me cherche. Les événements étaient graves lorsque nous avons quitté Paris.

— Vous avez raison... et puis mon père est un homme si scrupuleux, bien qu'il m'aime, qu'il serait capable de me dénoncer à M. de Monsoreau.

— Cachons-nous bien... et, si Dieu nous livre à nos ennemis, au moins pourrons-nous dire que faire autrement était impossible.

— Dieu est bon, Louis; ne doutez pas de lui en ce moment.

— Je ne doute pas de Dieu, j'ai peur de quelque démon, jaloux de voir notre joie.

— Dites-moi adieu, monseigneur, et ne retournez pas si vite, votre cheval me fait peur.

— Ne craignez rien, il connaît déjà la route; c'est le plus doux, le plus sûr coursier que j'aie encore monté. Quand je retourne à la ville, abîmé dans mes douces pensées, il me conduit sans que je touche à la bride.

Les deux amants échangèrent mille propos de ce genre entrecoupés de mille baisers. Enfin la trompe de chasse, rapprochée du château, fit entendre l'air dont Jeanne était convenue avec son amie, et Bussy partit.

— Comme il approchait de la ville, rêvant à cette enivrante journée, et tout fier d'être libre, lui, que les honneurs, les soins de la richesse et les faveurs d'un prince du sang tenaient toujours embrassé dans des chaînes d'or, il remarqua que l'heure approchait où l'on allait fermer les portes de la ville. Le cheval, qui avait brouté tout le jour sous les feuillages et l'herbe, avait continué en chemin, et la nuit venait.

Bussy se préparait à piquer pour réparer le temps perdu, quand il entendit derrière lui le galop de quelques chevaux.

Pour un homme qui se cache, et surtout pour un amant, tout semble une menace; les amants heureux ont cela de commun avec les voleurs. Bussy se demandait s'il valait mieux prendre le galop pour gagner l'avance, ou se jeter de côté pour laisser passer les cavaliers; mais leur course était si rapide, qu'ils furent sur lui en un moment.

Ils étaient deux. Bussy, jugeant qu'il n'y avait pas de lâcheté à éviter deux hommes lorsqu'on en vaut quatre, se rangea, et aperçut un des cavaliers dont les talons entraient dans les flancs de sa monture, stimulée d'ailleurs par bon nombre de coups d'étrivières que lui détachait son compagnon.

— Allons, voici la ville, disait cet homme avec un accent gascon des plus prononcés; encore trois cents coups de fouet et cent coups d'éperon, du courage et de la vigueur.

— La bête n'a plus le souffle, elle frissonne, elle faiblit, elle refuse de marcher, répondit celui qui précédait... Je donnerais pourtant cent chevaux pour être dans ma ville.

— C'est quelque Angevin attardé, se dit Bussy... Cependant... comme la peur rend les gens stupides! j'avais cru reconnaître cette voix. Mais voilà le cheval de ce brave homme qui chancelle...

En ce moment les cavaliers étaient au niveau de Bussy sur la route.

— Eh! prenez garde, s'écria-t-il, monsieur; quittez l'étrier, quittez vite, la bête va choir.

En effet, le cheval tomba lourdement sur le flanc, remua convulsivement une jambe comme s'il labourait la terre, et, tout d'un coup, son souffle bruyant s'arrêta, ses yeux s'obscurcirent; l'écume l'étouffait; il expira.

— Monsieur, cria le cavalier démonté à Bussy,

trois cents pistoles du cheval qui vous porte.

— Ah! mon Dieu! s'écria Bussy en se rapprochant...

— M'entendez-vous? monsieur, je suis pressé...

— Eh! mon prince, prenez-le pour rien, dit avec le tremblement d'une émotion indicible Bussy, qui venait de reconnaître le duc d'Anjou.

En même temps on entendit le bruit sec d'un pistolet qu'armait le compagnon du prince.

— Arrêtez! cria le duc d'Anjou à ce défenseur impitoyable; — arrêtez! monsieur d'Aubigné; c'est Bussy, ou le diable m'emporte!

— Eh oui, mon prince, c'est moi! mais que diable faites-vous à crever des chevaux à l'heure qu'il est sur ce chemin?

— Ah! c'est M. de Bussy? dit d'Aubigné; alors, monseigneur, vous n'avez plus besoin de moi... Permettez-moi de m'en retourner vers celui qui m'a envoyé, comme dit la sainte Écriture.

— Non pas sans recevoir mes remercîments bien sincères et la promesse d'une solide amitié, dit le prince.

— J'accepte tout, monseigneur, et vous rappellerai vos paroles quelque jour.

— M. d'Aubigné!... Monseigneur!... Ah! mais je tombe des nues! fit Bussy...

— Ne le savais-tu pas? dit le prince avec une expression de mécontentement et de défiance qui n'échappa point au gentilhomme... Si tu es ici, n'est-ce pas que tu m'y attendais?

— Diable! se dit Bussy réfléchissant à tout ce que son séjour caché dans l'Anjou pouvait offrir d'équivoque à l'esprit soupçonneux de François, ne nous compromettons pas!

— Je faisais mieux que de vous attendre, dit-il, et, tenez, puisque vous voulez entrer en ville avant la fermeture des portes, en selle, monseigneur.

Il offrit son cheval au prince, qui s'était occupé de débarrasser le sien de quelques papiers importants cachés entre la selle et la housse.

— Adieu donc, monseigneur, dit d'Aubigné qui fit volte-face. Monsieur de Bussy, serviteur.

Et il partit.

Bussy sauta légèrement en croupe de son maître, et dirigea le cheval vers la ville, en se demandant tout bas si ce prince, habillé de noir, n'était pas le sombre démon que lui suscitait l'enfer, jaloux déjà de son bonheur.

Ils entrèrent dans Angers au premier son des trompettes de l'échevinage.

— Que faire maintenant, monseigneur?

— Au château! qu'on arbore ma bannière, qu'on vienne me reconnaître, que l'on convoque la noblesse de la province.

— Rien de plus facile, dit Bussy, décidé à faire de la docilité pour gagner du temps, et d'ailleurs trop surpris lui-même pour être autre chose que passif.

— Çà, messieurs de la trompette! cria-t-il aux hérauts qui revenaient après le premier son.

Ceux-ci regardèrent et ne prêtèrent pas grande attention, parce qu'ils voyaient deux hommes poudreux, suants, et en assez mince équipage.

— Oh! oh! dit Bussy en marchant à eux... est-ce que le maître n'est pas connu dans sa maison?... Qu'on fasse venir l'échevin de service!

Ce ton arrogant imposa aux hérauts; l'un d'eux s'approcha.

— Jésus-Dieu! s'écria-t-il avec effroi en regardant attentivement le duc... n'est-ce pas là notre seigneur et maître?

Le duc était fort reconnaissable à la difformité de son nez partagé en deux, comme le disait la chanson de Chicot.

— Monseigneur le duc! ajouta-t-il en saisissant le bras de l'autre héraut, qui bondit d'une surprise pareille.

— Vous en savez aussi long que moi maintenant, dit Bussy; enflez-moi votre haleine, faites suer sang et eau à vos trompettes, et que toute la ville sache dans un quart d'heure que monseigneur est arrivé chez lui. Nous, monseigneur, allons lentement au château. Quand nous y arriverons, la broche sera déjà mise pour nous recevoir.

En effet, au premier cri des hérauts, les groupes se formèrent; au second, les enfants et les commères coururent tous les quartiers en criant:

— Monseigneur est dans la ville!... Noël à monseigneur!

Les échevins, le gouverneur, les principaux gentilshommes, se précipitèrent vers le palais, suivis d'une foule qui devenait de plus en plus compacte.

Ainsi que l'avait prévu Bussy, les autorités de la ville étaient au château avant le prince pour le recevoir dignement. Lorsqu'il traversa le quai, à peine put-il fendre la presse; mais Bussy avait retrouvé un des hérauts, qui, frappant à coups de trompette sur le populaire empressé, fraya un passage à son prince jusqu'aux degrés de la maison de ville.

Bussy formait l'arrière-garde.

« Messieurs et très-féaux amés, dit le prince, je suis venu me jeter dans ma bonne ville d'Angers. A Paris, les dangers les plus terribles ont menacé ma vie; j'avais perdu même ma liberté. J'ai réussi à fuir, grâce à de bons amis. »

Bussy se mordit les lèvres : il devinait le sens du regard ironique de François.

« Et depuis que je me sens dans votre ville, ma tranquillité, ma vie, sont assurées. »

Les magistrats, stupéfaits, crièrent faiblement : Vive notre seigneur!

Le peuple, qui espérait les aubaines usitées à chaque voyage du prince, cria vigoureusement : Noël!

— Soupons, dit le prince, je n'ai rien pris depuis ce matin.

Le duc fut entouré en un moment de toute la maison qu'il entretenait à Angers en qualité de duc d'Anjou, et dont les principaux serviteurs seuls connaissaient leur maître.

Puis ce fut le tour des gentilshommes et des dames de la ville.

La réception dura jusqu'à minuit. La ville fut illuminée, les coups de mousquet retentirent dans les rues et sur les places, la cloche de la cathédrale fut mise en branle, et le vent porta jusqu'à Méridor les bouffées bruyantes de la joie traditionnelle des bons Angevins.

CHAPITRE XXXI

DIPLOMATIE DE M. LE DUC D'ANJOU.

Quand le bruit des mousquets se fut un peu calmé dans les rues, quand les battements de la cloche eurent ralenti leurs vibrations, quand les antichambres furent dégarnies, quand enfin Bussy et le duc d'Anjou se trouvèrent seuls :

— Causons, dit le duc.

En effet, grâce à sa perspicacité, François comprenait que Bussy, depuis leur rencontre, avait fait beaucoup plus d'avances qu'il n'avait l'habitude d'en faire; il jugea alors, avec sa connaissance de la cour, qu'il était dans une position embarrassée, et que, par conséquent, il pouvait, avec un peu d'adresse, prendre avantage sur lui.

Mais Bussy avait eu le temps de se préparer, et il attendait son prince de pied ferme.

— Causons, monseigneur, réplique-t-il.

— Le dernier jour que nous nous vîmes, dit le prince, vous étiez bien malade, mon pauvre Bussy!

— C'est vrai, monseigneur, répliqua le jeune homme; j'étais très-malade, et c'est presque un miracle qui m'a sauvé.

— Ce jour-là, il y avait près de vous, continua le duc, certain médecin bien enragé pour votre salut, car il mordait vigoureusement, ce me semble, ceux qui vous approchaient.

— C'est encore vrai, mon prince, car le Haudoin m'aime beaucoup.

— Il vous tenait rigoureusement au lit, n'est-ce pas?

— Ce dont j'enrageais de toute mon âme, comme Votre Altesse a pu le voir.

— Mais, dit le duc, si vous eussiez si fort enragé, vous auriez pu envoyer la Faculté à tous les diables, et sortir avec moi, comme je vous en priais.

— Dame! fit Bussy en tournant et retournant de cent façons entre ses doigts son chapeau de pharmacien.

— Mais, continua le duc, comme il s'agissait d'une grave affaire, vous avez eu peur de vous compromettre.

— Plaît-il? dit Bussy en enfonçant d'un coup de poing le même chapeau sur ses yeux : vous avez dit, je crois, que j'avais eu peur de me compromettre, mon prince?

— Je l'ai dit, répliqua le duc d'Anjou.

Bussy bondit sur sa chaise, et se trouva debout.

— Eh bien! vous en avez menti, monseigneur, s'écria-t-il, menti à vous-même, entendez-vous, car vous ne croyez pas un mot, mais pas un seul, de ce que vous venez de dire; il y a sur ma peau vingt cicatrices, qui prouvent que je me suis compromis quelquefois, mais que je n'ai jamais eu peur; et, ma foi, je connais beaucoup de gens qui ne sauraient pas en dire et surtout en montrer autant.

— Vous avez toujours des arguments irréfragables, monsieur de Bussy, reprit le duc fort pâle et fort agité; quand on vous accuse, vous criez plus haut que le reproche, et alors vous vous figurez que vous avez raison.

— Oh! je n'ai pas toujours raison, monseigneur, dit Bussy, je le sais bien; mais je sais bien aussi dans quelles occasions j'ai tort.

— Et dans lesquelles avez-vous tort? dites, je vous prie.

— Quand je sers des ingrats.

— En vérité, monsieur, je crois que vous vous oubliez, dit le prince en se levant tout à coup avec cette dignité qui lui était propre dans certaines circonstances.

— Eh bien! je m'oublie, monseigneur, dit Bussy; une fois dans votre vie, faites-en autant, oubliez-vous ou oubliez-moi.

Bussy fit alors deux pas pour sortir; mais le prince fut encore plus prompt que lui, et le gentilhomme trouva le duc devant la porte.

— Nierez-vous, monsieur, dit le duc, que, le jour où vous avez refusé de sortir avec moi, vous ne soyez sorti l'instant d'après?

— Moi, dit Bussy, je ne nie jamais rien, monseigneur, si ce n'est ce qu'on veut me forcer d'avouer.

— Dites-moi donc alors pourquoi vous vous êtes obstiné à rester en votre hôtel?

— Parce que j'avais des affaires.

— Chez vous?

— Chez moi ou ailleurs.

— Je croyais que, quand un gentilhomme est au service d'un prince, ses principales affaires sont les affaires de ce prince.

— Et, d'habitude, qui donc les fait, vos affaires, monseigneur, si ce n'est moi?

— Je ne dis pas non, dit François; et d'ordinaire je vous trouve fidèle et dévoué, je dirai même plus, j'excuse votre mauvaise humeur.

— Ah! vous êtes bien bon.

— Oui, car vous aviez quelque raison de m'en vouloir.

— Vous l'avouez, monseigneur?

— Oui. Je vous avais promis la disgrâce de M. de Monsoreau. Il paraît que vous le détestez fort, M. de Monsoreau?

— Moi, pas du tout. Je lui trouve une laide figure, et j'aurais voulu qu'il s'éloignât de la

cour pour ne point avoir cette figure sous les yeux. Vous, au contraire, monseigneur, vous aimez cette figure-là. Il ne faut pas discuter sur les goûts.

— Eh bien! alors, comme c'était votre seule excuse que de me bouder comme eût fait un enfant gâté et hargneux, je vous dirai que vous avez doublement eu tort de ne pas vouloir sortir avec moi, et de sortir après moi pour faire des vaillantises inutiles.

— J'ai fait des vaillantises inutiles, moi? et tout à l'heure vous me reprochiez d'avoir eu... Voyons, monseigneur, soyons conséquent; quelles vaillantises ai-je faites?

— Sans doute; que vous en vouliez à M. d'Épernon et à M. de Schomberg, je conçois cela. Je leur en veux, moi aussi, et même mortellement; mais il fallait se borner à leur en vouloir, et attendre le moment.

— Oh! oh! dit Bussy, qu'y a-t-il encore là-dessous, monseigneur?

— Tuez-les, morbleu! tuez-les tous deux, tuez-les tous quatre, je ne vous en serai que plus reconnaissant; mais ne les exaspérez pas, surtout quand vous êtes loin : car leur exaspération retombe sur moi.

— Voyons, que lui ai-je donc fait, à ce digne Gascon?

— Vous parlez de d'Épernon, n'est-ce pas?

— Oui.

— Eh bien! vous l'avez fait lapider.

— Moi?

— Au point que son pourpoint a été mis en lambeaux, son manteau en pièces, et qu'il est rentré au Louvre en haut-de-chausses.

— Bon, dit Bussy, et d'un; passons à l'Allemand. Quels sont mes torts envers M. de Schomberg?

— Nierez-vous que vous ne l'ayez fait teindre en indigo? Quand je l'ai revu trois heures après son accident, il était encore couleur d'azur; et vous appelez cela une bonne plaisanterie. Allons donc!

Et le prince se mit à rire malgré lui, tandis que Bussy, se rappelant de son côté la figure que faisait Schomberg dans son cuvier, ne pouvait s'empêcher de rire aux éclats.

— Alors, dit-il, c'est moi qui passe pour leur avoir joué ce tour.

— Pardieu! c'est moi peut-être?

— Et vous vous sentez le courage, monseigneur, de venir faire des reproches à un homme qui a de ces idées-là. Tenez, je vous le disais tout à l'heure, vous êtes un ingrat.

Eh bien, vous en avez menti, monseigneur. — Page 142.

— D'accord. Maintenant, voyons, et si tu es réellement sorti pour cela, je te pardonne.

— Bien sûr?

— Oui, parole d'honneur; mais tu n'es pas au bout de mes griefs.

— Allez.

— Parlons de moi un peu.

— Soit.

— Qu'as-tu fait pour me tirer d'embarras?

— Vous le voyez bien, dit Bussy, ce que j'ai fait.

— Non, je ne le vois pas.

— Eh bien! je suis parti pour l'Anjou.

— C'est-à-dire que tu t'es sauvé.

— Oui, car en me sauvant je vous sauvais.

— Mais, au lieu de te sauver si loin, ne pouvais-tu donc rester aux environs de Paris? Il me semble que tu m'étais plus utile à Montmartre qu'à Angers.

— Ah! voilà où nous différons d'avis, monseigneur : j'aimais mieux venir en Anjou.

— C'est une médiocre raison, vous en conviendrez, que votre caprice...

— Non pas, car ce caprice avait pour but de vous recruter des partisans.

— Ah! voilà qui est différent. Eh bien! voyons, qu'avez-vous fait?

— Il sera temps de vous l'expliquer demain,

monseigneur, car voici justement l'heure à laquelle je dois vous quitter.

— Et pourquoi me quitter?

— Pour m'aboucher avec un personnage des plus importants.

— Ah! s'il en est ainsi, c'est autre chose; allez, Bussy, mais soyez prudent.

— Prudent, à quoi bon? Ne sommes-nous pas les plus forts ici!

— N'importe, ne risque rien; as-tu déjà fait beaucoup de démarches?

— Je suis ici depuis deux jours, comment voulez-vous...

— Mais tu te caches, au moins.

— Si je me cache, je le crois morbleu bien! Voyez-vous sous quel costume je vous parle, est-ce que j'ai l'habitude de porter des pourpoints cannelle? C'est pourtant pour vous encore que je suis entré dans cet affreux fourreau.

— Et où te loges-tu?

— Ah! voilà où vous apprécierez mon dévouement. Je loge... je loge dans une masure près du rempart, avec une sortie sur la rivière, mais vous, mon prince, à votre tour, voyons, comment êtes-vous sorti du Louvre? comment vous ai-je trouvé sur un grand chemin, avec un cheval fourbu entre les jambes et M. d'Aubigné à vos côtés?

— Parce que j'ai des amis, dit le prince.

— Vous, des amis? fit Bussy. Allons donc!

— Oui, des amis que tu ne connais pas.

— A la bonne heure! et quels sont ces amis?

— Le roi de Navarre et M. d'Aubigné que tu as vu.

— Le roi de Navarre!... Ah! c'est vrai. N'avez-vous point conspiré ensemble?

— Je n'ai jamais conspiré, monsieur de Bussy.

— Non! demandez un peu à la Mole et à Coconnas.

— La Mole, dit le prince d'un air sombre, avait commis un autre crime que celui pour lequel on croit qu'il est mort.

— Bien! laissons la Mole et revenons à vous; d'autant plus, monseigneur, que nous aurions quelque peine à nous entendre sur ce point-là. Par où diable êtes-vous sorti du Louvre?

— Par la fenêtre.

— Ah! vraiment. Et par laquelle?

— Par celle de ma chambre à coucher.

— Vous connaissiez donc l'échelle de corde?

— Quelle échelle de corde?

— Celle de l'armoire.

— Ah! il paraît que tu la connaissais, toi? dit le prince en pâlissant.

— Dame! dit Bussy. Votre Altesse sait que j'ai eu quelquefois le bonheur d'entrer dans cette chambre.

— Du temps de ma sœur Margot, n'est-ce pas! et tu entrais par la fenêtre?

— Dame! vous sortez bien par là, vous. Ce qui m'étonne seulement, c'est que vous ayez trouvé l'échelle.

— Ce n'est pas moi qui l'ai trouvée.

— Qui donc?

— Personne; on me l'a indiquée.

— Qui cela?

— Le roi de Navarre.

— Ah! ah! le roi de Navarre connaît l'échelle; je ne l'aurais pas cru. Enfin, tant il y a que vous voici, monseigneur, sain et sauf et bien portant! nous allons mettre l'Anjou en feu, et, de la même traînée, l'Angoumois et le Béarn s'enflammeront: cela fera un assez joli petit incendie.

— Mais ne parlais-tu pas d'un rendez-vous? dit le duc.

— Ah! morbleu! c'est vrai; mais l'intérêt de la conversation me le faisait oublier. Adieu, monseigneur.

— Prends-tu ton cheval?

— Dame! s'il est utile à monseigneur, Son Altesse peut le garder; j'en ai un second.

— Alors, j'accepte; plus tard nous ferons nos comptes.

— Oui, monseigneur, et Dieu veuille que ce ne soit pas moi qui vous redoive quelque chose!

— Pourquoi cela?

— Parce que je n'aime pas celui que vous chargez d'ordinaire d'apurer vos comptes.

— Bussy!

— C'est vrai, monseigneur; il était convenu que nous ne parlerions plus de cela.

Le prince, qui sentait le besoin qu'il avait de Bussy, lui tendit la main.

Bussy lui donna la sienne, mais en secouant la tête.

Tous deux se séparèrent.

———∞∞———

CHAPITRE XXXII

DIPLOMATIE DE M. DE SAINT-LUC.

Bussy retourna chez lui à pied, au milieu d'une nuit épaisse ; mais, au lieu de Saint-Luc qu'il s'attendait à y rencontrer, il ne trouva qu'une lettre qui lui annonçait l'arrivée de son ami pour le lendemain.

En effet, vers six heures du matin, Saint-Luc, suivi d'un piqueur, avait quitté Méridor et avait dirigé sa course vers Angers. Il était arrivé au pied des remparts à l'ouverture des portes, et, sans remarquer l'agitation singulière du peuple à son lever, il avait gagné la maison de Bussy.

Les deux amis s'embrassèrent cordialement.

— Daignez, mon cher Saint-Luc, dit Bussy, accepter l'hospitalité de ma pauvre chaumière. Je campe à Angers.

— Oui, dit Saint-Luc, à la manière des vainqueurs, c'est-à-dire sur le champ de bataille.

— Que voulez-vous dire, cher ami ?

— Que ma femme n'a pas plus de secrets pour moi que je n'en ai pour elle, mon cher Bussy, et qu'elle m'a tout raconté. Il y a communauté entre nous : recevez tous mes compliments, mon maître en toutes choses, et, puisque vous m'avez mandé, permettez-moi de vous donner un conseil.

— Donnez.

— Débarrassez-vous vite de cet abominable Monsoreau : personne ne connaît à la cour votre liaison avec sa femme, c'est le bon moment ; seulement, il ne faut pas le laisser échapper ; lorsque, plus tard, vous épouserez la veuve, on ne dira pas au moins que vous l'avez faite veuve pour l'épouser.

— Il n'y a qu'un obstacle à ce beau projet, qui m'était venu d'abord à l'esprit comme il s'est présenté au vôtre.

— Vous voyez bien, et lequel ?

— C'est que j'ai juré à Diane de respecter la vie de son mari, tant qu'il ne m'attaquera point, bien entendu.

— Vous avez eu tort.

— Moi !

— Vous avez eu le plus grand tort.

— Pourquoi cela ?

— Parce qu'on ne fait point de pareils serments. Que diable ! si vous ne vous dépêchez pas, si vous ne prenez pas les devants, c'est moi qui vous le dis, le Monsoreau, qui est confit en malices, vous découvrira, et, s'il vous découvre, comme il n'est rien moins que chevaleresque, il vous tuera.

— Il arrivera ce que Dieu aura décidé, dit Bussy en souriant ; mais, outre que je manquerais au serment que j'ai fait à Diane en lui tuant son mari...

— Son mari !... vous savez bien qu'il ne l'est pas.

— Oui, mais il n'en porte pas moins le titre. Outre, dis-je, que je manquerais au serment que je lui ai fait, le monde me lapiderait, mon cher, et celui qui aujourd'hui est un monstre à tous les regards paraîtrait dans sa bière un ange que j'aurais mis au cercueil.

— Aussi ne vous conseillerais-je pas de le tuer vous-même.

— Des assassins ! ah ! Saint-Luc, vous me donnez là un triste conseil.

— Allons donc ! qui vous parle d'assassins ?

— De quoi parlez-vous donc, alors ?

— De rien, cher ami ; une idée qui m'est passée par l'esprit et qui n'est pas suffisamment mûre pour que je vous la communique. Je n'aime pas plus ce Monsoreau que vous, quoique je n'aie pas les mêmes raisons de le détester : parlons donc de la femme au lieu de parler du mari.

Bussy sourit.

— Vous êtes un brave compagnon, Saint-Luc, dit Bussy, et vous pouvez compter sur mon amitié. Or, vous le savez, mon amitié se compose de trois choses : de ma bourse, de mon épée et de ma vie.

— Merci, dit Saint-Luc, j'accepte, mais à charge de revanche,

— Maintenant que vouliez-vous me dire de Diane ? voyons.

— Je voulais vous demander si vous ne comptiez pas venir un peu à Méridor?

— Mon cher ami, je vous remercie de l'insistance, mais vous savez mes scrupules.

— Je sais tout. A Méridor, vous êtes exposé à rencontrer le Monsoreau, bien qu'il soit à quatre-vingts lieues de nous; exposé à lui serrer la main, et c'est dur de serrer la main à un homme qu'on voudrait étrangler; enfin exposé à lui voir embrasser Diane, et c'est dur de voir embrasser la femme qu'on aime.

— Ah! fit Bussy avec rage, comme vous comprenez bien pourquoi je ne vais pas à Méridor! Maintenant, cher ami...

— Vous me congédiez? dit Saint-Luc se méprenant à l'intention de Bussy.

— Non pas; au contraire, reprit celui-ci, je vous prie de rester, car maintenant c'est à mon tour de vous interroger.

— Faites.

— N'avez-vous donc pas entendu, cette nuit, le bruit des cloches et des mousquetons?

— En effet, et nous nous sommes demandé là-bas ce qu'il y avait de nouveau.

— Ce matin, n'avez-vous point remarqué quelque changement en traversant la ville?

— Quelque chose comme une grande agitation, n'est-ce pas?

— Oui. J'allais vous demander d'où elle provenait.

— Elle provient de ce que M. le duc d'Anjou vient d'arriver hier, cher ami.

Saint-Luc fit un bond sur sa chaise, comme si on lui eût annoncé la présence du diable.

— Le duc à Angers! on le disait en prison au Louvre,

— C'est justement parce qu'il était en prison au Louvre qu'il est maintenant à Angers. Il est parvenu à s'évader par une fenêtre, et il est venu se réfugier ici.

— Eh bien? demanda Saint-Luc.

— Eh bien! cher ami, dit Bussy, voici une excellente occasion de vous venger des petites persécutions de Sa Majesté. Le prince a déjà un parti, il va avoir des troupes, et nous brasserons quelque chose comme une jolie petite guerre civile.

— Oh! oh! fit Saint-Luc.

— Et j'ai compté sur vous pour faire le coup d'épée ensemble.

— Contre le roi? dit Saint-Luc avec une froideur soudaine.

— Je ne dis pas précisément contre le roi, dit Bussy; je dis contre ceux qui tireront l'épée contre nous.

— Mon cher Bussy, dit Saint-Luc, je suis venu en Anjou pour prendre l'air de la campagne, et non pas pour me battre contre Sa Majesté.

— Mais laissez-moi toujours vous présenter à monseigneur.

— Inutile, mon cher Bussy; je n'aime pas Angers, et comptais le quitter bientôt; c'est une ville ennuyeuse et noire; les pierres y sont molles comme du fromage, et le fromage y est dur comme de la pierre.

— Mon cher Saint-Luc, vous me rendriez un grand service de consentir à ce que je sollicite de vous : le duc m'a demandé ce que j'étais venu faire ici, et, ne pouvant pas le lui dire, attendu que lui-même a aimé Diane et a échoué près d'elle, je lui ai fait accroire que j'étais venu pour attirer à sa cause tous les gentilshommes du canton; j'ai même ajouté que j'avais, ce matin, rendez-vous avec l'un d'eux,

— Eh bien! vous direz que vous avez vu ce gentilhomme, et qu'il demande six mois pour réfléchir.

— Je trouve, mon cher Saint-Luc, s'il faut que je vous le dise, que votre logique n'est pas moins hérissée que la mienne.

— Écoutez : je ne tiens en ce monde qu'à ma femme; vous ne tenez, vous, qu'à votre maîtresse, convenons d'une chose : en toute occasion, je défendrai Diane; en toute occasion, vous défendrez madame de Saint-Luc. Un pacte amoureux, soit, mais pas de pacte politique. Voilà seulement comment nous réussirons à nous entendre.

— Je vois qu'il faut que je vous cède, Saint-Luc, dit Bussy, car, en ce moment, vous avez l'avantage. J'ai besoin de vous, tandis que vous pouvez vous passer de moi.

— Pas du tout, et c'est moi, au contraire, qui réclame votre protection.

— Comment cela?

— Supposez que les Angevins, car c'est ainsi que vont s'appeler les rebelles, viennent assiéger et mettre à sac Méridor.

— Ah! diable, vous avez raison, dit Bussy, vous ne voulez pas que les habitants subissent la conséquence d'une prise d'assaut.

Les deux amis se mirent à rire, et, comme on tirait le canon dans la ville, comme le valet de Bussy venait l'avertir que déjà le prince l'avait appelé trois fois, ils se jurèrent de nouveau association extra-politique, et se séparèrent enchantés l'un de l'autre.

Bussy courut au château ducal, où déjà la noblesse affluait de toutes les parties de la province; l'arrivée du duc d'Anjou avait retenti comme un écho porté sur le bruit du canon, et, à trois ou quatre lieues autour d'Angers, villes et villages étaient déjà soulevés par cette grande nouvelle.

Le gentilhomme se dépêcha d'arranger une réception officielle, un repas, des harangues; il pensait que, tandis que le prince recevrait, mangerait, et surtout haranguerait, il aurait le temps de voir Diane, ne fût-ce qu'un instant. Puis, lorsqu'il eut taillé pour quelques heures de l'occupation au duc, il regagna sa maison, monta son second cheval, et prit au galop le chemin de Méridor.

Le duc, livré à lui-même, prononça de fort beaux discours et produisit un effet merveilleux en parlant de la Ligue, touchant avec discrétion les points qui concernaient son alliance avec les Guise, et se donnant comme un prince persécuté par le roi à cause de la confiance que les Parisiens lui avaient témoignée.

Pendant les réponses et les baise-mains, le duc passait la revue des gentilshommes, notant avec soin ceux qui étaient déjà arrivés, et avec plus de soin ceux qui manquaient encore.

Quand Bussy revint, il était quatre heures de l'après-midi; il sauta à bas de son cheval et se présenta devant le duc, couvert de sueur et de poussière.

— Ah! ah! mon brave Bussy, dit le duc, te voilà à l'œuvre, à ce qu'il paraît.

— Vous voyez, monseigneur.

— Tu as chaud?

— J'ai fort couru.

— Prends garde de te rendre malade, tu n'es peut-être pas encore bien remis.

— Il n'y a pas de danger.

— Et d'où viens-tu?

— Des environs. Votre Altesse est-elle contente, et a-t-elle eu cour nombreuse?

— Oui, je suis assez satisfait; mais, à cette cour, Bussy, quelqu'un manque.

— Qui cela?

— Ton protégé.

— Mon protégé?

— Oui, le baron de Méridor.

— Ah! dit Bussy en changeant de couleur.

— Et, cependant, il ne faudrait pas le négliger, quoiqu'il me néglige. Le baron est influent dans la province.

— Vous croyez?

— J'en suis sûr. C'était lui le correspondant de la Ligue à Angers; il avait été choisi par M. de Guise, et, en général, MM. de Guise choisissent bien leurs hommes : il faut qu'il vienne, Bussy.

— Mais, s'il ne vient pas, cependant, monseigneur?

— S'il ne vient pas à moi, je ferai les avances, et c'est moi qui irai à lui.

— A Méridor?

— Pourquoi pas?

Bussy ne put retenir l'éclair jaloux et dévorant qui jaillit de ses yeux.

— Au fait, dit-il, pourquoi pas? vous êtes prince, tout vous est permis.

— Ah çà! tu crois donc qu'il m'en veut toujours?

— Je ne sais. Comment le saurais-je, moi?

— Tu ne l'as pas vu?

— Non.

— Agissant près des grands de la province, tu aurais cependant pu avoir affaire à lui.

— Je n'y eusse pas manqué, s'il n'avait pas eu lui-même affaire à moi.

— Eh bien?

— Eh bien! dit Bussy, je n'ai pas été assez heureux dans les promesses que je lui avais faites, pour avoir grande hâte de me présenter devant lui.

— N'a-t-il pas ce qu'il désirait?

— Comment cela?

— Il voulait que sa fille épousât le comte, et le comte l'a épousée.

— Bien, monseigneur, n'en parlons plus, dit Bussy; et il tourna le dos au prince.

En ce moment, de nouveaux gentilshommes entrèrent; le duc alla à eux, Bussy resta seul.

Les paroles du prince lui avaient fort donné à penser.

Quelles pouvaient être les idées réelles du prince à l'égard du baron de Méridor?

Étaient-elles telles que le prince les avait exprimées? Ne voyait-il dans le vieux seigneur qu'un moyen de renforcer sa cause de l'appui d'un homme estimé et puissant?

Ou bien ses projets politiques n'étaient-ils qu'un moyen de se rapprocher de Diane?

Bussy examina la position du prince telle qu'elle était : il le vit brouillé avec son frère, exilé du Louvre, chef d'une insurrection en province. Il jeta dans la balance les intérêts matériels du prince et ses fantaisies amoureuses. Ce dernier intérêt était bien léger, comparé aux autres. Bussy était disposé à pardonner au duc tous ses autres torts, s'il voulait bien ne pas avoir celui-là.

Il passa toute la nuit à banqueter avec Son Altesse royale et les gentilshommes angevins, et à faire la révérence aux dames angevines; puis, comme on avait fait venir les violons, à leur apprendre les danses les plus nouvelles.

Il va sans dire qu'il fit l'admiration des femmes et le désespoir des maris, et, comme quelques-uns de ces derniers le regardaient autrement qu'il ne plaisait à Bussy d'être regardé, il retroussa huit ou dix fois sa moustache, et demanda à trois ou quatre de ces messieurs s'ils ne lui accorderaient pas la faveur d'une promenade au clair de la lune, dans le boulingrin.

Mais sa réputation l'avait précédé à Angers, et Bussy en fut quitte pous ses avances.

A la porte du palais ducal, Bussy trouva une figure franche, loyale et rieuse, qu'il croyait à quatre-vingts lieues de lui.

— Ah! dit-il avec un vif sentiment de joie, c'est toi, Remy!

— Eh! mon Dieu oui, monseigneur.

— J'allais t'écrire de venir me rejoindre.

— En vérité?

— Parole d'honneur!

— En ce cas, cela tombe à merveille : je craignais que vous ne me grondassiez.

— Et de quoi?

— De ce que j'étais venu sans permission. Mais, ma foi! j'ai entendu dire que monseigneur le duc d'Anjou s'était évadé du Louvre, et qu'il était parti pour sa province. Je me suis rappelé que vous étiez dans les environs d'Angers, j'ai pensé qu'il y aurait guerre civile et force estocades données et rendues, bon nombre de trous faits à la peau de mon prochain; et, attendu que j'aime mon prochain comme moi-même et même plus que moi-même, je suis accouru.

— Tu as bien fait, Remy; d'honneur, tu me manquais.

— Comment va Gertrude, monseigneur?

Le gentilhomme sourit.

— Je te promets de m'en informer à Diane, la première fois que je la verrai, dit-il.

— Et moi, en revanche, soyez tranquille, la première fois que je la verrai, dit-il, de mon côté, je lui demanderai des nouvelles de madame de Monsoreau.

— Tu es un charmant compagnon, et comment m'as-tu trouvé?

— Parbleu, belle difficulté! j'ai demandé où était l'hôtel ducal, et je vous ai attendu à la porte, après avoir été conduire mon cheval dans les écuries du prince, où, Dieu me pardonne, j'ai reconnu le vôtre.

— Oui, le prince avait tué le sien, je lui ai prêté Roland, et, comme il n'en avait pas d'autre, il l'a gardé.

— Je vous reconnais bien là, c'est vous qui êtes prince, et le prince qui est le serviteur.

— Ne te presse pas de me mettre si haut, Remy, tu vas voir comment monseigneur est logé.

Et, en disant cela, il introduisit le Haudoin dans sa petite maison du rempart.

— Ma foi! dit Bussy, tu vois le palais; loge-toi où tu voudras et comme tu pourras.

— Cela ne sera point difficile, et il ne me faut pas grand'place, comme vous savez; d'ailleurs, je dormirai debout, s'il le faut. Je suis assez fatigué pour cela.

Les deux amis, car Bussy traitait le Haudoin plutôt en ami qu'en serviteur, se séparèrent, et Bussy, le cœur doublement content de se retrouver entre Diane et Remy, dormit tout d'une traite.

Il est vrai que, pour dormir à son aise, le duc, de son côté, avait fait prier qu'on ne tirât plus le canon, et que les mousquetades cessassent; quant aux cloches, elles s'étaient endormies toutes seules, grâce aux ampoules des sonneurs.

Bussy se leva de bonne heure, et courut au château en ordonnant qu'on prévînt Remy de l'y venir rejoindre : il tenait à guetter les premiers bâillements du réveil de Son Altesse, afin de surprendre, s'il était possible, sa pensée dans la grimace, ordinairement très-significative, du dormeur qu'on éveille.

Le duc se réveilla, mais on eût dit que, comme son frère Henri, il mettait un masque pour dormir. Bussy en fut pour ses frais de matinalité.

Il tenait tout prêt un catalogue de choses toutes plus importantes les unes que les autres.

D'abord une promenade extra-muros pour reconnaître les fortifications de la place.

Une revue des habitants et de leurs armes.

Visite à l'arsenal et commande de munitions de toutes espèces.

Examen minutieux des tailles de la province, à l'effet de procurer aux bons et fidèles vassaux du prince un petit supplément d'impôt destiné à l'ornement intérieur des coffres.

Enfin, correspondance.

Mais Bussy savait d'avance qu'il ne devait pas énormément compter sur ce dernier article; le duc d'Anjou écrivait peu; dès cette époque, il pratiquait le proverbe : Les écrits restent.

Ainsi muni contre les mauvaises pensées qui pouvaient venir au duc, le comte vit ses yeux s'ouvrir, mais, comme nous l'avons dit, sans pouvoir rien lire dans ces yeux.

— Ah! ah! fit le duc, déjà toi!

— Ma foi oui, monseigneur; je n'ai pas pu dormir, tant les intérêts de Votre Altesse m'ont, toute la nuit, trotté par la tête. Çà, que faisons-nous ce matin? Tiens! si nous chassions.

Bon! se dit tout bas Bussy, voilà encore une occupation à laquelle je n'avais pas songé.

— Comment! dit le duc, tu prétends que tu as pensé à mes intérêts toute la nuit, et le résultat de la veille et de la méditation est de venir me proposer une chasse. Allons donc!

— C'est vrai, dit Bussy; d'ailleurs nous n'avons pas de meute.

— Ni de grand veneur, fit le prince.

— Ah! ma foi, je n'en trouverais la chasse que plus agréable pour chasser sans lui.

— Ah! je ne suis pas comme toi, il me manque.

Le duc dit cela d'un singulier air. Bussy le remarqua.

— Ce digne homme, dit-il, votre ami; il paraît qu'il ne vous a pas délivré non plus, celui-là.

Le duc sourit.

— Bon, dit Bussy, je connais ce sourire-là; c'est le mauvais : gare au Monsoreau!

— Tu lui en veux donc? demanda le prince.

— Au Monsoreau?

— Oui.

— Et de quoi lui en voudrais-je?

— De ce qu'il est mon ami.

— Je le plains fort, au contraire.

— Qu'est-ce à dire?

— Que plus vous le ferez monter, plus il tombera de haut, quand il tombera.

— Allons, je vois que tu es de bonne humeur.

— Moi?

— Oui, c'est quand tu es de bonne humeur que tu me dis de ces choses-là. N'importe, continua le duc, je maintiens mon dire, et Monsoreau nous eût été bien utile dans ce pays-ci.

— Pourquoi cela?

— Parce qu'il a des biens aux environs.

— Lui?

— Lui ou sa femme.

Bussy se mordit les lèvres : le duc ramenait la conversation au point d'où il avait eu tant de peine à l'écarter la veille.

— Ah! vous croyez? dit-il.

— Sans doute. Méridor est à trois lieues d'An-

gers; ne le sais-tu pas, toi qui m'as amené le vieux baron?

Bussy comprit qu'il s'agissait de n'être point déferré.

— Dame! dit-il, je vous l'ai amené, moi, parce qu'il s'est pendu à mon manteau, et qu'à moins de lui en laisser la moitié entre les doigts, comme faisait saint Martin, il fallait bien le conduire devers vous... Au reste ma protection ne lui a pas servi à grand'chose.

— Écoute, dit le duc, j'ai une idée.

— Diable! dit Bussy, qui se défiait toujours des idées du prince.

— Oui... Monsoreau a eu sur toi la première partie; mais je veux te donner la seconde.

— Comment l'entendez-vous, mon prince?

— C'est tout simple. Tu me connais, Bussy?

— J'ai ce malheur, mon prince.

— Crois-tu que je sois homme à subir un affront et à le laisser impuni?

— C'est selon.

Le duc sourit d'un sourire plus mauvais encore que le premier, en se mordant les lèvres et en secouant la tête de haut en bas.

— Voyons, expliquez-vous, monseigneur, dit Bussy.

— Eh bien! le grand veneur m'a volé une jeune fille que j'aimais, pour en faire sa femme; moi, à mon tour, je veux lui voler sa femme pour en faire ma maîtresse.

Bussy fit un effort pour sourire; mais, si ardemment qu'il désirât arriver à ce but, il ne parvint qu'à faire une grimace.

— Voler la femme de M. de Monsoreau! balbutia-t-il.

— Mais il n'y a rien de plus facile, ce me semble, dit le duc : la femme est revenue dans ses terres. Tu m'as dit qu'elle détestait son mari; je puis donc compter, sans trop de vanité, qu'elle me préférera au Monsoreau, surtout si je lui promets... ce que je lui promettrai.

— Et que lui promettrez-vous, monseigneur?

— De la débarrasser de son mari.

— Eh! fut sur le point de s'écrier Bussy, pourquoi donc ne l'avez-vous pas fait tout de suite?

Mais il eut le courage de se retenir.

— Vous feriez cette belle action? dit-il.

— Tu verras. En attendant, j'irai toujours faire une visite à Méridor.

— Vous oserez?

— Pourquoi pas?

— Vous vous présenterez devant le vieux baron, que vous avez abandonné, après m'avoir promis...

— J'ai une excellente excuse à lui donner.

— Où diable allez-vous donc les prendre?

— Eh! sans doute. Je lui dirai : Je n'ai pas rompu ce mariage parce que le Monsoreau, qui savait que vous étiez un des principaux agents de la Ligue, et que j'en étais le chef, m'a menacé de nous vendre tous deux au roi.

— Ah! ah! Votre Altesse invente-t-elle celle-là?

— Pas entièrement, je dois le dire, répondit le duc.

— Alors je comprends, dit Bussy.

— Tu comprends? dit le duc qui se trompait à la réponse de son gentilhomme.

— Oui.

— Je lui fais accroire qu'en mariant sa fille j'ai sauvé sa vie, à lui, qui était menacée.

— C'est superbe, dit Bussy.

— N'est-ce pas? Eh! mais, j'y pense, regarde donc par la fenêtre, Bussy.

— Pourquoi faire?

— Regarde toujours.

— M'y voilà.

— Quel temps fait-il?

— Je suis forcé d'avouer à Votre Altesse qu'il fait beau.

— Eh bien! commande les chevaux, et allons un peu voir comment va le bonhomme Méridor.

— Tout de suite, monseigneur?

Et Bussy, qui, depuis un quart d'heure, jouait ce rôle éternellement comique de Mascarille dans l'embarras, feignant de sortir, alla jusqu'à la porte et revint.

— Pardon, monseigneur, dit-il; mais combien de chevaux commandez-vous?

— Mais quatre, cinq, ce que tu voudras.

— Alors, si vous vous en rapportez de ce soin à moi, monseigneur, dit Bussy, j'en commanderai un cent.

— Bon, un cent, dit le prince surpris, pourquoi faire?

— Pour en avoir à peu près vingt-cinq, dont je sois sûr en cas d'attaque.

Le duc tressaillit.

— En cas d'attaque? dit-il.

— Oui. J'ai ouï dire, continua Bussy, qu'il y avait force bois dans ces pays-là; et il n'y aurait rien de rare à ce que nous tombassions dans quelque embuscade.

— Ah! ah! dit le duc, tu penserais?

— Monseigneur sait que le vrai courage n'exclut pas la prudence.

Le duc devint rêveur.

— Je vais en commander cent cinquante, dit Bussy.

Et il s'avança une seconde fois vers la porte.

— Un instant, dit le prince.

— Qu'y a-t-il, monseigneur?

— Crois-tu que je sois en sûreté à Angers, Bussy?

— Dame, la ville n'est pas forte; bien défendue, cependant...

— Oui, bien défendue; mais elle peut être mal défendue; si brave que tu sois, tu ne seras jamais qu'à un seul endroit.

— C'est probable.

— Si je ne suis pas en sûreté dans la ville, et je n'y suis pas, puisque Bussy en doute ..

— Je n'ai pas dit que je doutais, Monseigneur.

— Bon, bon; si je ne suis pas en sûreté, il faut que je m'y mette promptement.

— C'est parler d'or, monseigneur

— Eh bien! je veux visiter le château et m'y retrancher.

— Vous avez raison, monseigneur; de bons retranchements, voyez-vous...

Bussy balbutia; il n'avait pas l'habitude de la peur, et les paroles prudentes lui manquaient.

— Et puis, une autre idée encore.

— La matinée est féconde, monseigneur.

— Je veux faire venir ici les Méridor.

— Monseigneur, vous avez aujourd'hui une justesse et une vigueur de pensées!... Levez-vous et visitons le château.

Le prince appela ses gens; Bussy profita de ce moment pour sortir.

Il trouva le Haudoin dans les appartements. C'était lui qu'il cherchait.

Il l'emmena dans le cabinet du duc, écrivit un petit mot, entra dans une serre, cueillit un bouquet de roses, roula le billet autour des tiges, passa à l'écurie, sella Roland, mit le bouquet dans la main du Haudoin, et invita le Haudoin à se mettre en selle.

Puis, le conduisant hors de la ville, comme Aman conduisait Mardochée, il le plaça dans une espèce de sentier.

— Là, lui dit-il, laisse aller Roland; au bout du sentier, tu trouveras la forêt, dans la forêt un parc, autour de ce parc un mur, à l'endroit du mur où Roland s'arrêtera, tu jetteras ce bouquet.

« Celui qu'on attend ne vient pas, disait le billet, parce que celui qu'on n'attendait pas est venu, et plus menaçant que jamais, car il aime toujours. Prenez avec les lèvres et le cœur tout ce qu'il y a d'invisible aux yeux dans ce papier.»

Bussy lâcha la bride à Roland qui partit au galop dans la direction de Méridor.

Bussy revint au palais ducal et trouva le prince habillé.

Quant à Remy, ce fut pour lui l'affaire d'une demi-heure. Emporté comme un nuage par le vent, Remy, confiant dans les paroles de son maître, traversa prés, champs, bois, ruisseaux, collines, et s'arrêta au pied d'un mur à demi dégradé dont le chaperon tapissé de lierres semblait relié par eux aux branches des chênes.

Arrivé là, Remy se dressa sur ses étriers, attacha de nouveau et plus solidement encore qu'il ne l'était le papier au billet, et, poussant un hem! vigoureux, il lança le bouquet par-dessus le mur.

Un petit cri qui retentit de l'autre côté lui apprit que le message était arrivé à bon port.

Remy n'avait plus rien à faire, car on ne lui avait pas demandé de réponse.

Il tourna donc du côté par lequel il était venu, la tête du cheval, qui se disposait à prendre son repas aux dépens de la glandée, et qui témoigna un vif mécontentement d'être dérangé dans ses habitudes; mais Remy fit une sérieuse application de l'éperon et de la cravache. Roland sentit son tort et repartit de son train habituel.

Quarante minutes après, il se reconnaissait dans sa nouvelle écurie, comme il s'était reconnu dans le hallier, et il venait prendre de lui-même sa place au râtelier bien garni de foin et à la mangeoire regorgeant d'avoine.

Bussy visitait le château avec le prince.

Remy le joignit au moment où il examinait un souterrain conduisant à une poterne.

— Eh bien! demanda-t-il à son messager, qu'as-tu vu? qu'as-tu entendu? qu'as-tu fait?

— Un mur, un cri, sept lieues, répondit Remy avec le laconisme d'un de ces enfants de Sparte qui se faisaient dévorer le ventre par les renards pour la plus grande gloire des lois de Lycurgue.

CHAPITRE XXXIII

UNE VOLÉE D'ANGEVINS.

Bussy parvint à occuper si bien le duc d'Anjou de ses préparatifs de guerre, que, pendant deux jours, il ne trouva ni le temps d'aller à Méridor, ni le temps de faire venir le baron à Angers.

Quelquefois cependant le duc revenait à ses idées de visite. Mais aussitôt Bussy faisait l'empressé, visitait les mousquets de toute la garde, faisait équiper les chevaux en guerre, roulait les canons, les affûts, comme s'il s'agissait de conquérir une cinquième partie du monde.

Ce que voyant Remy, il se mettait à faire de la charpie, à repasser ses instruments, à confectionner ses baumes, comme s'il s'agissait de soigner la moitié du genre humain.

Le duc alors reculait devant l'énormité de pareils préparatifs.

Il va sans dire que, de temps en temps, Bussy, sous prétexte de faire le tour des fortifications extérieures, sautait sur Roland, et, en quarante minutes, arrivait à certain mur, qu'il enjambait d'autant plus lestement, qu'à chaque enjambement il faisait tomber quelque pierre, et que le chaperon, croulant sous son poids, devenait peu à peu une brèche.

Quant à Roland, il n'était plus besoin de lui dire où l'on allait, Bussy n'avait qu'à lui lâcher la bride et fermer les yeux.

— Voilà déjà deux jours de gagnés, disait Bussy, j'aurai bien du malheur si, d'ici à deux autres jours, il ne m'arrive pas un petit bonheur.

Bussy n'avait pas tort de compter sur sa bonne fortune.

Vers le soir du troisième jour, comme on faisait entrer dans la ville un énorme convoi de vivres, produit d'une réquisition frappée par le duc sur ses bons et féaux Angevins; comme M. d'Anjou, pour faire le bon prince, goûtait le pain noir des soldats et déchirait à belles dents les harengs salés et la morue sèche, on entendit une grande rumeur vers une des portes de la ville.

M. d'Anjou s'informa d'où venait cette rumeur ; mais personne ne put le lui dire.

Il se faisait par là une distribution de coups de manche de pertuisane et de coups de crosse de mousquet à bon nombre de bourgeois attirés par la nouveauté d'un spectacle curieux.

Un homme, monté sur un cheval blanc ruisselant de sueur, s'était présenté à la barrière de la porte de Paris.

Or Bussy, par suite de son système d'intimidation, s'était fait nommer capitaine général du pays d'Anjou, grand-maître de toutes les places, et avait établi la plus sévère discipline, notamment dans Angers. Nul ne pouvait sortir de la ville sans un mot d'ordre, nul ne pouvait y entrer sans ce même mot d'ordre, une lettre d'appel ou un signe de ralliement quelconque.

Toute cette discipline n'avait d'autre but que d'empêcher le duc d'envoyer quelqu'un à Diane sans qu'il le sût, et d'empêcher Diane d'entrer à Angers sans qu'il en fût averti.

Cela paraîtra peut-être un peu exagéré ; mais cinquante ans plus tard Buckingham faisait bien d'autres folies pour Anne d'Autriche.

L'homme et le cheval blanc étaient donc, comme nous l'avons dit, arrivés d'un galop furieux, et ils avaient été donner droit dans le poste.

Mais le poste avait sa consigne. La consigne avait été donnée à la sentinelle ; la sentinelle avait croisé la pertuisane ; le cavalier avait paru s'en inquiéter médiocrement ; mais la sentinelle avait crié : « Aux armes ! » le poste était sorti, et force avait été d'entrer en explication.

— Je suis Antraguet, avait dit le cavalier, et je veux parler au duc d'Anjou.

— Nous ne connaissons pas Antraguet, avait répondu le chef du poste ; quant à parler au duc d'Anjou, votre désir sera satisfait, car nous allons vous arrêter et vous conduire à Son Altesse.

— M'arrêter ! répondit le cavalier, voilà encore un plaisant maroufle pour arrêter Charles de Balzac d'Entragues, baron de Cuneo et comte de Graville.

— Ce sera pourtant comme cela, dit en ajustant son hausse-col le bourgeois qui avait vingt hommes derrière lui, et qui n'en voyait qu'un seul en face.

— Attendez un peu, mes bons amis, dit Antraguet. Vous ne connaissez pas encore les Parisiens, n'est-ce pas ? eh bien ! je vais vous montrer un échantillon de ce qu'ils savent faire.

— Arrêtons-le ! conduisons-le à monseigneur ! crièrent les miliciens furieux.

— Tout doux, mes petits agneaux d'Anjou, dit Antraguet, c'est moi qui aurai ce plaisir.

— Que dit-il donc là ? se demandèrent les bourgeois.

— Il dit que son cheval n'a encore fait que dix lieues, répondit Antraguet, ce qui fait qu'il va vous passer sur le ventre à tous, si vous ne vous rangez pas. Rangez-vous donc, ou ventre-bœuf...

Et, comme les bourgeois d'Angers avaient l'air de ne pas comprendre le juron parisien, Antraguet avait mis l'épée à la main, et, par un moulinet prestigieux, avait abattu çà et là les hampes les plus rapprochées des hallebardes dont on lui présentait la pointe.

En moins de dix minutes, quinze ou vingt hallebardes furent changées en manches à balais.

Les bourgeois furieux fondirent à coups de bâton sur le nouveau venu, qui parait devant, derrière, à droite et à gauche, avec une adresse prodigieuse, et en riant de tout son cœur.

— Ah ! la belle entrée, disait-il en se tordant sur son cheval ; oh ! les honnêtes bourgeois que les bourgeois d'Angers ! Morbleu, comme on s'amuse ici ! Que le prince a bien eu raison de quitter Paris, et que j'ai bien fait de venir le rejoindre !

Et Antraguet, non-seulement parait de plus belle, mais, de temps en temps, quand il se sentait serré de trop près, il taillait, avec sa lame espagnole, le buffle de celui-là, la salade de celui-ci, et quelquefois, choisissant son homme, il étourdissait d'un coup de plat d'épée quelque guerrier imprudent qui se jetait dans la mêlée, le chef protégé par le simple bonnet de laine angevin.

Les bourgeois ameutés frappaient à l'envi, s'estropiant les uns les autres, puis revenaient à la charge ; comme les soldats de Cadmus, on eût dit qu'ils sortaient de terre.

Antranguet sentit qu'il commençait à se fatiguer.

— Allons, dit-il, voyant que les rangs devenaient de plus en plus compacts, c'est bon ; vous êtes braves comme des lions, c'est convenu, et j'en rendrai témoignage. Mais vous voyez qu'il ne vous reste plus que vos manches de hallebardes, et que vous ne savez pas charger vos mousquets. J'avais résolu d'entrer dans la ville, mais j'ignorais qu'elle était gardée par une armée de Césars. Je renonce à vous vaincre ; adieu, bonsoir, je m'en vais. Dites seulement au prince que j'étais venu exprès de Paris pour le voir.

Cependant le capitaine était parvenu à communiquer le feu à la mèche de son mousquet; mais, au moment où il appuyait la crosse à son épaule, Antraguet lui cingla de si furieux coups de sa canne flexible sur les doigts, qu'il lâcha son arme et qu'il se mit à sauter alternativement sur le pied droit et sur le pied gauche.

— A mort! à mort! crièrent les miliciens meurtris et enragés, ne le laissons pas fuir! qu'il ne puisse pas s'échapper!

— Ah! dit Antraguet, vous ne vouliez pas me laisser entrer tout à l'heure, et voilà maintenant que vous ne voulez plus me laisser sortir; prenez garde! cela va changer ma tactique : au lieu d'user du plat, j'userai de la pointe; au lieu d'abattre les hallebardes, j'abattrai les poignets. Çà, voyons, mes agneaux d'Anjou, me laisse-t-on partir?

— Non! à mort! à mort! il se lasse! assommons-le!

— Fort bien! c'est pour tout de bon, alors?

— Oui! oui!

— Eh bien! gare les doigts, je coupe les mains!

Il achevait à peine, et se mettait en mesure de mettre sa menace à exécution, quand un second cavalier apparut à l'horizon, accourant avec la même frénésie, entra dans la barrière au triple galop, et tomba comme la foudre au milieu de la mêlée, qui tournait peu à peu en véritable combat.

— Antraguet, cria le nouveau venu, Antraguet! eh! que diable fais-tu au milieu de tous ces bourgeois?

— Livarot! s'écria Antraguet en se retournant, ah! mordieu, tu es le bienvenu, Montjoie et Saint-Denis, à la rescousse!

— Je savais bien que je te rattraperais; il y a quatre heures que j'ai eu de tes nouvelles, et, depuis ce moment, je te suis. Mais où t'es-tu donc fourré? on te massacre, Dieu me pardonne.

— Oui, ce sont nos amis d'Anjou, qui ne veulent ni me laisser entrer ni me laisser sortir.

— Messieurs, dit Livarot en mettant le chapeau à la main, vous plairait-il de vous ranger à droite ou à gauche, afin que nous passions?

— Ils nous insultent! crièrent les bourgeois; à mort! à mort!

— Ah! voilà comme ils sont à Angers! fit Livarot en remettant d'une main son chapeau sur sa tête, et en tirant de l'autre son épée.

— Oui, tu vois, dit Antraguet; malheureusement ils sont beaucoup.

— Bah! à nous trois nous en viendrons bien à bout.

— Oui, à nous trois, si nous étions trois; mais nous ne sommes que nous deux.

— Voici Ribérac qui arrive.

— Lui aussi?

— L'entends-tu?

— Je le vois. Eh! Ribérac! eh! ici! ici!

En effet, au moment même, Ribérac, non moins pressé que ses compagnons, à ce qu'il paraissait, faisait la même entrée qu'eux dans la ville d'Angers.

— Tiens! on se bat, dit Ribérac, voilà une chance! Bonjour, Antraguet; bonjour, Livarot.

— Chargeons, répondit Antraguet.

Les miliciens regardaient, assez étourdis, le nouveau renfort qui venait d'arriver aux deux amis, lesquels, de l'état d'assaillis, se préparaient à passer à celui d'assaillants.

— Ah çà! mais ils sont donc un régiment, dit le capitaine de la milice à ces hommes; messieurs, notre ordre de bataille me paraît vicieux, et je propose que nous fassions demi-tour à gauche.

Les bourgeois, avec cette habileté qui les caractérise dans l'exécution des mouvements militaires, commencèrent aussitôt un demi-tour à droite.

C'est qu'outre l'invitation de leur capitaine qui les ramenait naturellement à la prudence, ils voyaient les trois cavaliers se ranger de front avec une contenance martiale qui faisait frémir les plus intrépides.

— C'est leur avant-garde, crièrent les bourgeois qui voulaient se donner à eux-mêmes un prétexte pour fuir. Alarme! alarme!

— Au feu! crièrent les autres, au feu!

— L'ennemi! l'ennemi! dirent la plupart.

— Nous sommes des pères de famille; nous nous devons à nos femmes et à nos enfants. Sauve qui peut! hurla le capitaine.

Et en raison de ces cris divers, qui tous cependant, comme on le voit, avaient le même but, un effroyable tumulte se fit dans la rue, et les coups de bâton commencèrent à tomber comme la grêle sur les curieux, dont le cercle pressé empêchait les peureux de fuir.

Ce fut alors que le bruit de la bagarre arriva jusqu'à la place du Château, où, comme nous l'avons dit, le prince goûtait le pain noir, les harengs saurs et la morue sèche de ses partisans.

Bussy et le prince s'informèrent; on leur dit que c'étaient trois hommes, ou plutôt trois diables incarnés arrivant de Paris, qui faisaient tout ce tapage.

— Trois hommes? dit le prince : va donc voir ce que c'est, Bussy.

— Trois hommes? dit Bussy : venez, monseigneur.

Et tous deux partirent : Bussy en avant, le prince le suivant prudemment, accompagné d'une vingtaine de cavaliers.

Ils arrivèrent comme les bourgeois commençaient d'exécuter la manœuvre que nous avons dite, au grand détriment des épaules et des crâne des curieux.

Bussy se dressa sur ses étriers, et, son œil d'aigle plongeant dans la mêlée, il reconnut Livarot à sa longue figure.

— Mort de ma vie! cria-t-il au prince d'une voix tonnante, accourez donc, monseigneur, ce sont nos amis de Paris qui nous assiégent.

— Eh non! répondit Livarot d'une voix qui dominait le bruit de la bataille, ce sont, au contraire, les amis d'Anjou qui nous écharpent.

— Bas les armes! cria le duc; bas les armes, marauds, ce sont des amis.

— Des amis! s'écrièrent les bourgeois contusionnés, écorchés, rendus. Des amis! il fallait donc leur donner le mot d'ordre alors; depuis une bonne heure, nous les traitons comme des païens, et ils nous traitent comme des Turcs

Et le mouvement rétrograde acheva de se faire.

Livarot, Antraguet et Ribérac s'avancèrent en triomphateurs dans l'espace laissé libre par la retraite des bourgeois, et tous s'empressèrent d'aller baiser la main de Son Altesse; après quoi, chacun, à son tour, se jeta dans les bras de Bussy.

— Il paraît, dit philosophiquement le capitaine, que c'est une volée d'Angevins que nous prenions pour un vol de vautours.

— Monseigneur, glissa Bussy à l'oreille du duc, comptez vos miliciens, je vous prie.

— Pour quoi faire?

— Comptez toujours, à peu près, en gros; je ne dis pas un à un.

— Ils sont au moins cent cinquante.

— Au moins, oui.

— Eh bien! que veux-tu dire?

— Je veux dire que vous n'avez point là de fameux soldats, puisque trois hommes les ont battus.

— C'est vrai, dit le duc. Après?

— Après! sortez donc de la ville avec des gaillards comme ceux-là!

— Oui, dit le duc; mais j'en sortirai avec les trois hommes qui ont battu les autres, répliqua le duc.

— Ouais! fit tout bas Bussy, je n'avais pas songé à celle-là. Vivent les poltrons pour être logiques!

CHAPITRE XXXIV

ROLAND.

râce au renfort qui lui était arrivé, M. le duc d'Anjou put se livrer à des reconnaissances sans fin autour de la place.

Accompagné de ses amis, arrivés d'une façon si opportune, il marchait dans un équipage de guerre dont les bourgeois d'Angers se montraient on ne peut plus orgueilleux, bien que la comparaison de ces gentilshommes bien montés, bien équipés, avec les harnais déchirés et les armures rouillées de la milice urbaine, ne fût pas précisément à l'avantage de cette dernière.

On explora d'abord les remparts, puis les jardins attenants aux remparts, puis la campagne attenante aux jardins, puis enfin les châteaux épars dans cette campagne, et ce n'était point sans un sentiment d'arrogance très-marquée que le duc narguait, en passant, soit près d'eux, soit au milieu d'eux, les bois qui lui avaient fait si grande peur, ou plutôt dont Bussy lui avait fait si grande peur.

Les gentilshommes angevins arrivaient avec de l'argent, ils trouvaient à la cour du duc d'Anjou une liberté qu'ils étaient loin de rencontrer à la cour de Henri III; ils ne pouvaient donc manquer de faire joyeuse vie dans une ville toute disposée, comme doit l'être une capitale quelconque, à piller la bourse de ses hôtes.

Trois jours ne s'étaient point encore écoulés, qu'Antraguet, Ribérac et Livarot avaient lié des relations avec les nobles angevins les plus épris des modes et des façons parisiennes. Il va sans dire que ces dignes seigneurs étaient mariés et avaient de jeunes et jolies femmes.

Aussi n'était-ce pas pour son plaisir particulier, comme pourraient le croire ceux qui connaissent l'égoïsme du duc d'Anjou, qu'il faisait de si belles cavalcades dans la ville. Non. Ces promenades tournaient au plaisir des gentilshommes parisiens, qui étaient venus le rejoindre, des seigneurs angevins, et surtout des dames angevines.

Dieu d'abord devait s'en réjouir, puisque la cause de la Ligue était la cause de Dieu.

Puis le roi devait incontestablement en enrager.

Enfin les dames en étaient heureuses.

Ainsi, la grande Trinité de l'époque était représentée : Dieu, le roi et les dames.

La joie fut à son comble le jour où l'on vit arriver, en superbe ordonnance, vingt-deux chevaux de main, trente chevaux de trait, enfin, quarante mulets, qui, avec les litières, les chariots et les fourgons, formaient les équipages de M. le duc d'Anjou.

Tout cela venait, comme par enchantement, de Tours, pour la modique somme de cinquante mille écus, que M. le duc d'Anjou avait consacrée à cet usage.

Il faut dire que ces chevaux étaient sellés, mais que les selles étaient dues aux selliers; il faut dire que les coffres avaient de magnifiques serrures, fermant à clef, mais que les coffres étaient vides; il faut dire que ce dernier article était tout à la louange du prince, puisque le prince aurait pu les remplir par des exactions.

Mais ce n'était pas dans la nature du prince de prendre; il aimait mieux soustraire.

Néanmoins l'entrée de ce cortége produisit un magnifique effet dans Angers.

Les chevaux entrèrent dans les écuries, les chariots furent rangés sous les remises. Les coffres furent portés par les familiers les plus intimes du prince. Il fallait des mains bien sûres pour qu'on osât leur confier les sommes qu'ils ne contenaient pas.

Enfin on ferma les portes du palais au nez d'une foule empressée, qui fut convaincue, grâce à cette mesure de prévoyance, que le prince venait de faire entrer deux millions dans la ville, tandis qu'il ne s'agissait, au contraire, que de faire sortir de la ville une somme à peu près pareille, sur laquelle comptaient les coffres vides.

La réputation d'opulence de M. le duc d'Anjou fut solidement établie à partir de ce jour-là; et toute la province demeura convaincue, d'après le spectacle qui avait passé sous ses yeux, qu'il était assez riche pour guerroyer contre l'Europe entière, si besoin était.

Cette confiance devait aider les bourgeois à prendre en patience les nouvelles tailles que le duc, aidé des conseils de ses amis, était dans l'intention de lever sur les Angevins. D'ailleurs, les Angevins allaient presque au-devant des désirs du duc d'Anjou.

On ne regrette jamais l'argent que l'on prête ou que l'on donne aux riches.

Le roi de Navarre, avec sa renommée de misère, n'aurait pas obtenu le quart du succès qu'obtenait le duc d'Anjou avec sa renommée d'opulence.

Mais revenons au duc.

Le digne prince vivait en patriarche, regorgeant de tous les biens de la terre, et, chacun le sait, l'Anjou est une bonne terre.

Les routes étaient couvertes de cavaliers accourant vers Angers, pour faire au prince leurs soumissions ou leurs offres de services.

De son côté, M. d'Anjou poussait des reconnaissances aboutissant toujours à la recherche de quelque trésor.

Bussy était arrivé à ce qu'aucune de ces reconnaissances n'eût été poussée jusqu'au château qu'habitait Diane.

C'est que Bussy se réservait ce trésor-là pour lui seul, pillant, à sa manière, ce petit coin de la province, qui, après s'être défendu de façon convenable, s'était enfin livré à discrétion.

Or, tandis que M. d'Anjou reconnaissait et que Bussy pillait, M. de Monsoreau, monté sur son cheval de chasse, arrivait aux portes d'Anjou.

Il pouvait être quatre heures du soir; pour arriver à quatre heures, M. de Monsoreau avait fait dix-huit lieues dans la journée. Aussi, ses éperons étaient rouges; et son cheval, blanc d'écume, était à moitié mort.

Le temps était passé de faire aux portes de la ville des difficultés à ceux qui arrivaient : on était si fier, si dédaigneux maintenant à Angers, qu'on eût laissé passer sans conteste un bataillon de

Suisses, ces Suisses eussent-ils été commandés par le brave Crillon lui-même.

M. de Monsoreau, qui n'était pas Crillon, entra tout droit en disant :

— Au palais de monseigneur le duc d'Anjou.

Il n'écouta point la réponse des gardes, qui hurlaient une réponse derrière lui. Son cheval ne semblait tenir sur ses jambes que par un miracle d'équilibre dû à la vitesse même avec laquelle il marchait : il allait, le pauvre animal, sans avoir plus aucune conscience de sa vie, et il y avait à parier qu'il tomberait quand il s'arrêterait.

Il s'arrêta au palais; mais M. de Monsoreau était excellent écuyer, le cheval était de race : le cheval et le cavalier restèrent debout.

— Monsieur le duc! cria le grand veneur.

— Monseigneur est allé faire une reconnaissance, répondit la sentinelle.

— Où cela? demanda M. de Monsoreau.

— Par-là, dit le factionnaire en étendant la main vers un des quatre points cardinaux.

— Diable! fit Monsoreau, ce que j'avais à dire au duc était cependant bien pressé; comment faire?

— Mettre t'abord fotre chifal à l'égurie, répliqua la sentinelle, qui était un reître d'Alsace; gar si fous ne l'abbuyez pas contre un mur il dombera.

— Le conseil est bon, quoique donné en mauvais français, dit Monsoreau. Où sont les écuries, mon brave homme?

— Là-pas!

En ce moment un homme s'approcha du gentilhomme et déclina ses qualités.

C'était le majordome.

M. de Monsoreau répondit à son tour par l'énumération de ses nom, prénoms et qualités.

Le majordome salua respectueusement; le nom du grand veneur était dès longtemps connu dans la province.

— Monsieur, dit-il, veuillez entrer et prendre quelque repos. Il y a dix minutes à peine que monseigneur est sorti; Son Altesse ne rentrera pas avant huit heures du soir.

— Huit heures du soir! reprit Monsoreau en rongeant sa moustache, ce serait perdre trop de temps. Je suis porteur d'une grande nouvelle qui ne peut être sue trop tôt par Son Altesse. N'avez-vous pas un cheval et un guide à me donner?

— Un cheval! il y en a dix, monsieur, dit le majordome. Quant à un guide, c'est différent, car monseigneur n'a pas dit où il allait, et vous

en saurez, en interrogeant, autant que qui que ce soit, sous ce rapport; d'ailleurs, je ne voudrais pas dégarnir le château. C'est une des grandes recommandations de Son Altesse.

— Ah! ah! fit le grand veneur, on n'est donc pas en sûreté ici?

— Oh! monsieur, on est toujours en sûreté au milieu d'hommes tels que MM. Bussy, Livarot, Ribérac, Antraguet, sans compter notre invincible prince, monseigneur le duc d'Anjou; mais vous comprenez...

— Oui, je comprends que lorsqu'ils n'y sont pas, il y a moins de sûreté.

— C'est cela même, monsieur.

— Alors je prendrai un cheval frais dans l'écurie, et je tâcherai de joindre Son Altesse en m'informant.

— Il y a tout à parier, monsieur, que, de cette façon, vous rejoindrez monseigneur.

— On n'est point parti au galop?

— Au pas, monsieur, au pas.

— Très-bien! c'est chose conclue; montrez-moi le cheval que je puis prendre.

— Entrez dans l'écurie, monsieur, et choisissez vous-même : tous sont à monseigneur

— Très-bien.

Monsoreau entra.

Dix ou douze chevaux, des plus beaux et des plus frais, prenaient un ample repas dans les crèches bourrées du grain et du fourrage le plus savoureux de l'Anjou.

— Voilà, dit le majordome, choisissez.

Monsoreau promena sur la rangée de quadrupèdes un regard de connaisseur.

— Je prends ce cheval bai-brun, dit-il, faites-le-moi seller.

— Roland.

— Il s'appelle Roland?

— Oui, c'est le cheval de prédilection de Son Altesse. Il le monte tous les jours; il lui a été donné par M. de Bussy, et vous ne le trouveriez certes pas à l'écurie si Son Altesse n'essayait pas de nouveaux chevaux qui lui sont arrivés de Tours.

— Allons, il paraît que je n'ai pas le coup d'œil mauvais.

Un palefrenier s'approcha.

— Sellez Roland, dit le majordome.

Quant au cheval du comte, il était entré de lui-même dans l'écurie et s'était étendu sur la litière, sans attendre même qu'on lui ôtât son harnais.

Roland fut sellé en quelques secondes. M. de

Monsoreau se mit légèrement en selle, et s'informa une seconde fois de quel côté la cavalcade s'était dirigée.

— Elle est sortie par cette porte, et elle a suivi cette rue, dit le majordome en indiquant au grand veneur le même point que lui avait déjà indiqué la sentinelle.

— Ma foi, dit Monsoreau en lâchant la bride, en voyant que de lui-même le cheval prenait ce chemin, on dirait, ma parole, que Roland suit la piste.

— Oh! n'en soyez pas inquiet, dit le majordome, j'ai entendu dire à M. de Bussy et à son médecin, M. Remy, que c'était l'animal le plus intelligent qui existât; dès qu'il sentira ses compagnons, il les rejoindra. Voyez les belles jambes, elles feraient envie à un cerf

Monsoreau se pencha de côté.

— Magnifiques, dit-il.

En effet, le cheval partit sans attendre qu'on l'excitât, et sortit fort délibérément de la ville; il fit même un détour, avant d'arriver à la porte, pour abréger la route, qui se bifurquait circulairement à gauche, directement à droite.

Tout en donnant cette preuve d'intelligence, le cheval secouait la tête comme pour échapper au frein qu'il sentait peser sur ses lèvres; il semblait dire au cavalier que toute influence dominatrice lui était inutile, et, à mesure qu'il approchait de la porte de la ville, il accélérait sa marche.

— En vérité, murmura Monsoreau, je vois qu'on ne m'en avait pas trop dit; ainsi, puisque tu sais si bien ton chemin, va, Roland, va.

Et il abandonna les rênes sur le cou de Roland.

Le cheval, arrivé au boulevard extérieur, hésita un moment pour savoir s'il tournerait à droite ou à gauche.

Il tourna à gauche.

Un paysan passait en ce moment.

— Avez-vous vu une troupe de cavaliers, l'ami? demanda Monsoreau.

— Oui, monsieur, répondit le rustique, je l'ai rencontrée là-bas, en avant.

C'était justement dans la direction qu'avait prise Roland, que le paysan venait de rencontrer cette troupe.

— Va, Roland, va, dit le grand veneur en lâ-

chant les rênes à son cheval, qui prit un trot allongé avec lequel on devait naturellement faire trois ou quatre lieues à l'heure.

Le cheval suivit encore quelque temps le boulèvard, puis il donna tout à coup à droite, prenant un sentier fleuri qui coupait à travers la campagne.

Monsoreau hésita un instant pour savoir s'il n'arrêterait pas Roland; mais Roland paraissait si sûr de son affaire, qu'il le laissa aller.

A mesure que le cheval s'avançait, il s'animait. Il passa du trot au galop, et, en moins d'un quart d'heure, la ville eut disparu aux regards du cavalier.

De son côté aussi, le cavalier, à mesure qu'il s'avançait, semblait reconnaître les localités.

— Eh! mais, dit-il en entrant sous le bois, on dirait que nous allons vers Méridor; est-ce que Son Altesse, par hasard, se serait dirigée du côté du château?

Et le front du grand veneur se rembrunit à cette idée, qui ne se présentait pas à son esprit pour la première fois.

— Oh! oh! murmura-t-il, moi qui venais d'abord voir le prince, remettant à demain de voir ma femme. Aurais-je donc le bonheur de les voir tous les deux en même temps?

Un sourire terrible passa sur les lèvres du grand veneur.

Le cheval allait toujours, continuant d'appuyer à droite avec une ténacité qui indiquait la marche la plus résolue et la plus sûre.

— Mais, sur mon âme, pensa Monsoreau, je ne dois plus maintenant être bien loin du parc de Méridor.

En ce moment, le cheval se mit à hennir.

Au même instant, un autre hennissement lui répondit du fond de la feuillée.

— Ah! ah! dit le grand veneur, voilà Roland qui a trouvé ses compagnons, à ce qu'il paraît.

Le cheval redoublait de vitesse, passant comme l'éclair sous les hautes futaies.

Soudain Monsoreau aperçut un mur et un cheval attaché près de ce mur. Le cheval hennit une seconde fois, et Monsoreau reconnut que c'était lui qui avait dû hennir la première.

— Il y a quelqu'un ici! dit Monsoreau pâlissant.

FIN DE LA DEUXIÈME PARTIE.

TABLE DES MATIÈRES

DE LA DEUXIÈME PARTIE.